한국외교사 구술회의

02

북방정책과 7·7선언

한국외교사 구술회의 02

북방정책과 7·7선언

초판 1쇄 인쇄	2020년 12월 15일
초판 1쇄 발행	2020년 12월 29일

편　　자	국립외교원 외교안보연구소 외교사연구센터
구　　술	강근택·공로명·구본태·김달중·김석우·염돈재 위성락·유세희·이동복·이홍구·정태익·최병효
발행인	윤관백
발행처	도서출판 선인
영　　업	김현주
등　　록	제5-77호(1998.11.4)
주　　소	서울시 마포구 마포동 324-1곳마루 B/D 1층
전　　화	02)718-6252/6257
팩　　스	02)718-6253
E-mail	sunin72@chol.com

정 가　22,000원
ISBN　979-11-6068-430-8　93340

한국외교사 구술회의

02

북방정책과 7·7선언

국립외교원 외교안보연구소 외교사연구센터 편

강근택·공로명·구본태·김달중·김석우·염돈재
위성락·유세희·이동복·이홍구·정태익·최병효 구술

국립외교원 외교안보연구소
외교사연구센터

도서출판 선인

발간사

국립외교원 외교안보연구소는 2011년 외교사연구센터를 설립하여 한국외교사의 체계적 연구를 진행 중이며, 과거 우리 외교사에 대한 고찰이 미래 한국외교의 방향설정에 중요한 지적 토대가 될 수 있도록 다양한 활동을 전개 중입니다.

외교사연구센터는 공식외교문서의 연구와 병행하여 외교문서에 상세히 기록되지 못한 외교 현장의 생생한 설명과 분석을 '한국외교 구술기록 총서' 시리즈로 발간하고 있습니다. 이 시리즈는 특정 외교정책의 입안 및 실행에 관여한 외교관들의 교차 구술을 통해 해당 외교정책을 객관적 · 입체적으로 규명하는 데 주안점을 두고 있으며, 향후 국립외교원의 다양한 한국외교사 교육과정에서 주요한 교육 자료로도 활용될 예정입니다.

2019년 '한중수교'에 이어 두 번째 구술기록으로 '북방정책과 7 · 7 선언'을 출간하게 되었습니다. 우리 외교가 탈냉전 시기를 적극적이고 능동적으로 개척할 수 있게 한 북방정책은 현재 우리 외교 전략에 통찰력을 제시하고 있습니다. 그럼에도 불구하고 북방정책의 정책결정 및 실행과정에 대해 많은 연구가 진행되지 못하였습니다. 이에 이번 구술기록은 당시 정책결정 및 실행에 관여한 외교부 · 국정원 · 통일부의 열두 분을 한 자리에 모시고 개최한 구술회의의 기록을 담았습니다.

이 기회를 빌려 구술회의에 참여하여 주신 공로명 전 장관님과 이홍구 전 총리님을 비롯한 열두 분의 구술자분들께 감사의 말씀을 드리며, 여섯 분의 면담자분들께도 고마운 마음을 전하고자 합니다.

외교사연구센터가 진행 중인 '한국외교 구술기록총서' 작업이 한국 외교사 연구와 교육에 기여할 수 있기를 기대하면서, 앞으로도 외교사연구센터의 활동과 발간물에 대한 지속적인 관심을 부탁드립니다.

2020년 12월
국립외교원 외교안보연구소장 오영주

서문

국립외교원 외교안보연구소 외교사연구센터는 외무 당국자의 생생한 육성을 통해 한국 외교의 전기(轉機)를 이루는 중요한 외교적 사건들의 경위를 규명하고, 교섭 현장에서 활동한 외교관들의 행적을 기록으로 남기기 위해 매년 『한국외교 구술기록총서』를 발간하고 있다. 이 책은 2019년 11월 1일과 2일 이틀에 걸쳐 「북방정책과 7·7선언」이라는 주제로 이뤄진 집단 구술회의 기록을 정리한 것이다.

1990년대 초반 추진된 북방정책은 오늘날까지도 한국 현대외교사에서 빼놓을 수 없는 중요한 성과 중 하나로 꼽히고 있다. 이를 계기로 소련과 중국, 그리고 동유럽 국가들과 공식 외교관계를 수립하면서 대한민국의 국제적 위상이 크게 제고되고, 이후 비약적인 경제 성장의 토대가 마련되었던 것이다. 남북관계에서도 소련 및 중국과의 관계개선에 따라 북한에 어느 정도 개방의 압력을 주는 효과를 거두었다는 평가를 받고 있다.

이와 같은 역사적 중요성을 갖는 북방정책의 전모를 객관적으로 규명하기 위해 본 센터에서는 30년간의 보존 기간을 거쳐 비밀 해제된 방대한 분량의 1980년대 후반의 관련 외교문서의 분석 작업을 진행하였으며, 또 집단 구술회의에 앞서 당시 실무자들을 대상으로 2차례의 별도 사전인터뷰를 실시하였다.(제1차: 강근택, 구본태, 염돈재 2019. 9. 19/ 제2차: 위성락, 9. 25) 본행사인 집단 구술회의에는 총 12인의 핵심 외무당국자들이 참여하였으며, '북방정책 의제화 과정', '교섭과 수교 과정', '북방정책 후속조치' 등 3개 주제에 관해 심도 있는 질의와 증언, 회고가 이뤄졌다.

    현대 한국 외교의 주요 사건과 그 득실에 관해 이처럼 많은 핵심 당국자들의 증언과 회고를 청취하고 이를 문헌으로 보존하는 사업은 국내에선 아직 전례가 없는 것으로, 그 성과는 외교관 후보자 교재 및 현직 외교관의 참고자료, 전문 연구자의 1차 사료 등 다방면에서 활용이 가능할 것으로 기대된다. 또한 앞으로 매년 발간될 『한국외교 구술기록총서』가 한국 외교에 대한 국민의 관심을 고취하고, 지금까지 외교 사료의 보존과 관리에 인색하였던 현실을 개선하는 데 기여하기를 바란다.

    북방정책의 기획과 실행 과정에서 큰 족적을 남겼을 뿐 아니라 이 사업의 취지를 깊이 이해하고 귀한 증언과 회고를 남겨준 외무 당국자들께 깊은 경의를 표한다. 아울러 면담자로 참여한 김지영(숭실대), 신종대(북한대학원대학교), 엄구호(한양대), 이정철(숭실대), 전재성(서울대), 조동준(서울대) 교수께도 감사의 말씀을 드린다. 국내학계에서 손꼽히는 외교사 전문가들로 연구팀을 구성하고 면담 과정을 진행할 수 있었던 것은 더할 나위없는 행운이었다. 이 사업이 결실을 맺을 수 있었던 것은 오로지 이들의 전문적 식견과 헌신 덕분이었음을 밝혀둔다. 아울러 이 사업이 원활히 진행될 수 있도록 외교문서 정리와 면담자 섭외 등 실무를 담당한 외교사연구센터의 이상숙 연구교수와 정종혁 · 이민진 연구원의 노고에 대해서도 감사드린다.

2020년 12월
외교사연구센터 책임교수 김종학

면담자 서문

2011년 설립된 국립외교원 외교사연구센터는 미래 한국 외교의 방향 설정과 외교관 교육에 도움이 되는 지적 토대를 견고히 하기 위한 의미 있는 연구 활동을 해오고 있습니다. 그 중에서도 정책 결정에 직접 참여했던 고위 관료와 외교관 그리고 자문 학자들을 대상으로 한 한국외교사 구술회의 작업은 진술자 기억의 부정확성과 주관적 견해의 반영 가능성이 존재한다는 한계점에도 불구하고 외교 문건 중심의 외교사 연구가 할 수 없는 정책과정의 생생한 현장 재현이라는 점에서 큰 의의가 있습니다.

2019년 구술외교사 연구의 주제는 '북방정책과 7·7선언'이었습니다. 1988년 '7·7선언' 이후 동구권 및 소련과의 수교 교섭 과정이 진행되어 1990년 9월 30일 한소수교와 1992년 8월 24일 한중수교로 이어진 노태우 정부의 북방정책은 한국 외교의 획기적 대전환으로 평가받을 수 있을 것입니다. 노태우 정부가 북방정책을 시작한 이래 한국의 대외전략에서 북방정책만큼 정권의 성향과 관계없이 역대 정부에서 지속된 정책은 없었습니다.

이번 구술 작업을 통해 당시 동구권 및 소련과의 수교과정이 어떻게 진행되었는지에 대해 상당한 수준으로 밝혀졌다고 생각합니다. 4공화국 '6·23 선언' 이후 소련과의 외교 접촉의 가능성이 열리고 간접교역도 시작되었고, 5공화국 시절 정부 내에 '중소(中蘇)팀'이 만들어져 북방외교의 출발 준비가 이루어지고 학계에서도 '공산권연구협의회'를 중심으로 학술교류와 협력 의제가 만들어짐으로써 6공화국이 북방외교의 공식적 출범을 선언하는 토대가 되었습니다. 초기에 비공식 라인을 통해 비밀리에 수교 교섭이 이루어졌으나 당시 소련과의 영사처 설치의 합의가 이루어진 후부터는 점차 공식 라인을 통한 수교 교섭이 이루어졌다고 볼 수 있습니다. 이번 결과물에 공식·비공식 수교 교섭을 담당한 분들의 생생한 증언이 담겨있어 수교 추진 과정을 상세히 파악할 수 있고 이를 통해 교훈을 얻을 수 있게 된 것이 이번 출간의 가장 큰 의의라 생각됩니다.

　북방정책의 의도와 결과 및 평가에 관해서는 사람마다 이견이 있을 수 있습니다. 북방정책이 '7·7선언' 6항처럼 북한의 미·일 교차 승인까지 염두에 둔 담대한 의도가 있었는지 아니면 북한에 대한 개혁과 개방 압박을 위한 외교적 우위 확보가 의도였는지에 대한 평가는 그간 학계에서 논란이 있었습니다. 또한 통일정책과 연계되었던 북방정책이 남북관계 개선에 도움을 주었는지 아니면 오히려 북한의 핵개발을 가속화시켰는지에 대한 평가에 관해서도 의문이 있었습니다. 이번 결과물이 그것을 판단할 수 있는 정책참여자의 견해를 제공하고 있다는 점도 출간의 의의가 적지 않다고 생각합니다. 특히 한소 수교 30주년인 2020년에 이 책이 발간되게 된 것은 이 연구 작업의 의의가 한층 더 크다고 하겠습니다.

　구술 작업에 참여해 주신 이홍구 총리님, 공로명 장관님, 이동복 의원님, 김달중 교수님, 유세희 교수님, 정태익 대사님, 염돈재 차장님, 김석우 차관님, 강근택 대사님, 구본태 회장님, 최병효 대사님, 위성락 대사님께 이 자리를 빌려 머리 숙여 깊은 감사의 말씀을 올립니다. 또한 신종대 북한대학원대 교수님, 서울대 전재성 교수님과 조동준 교수

9

님, 이정철 숭실대 교수님, 김지영 숭실대 교수님과 함께 이런 의미 있는 작업에 참여할 수 있었던 것은 제 개인적으로 큰 기쁨이었고 많은 공부가 되었습니다. 더불어 진행을 원활히 이끌어주신 국립외교원 외교사연구센터 김종학 교수님, 이상숙 교수님, 정종혁 연구원, 이민진 연구원께도 감사의 말씀을 전합니다.

　2020년 한국외교사 구술회의 연구주제는 '남북한 UN 동시가입'입니다. 이 연구도 큰 성과가 있으리라 기대하며 향후 계획된 연구들이 한국 외교의 미래를 여는데 큰 기여를 할 것이라 확신하며 많은 관심과 성원을 부탁드립니다.

2020년 12월
한양대 교수 엄구호

차례

차례

차례

강근택姜根鐸

1971~	외무고시 5회 합격, 외무부 입부
1985~	외무부 미주국 안보과장
1988~	청와대 비서실 정책담당비서관(남북회담 대표 역임)
1993~1996	駐 피지 대사
1998~2000	駐 우크라이나 대사

공로명孔魯明

1990~1992	駐 소련 대사관 영사처장 및 소련 대사
1992~	남북핵통제공동위원장 및 남북고위급회담 대변인
1993~1994	駐일본대사
1994~1996	외무부 장관
2002~2003	2010년 평창동계올림픽 유치위원장

구본태具本泰

1982~1991   통일원 남북회담사무국 정책연구부장
1984~1985   제1~5차 남북경제회담대표
1991~1993   통일원 통일정책실장
1993~1994   통일원 남북회담사무국장
1994. 06   제1차 남북정상회담 예비회담 실무대표

김달중金達中

1993   한국국제정치학회 회장
2000~2003   세계정치학회(IPSA/AISP) 회장
2006~2012   서울국제포럼(SFIA) 회장
2010~2012   아태안보협력이사회(CSCAP) 비아세안대표 공동의장
2003~   연세대 명예교수

김석우 金錫友

1991~1993	외무부 아주국장
1995~1996	대통령비서실 의전수석비서관
1996~1998	제10대 통일원 차관
2002~2004	국회의장 비서실장
2004~	21세기국가발전연구원 원장

염돈재 廉燉載

1968~1996	국가정보원 근무
1988~1990	대통령 정책 비서관(북방정책 담당)
1990~1993	駐독일한국대사관 공사
2003~2004	국가정보원 1차장(해외 담당)
2008~2014	성균관대학교 국가전략대학원장

위성락魏聖洛

2003.06~2004.01 외교통상부 북미국 국장
2004.08~2007.08 駐미국대사관 정무공사
2008.03~2009.02 외교통상부 장관특보
2009.03~2011.10 한반도평화교섭본부 본부장
2011.10~2015.05 駐러시아대사관 대사

유세희柳世熙

1976~1996 한양대학교 중소(中蘇)연구소 소장
1988~1990 한국공산권연구협의회 회장
1992.11.24. 수교훈장 창의장 수훈(북방외교 공로)
1998 외무부 정책자문위원장
1998~2013 통일고문회의 고문(대통령 자문)

이동복 李東馥

1980~1982   국토통일원 남북대화사무국 국장
1987~1988   삼성항공산업 대표이사 부사장
1988~1990   국회의장 김재순 비서실 실장
1991~1993   국가안전기획부 제1특별보좌관
1996~2000   제15대 자유민주연합 국회의원

이홍구 李洪九

1968.09~1990.02 서울대학교 정치학과 교수
1988.02~1990.03 국토통일원 장관(14대, 20대)
1994.12~1995.12 28대 국무총리
1996.05~1998.03 15대 국회의원(신한국당)
1998.04~2000.07 駐 미국 대사

정태익鄭泰翼

1993~1996	초대 駐 이집트 대사
2001	외교안보연구원장
2001~2002	대통령 외교안보수석
2002~2005	駐 러시아 대사
2013~2016	한국외교협회 회장

최병효崔秉孝

1988.11~1989.10	외무부 동구과 과장
1995.7~1996.8	외무부 외교정책실 제2정책심의관
2000.7~2002.8	외교통상부 감사관
2002.8~2005.2	駐 노르웨이대사관 대사
2006.3~2008.5	駐 로스앤젤레스 총영사

'북방정책과 7·7선언' 회의 참석자들

I

북방정책 수립과
동구권·소련 수교

I. 북방정책 수립과 동구권·소련 수교

김종학: 국립외교원 외교안보연구소 외교사연구센터에서 주관하는 2019년 한국외교사 구술회의, '북방정책과 7·7선언'에 참여해주신 여러 내빈과 연구자분들께 감사 말씀을 올립니다. 저는 외교사연구센터 책임교수 김종학입니다. 앞에 앉아계신 여섯 분의 연구자께서 금일 회의를 위해서 수개월 동안 관련 문서를 분석하시고, 그리고 금일 질문을 준비해주셨습니다. 아마 오늘 제시하시는 질문들과 답변이 앞으로 외무 당국자들과 연구자들에게 굉장히 중요한 귀감이 되지 않을까 생각합니다. 본 회의에 들어가기에 앞서서 현재 외교안보연구소 소장 대리 전봉근 교수님의 환영 말씀을 듣도록 하겠습니다.

북방정책을 주도한 주역들이 한자리에 모인 귀중한 시간

전봉근: 안녕하십니까. 외교안보연구소 소장 직무대리 전봉근 교수입니다. 우선 이홍구 총리님, 그리고 우리 외교의 여러 선생님, 선배님들을 뵙게 돼서 반갑습니다. 평소에 제가 존경하는 분들이자 과거에 모시고 일도 했던 분들입니다. 30년 전 우리 외교에 한 획을 그은 북방정책과 7·7선언은 그동안 우리 연구자들에게 아주 중요한 연구과제였습니다. 그 당시 상황을 성공시킨 주역들을 이렇게 한자리에 모시게 되어 영광으로 생각합니다.

국립외교원 외교안보연구소는 2011년 외교사연구센터를 개설하였습니다. 외교사연구센터는 국내 외교사 연구의 허브로 활동을 하면서 각종 외교사에 대한 구술사 사업, 그리고 학술회의를 개최하면서 국내의 외교사 연구에 큰 역할을 하면서 기여를 하고 있습니다. 그런 과정의 일환으로 이번에 '북방정책과 7·7선언' 구술회의를 기획하게 되었습니다. 이번 회의는 지난 3월에 공개된 1988년 외교문서를 토대로 하여 정부에서 직접 정책 결정 과정에 참여하신 여러 분들을 모시고, 증언을 청취해서 북방정책과 7·7선언의 의의를 다시 한 번 검토하고 우리 외교에 대한 교훈을 찾는 자리가 되겠습니다. 그동안 북방정책에 직접 참여하신 분들의 많은 인터뷰나 회고록이 있었습니다만 이렇게 저희들이 직접 모시고 워크숍을 하게 된 것은 아마 처음이 아닌가 생각합니다. 이번 회의가 북방정책의 의제화로부터 교섭, 수교 과정, 사후조치까지 전 정책적 결정 과정, 관련된 한미 관계, 남북 관계, 그리고 국내 정치적 상황까지 고려해서 심도 있게 규명해볼 수 있는 자리가 될 것으로 생각합니다.

사실 오늘 이런 행사를 준비를 하면서 이홍구 총리님께서 오신다고 하길래 갑자기 옛날 생각이 난 게 하나 있었습니다. 저는 한 40년 전에 이홍구 교수님의 정치학 강의를 들은 적이 있습니다. 그 당시에 "아리스토텔레스가 정치학을 쓴 이후로 새로운 것은 이 세상에 없다"라는 말씀을 하셨던 기억이 납니다. 저도 요즘 들어서, 물론 외람됩니다만 이제 이삼년 전에 나이 60이 지나고 나니 새삼스럽게 옛날 생각을 많이 하게 되는 것 같습니다. 더욱이 요즘 들어 지난 수년간 '역사의 귀환', '정치학의 세력정책 귀환', '지정학의 귀환' 같은 얘기들, 다시 말해 역사가 반복된다는 이야기를 많이 듣습니다. 그러나 또 다른 한편으로 역사는 "리피트 벗 잇 라임즈(Repeat but it rhymes)" 즉 역사는 반복되지만, 아주 일부의 사람, 그 핵심과 교훈을 아는 사람만이 그것을 이용할 수 있는 것이라는 생각도 하게 됩니다.

특히 저에게 이번의 이런 기획이 특별한 의미가 있다고 여겨지는 또 다른 이유가 있습니다. 요즘 외교부는 지난번 화웨이 사건이 터진 이후에 특별히 미중 전략경쟁이 한국 외교에 어떤 영향을 미치는지, 그리고 한국은 여기에 어떤 반

전봉근 교수

응을 보여야 되는지 아주 큰 고민에 빠져 있습니다. 사실 한국은 탈냉전기에 들어선 이후 미국의 세계 패권 시대에 안주하면서 살았습니다. 그런데 한국 주변에 새로운 하나의 초강대국 중국이 이제는 더 이상 덩치만 큰 못사는 나라가 아니고, 덩치도 크고 잘살고, 힘도 발휘하는 나라로 등장하면서 갑자기 한국은 미국과 중국 사이에 끼어서 어떻게 해야 될지 큰 고민을 하고 있는 상황입니다. 이러한 시기에 지금 우리 후학들이 볼 때 과거 우리의 북방정책과 7·7선언은 냉전기가 서서히 무너지려는 한 순간에 아주 자율적이고 주도적이고 선도적으로 추진한 외교정책이 아니었을까 하는 생각을 많이 하게 됩니다.

그 당시 상황과 지금이 만약에 다르다고 한다면 그것은 냉전의 두 개 축 중에 한 개가 무너졌다는 점입니다. 물론 다른 한 축이 부상하는 것보다는 쉬운 상황이 아닌가라는 생각을 합니다만, 그럼에도 불구하고 당시는 여전히 국제질서의 거대한 혼돈기였습니다. 이런 혼돈기 속에서 정치권, 학계, 그리고 정부가 다 힘을 합쳐서 우리의 새로운 외교 영역을 확대하고, 창출했다는 차원에서 큰 의미가 있다고 봅니다. 지금 우리가 다시 중국의 부상 이후에, 새로운 국제질서 변동기를 맞아서 과연 우리가 어떻게 해야 될지 거기서 찾아야 될 우리의 역사적 운율과 교훈은 과연 무엇일지에 대해 저는 오늘 세미나가 큰 교훈을 줄 것이라 생각합니다. 물론, 이 세미나의 주목적이 교훈을 찾는 것은 아닙니다. 하지만 그 당시를 한번 다시 재현해보고, 과연 어떠한 상황에서 어떠한 구상과 전략을 갖고 어떻게 실행했는지를 한번 돌아보게 되면, 역시 우리가 궁극적으로 찾고자

하는 것은 거기에서 얻는 교훈인 것 같습니다.

다시 한 번 이홍구 총리님, 김석우 차관님, 염돈재 원장님, 이동복 의원님, 그리고 김달중 교수님, 강근택 대사님, 구본태 차관님, 최병효 대사님, 위성락 대사님, 평소에 제가 다 잘 알고 또 존경하는 여러분들을 다시 모시게 돼서 반갑다는 말씀을 드립니다. 오늘 모이신 분들은 어쩌면 우리 학계에서 가장 활동을 많이 하시는 열성적인 전문가들입니다. 저희는 오늘 모임에 많은 호기심과 기대를 갖고 있다는 말씀을 드립니다. 감사합니다.

공산권연구협의회의 북방정책 의제 형성에 대한 기여

엄구호: 안녕하십니까, 한양대학교 엄구호 교수입니다. '북방정책과 7·7선언' 이번 구술회의는 크게 세 세션으로 구성되어 있습니다. 첫째, 북방정책이 어떻게 의제화되고 결정되었는지 그 과정에 대해서, 둘째, 동구권 및 소련과의 수교 과정, 셋째, 수교 과정 이후에 어떤 조치들이 이루어졌는지, 그렇게 크게 세 파트로 이루어져 있습니다. 이번 세션은 두 번째 주제인 수교 과정에 관한 주제입니다. 이번 세션 초반에 의제 형성에 대해서도 조금 논의를 하고, 이어서 수교 과정에 대해 좀 자세하게 토론을 하도록 하겠습니다.

88년 2월 25일 노태우(盧泰愚) 대통령 취임사, 그리고 3·1절 기념사, 또 이어진 7·7선언을 통해서 북방정책이 선언되고 그 내용이 구체화되기는 했습니다만, 아마 80년대 초반부터 북방 국가들과의 협력의 필요성, 이런 것에 대한 공감대는 조금씩 형성이 되었던 것 같습니다. 그게 이제 과연 구체적으로 어떻게 정부 정책으로 의제화 되었는지에 대해서는 저도 과문한 탓인지, 그 과정에 대해서는 저도 자세히는 모르고 있습니다. 그래서 우선 총리님께 제가 첫 번째 질문

엄구호 교수

을 드리겠습니다. 제 생각에는 이홍구 총리님을 비롯한 여기 김달중 교수님, 그런 여러 교수님들께서 이끄셨던 '공산권연구협의회'가 북방국가들과의 협력의 필요성이라든지 협력의 방향에 대해서 학술적으로 분위기를 만들지 않았는지에 관해 여쭙고 싶습니다. 우선 북방, '공산권연구협의회'가 그런 의제 형성에 구체적으로 기여한 내용이나 과정이 있었다면 총리님께서 그 내용을 설명해 주시길 부탁드리겠습니다.

노태우 대통령은 남북관계에 새로운 방향을 원했다

이홍구: 1988년의 7·7선언을 비롯해서 정부 정책수립 및 변화과정에 대해서 얼마나 내가 알고 있는가 생각하니 30여 년이나 지난 일이라 그렇게 많이 알고 있지 못합니다. 무슨 얘기냐 하면, 통일 정책, 외교정책분야에서는 청와대가 물론 중추적 위치에 있었습니다마는 중앙정보부(현 국가정보원)와 통일원이 직접 담당하는 것으로 관행화가 시작되었던 것으로 기억됩니다. 다만 초기에 통일원은 정부 정책을 수립하는 데 크게 기여하는 조직으로 존재했다기보다는 통일의 중요성을 국민에게 알리고 통일을 지향하는 국민 여론을 모아가는 역할에 초점이 맞춰져 있던 게 사실입니다. 통일원은 1969년에 공식 출범했습니다만 여러분이 아시다시피 처음 한 십년 동안 장관하신 분들이 다 우리 학계의 원로 분들로서 지금 제가 말씀드린, 국민 여론을 선도하고, 방향을 제시하는 그런 역할에 초점을 맞춘 분

이홍구 총리

들이지 실제로 정책을 결정하는 데 크게 공헌하지 못했습니다.

제가 1988년에 노태우 대통령 취임과 동시에 통일원 장관이 됐습니다마는 저도 그전에 무슨 특별한 연락을 받고 준비한 것이 있지도 않았고, 노태우 정부 출범 불과 2, 3주일 전에 노태우 대통령 당선자 비서실에서 커피 한 잔 와서 마시자고 해서 갔더니 "큰 틀에서 앞으로 통일정책을 어떻게 전개했으면 좋겠는가"라고 묻기에 몇 가지 얘기를 나누었습니다. 한 가지 확실한 것이 노태우 대통령 당선자께서는 "지금 우리나라는 민주화도 됐고, 세계적으로는 냉전도 끝나 가는데 과거의 북진통일론으로는 더 이상 지탱할 수 없으니 북한에 대한 대응도 우리의 생각을 바탕으로 새로운 방향을 정해야 되지 않겠냐"고 하셨는데 그건 전적으로 옳은 말씀이었죠. 그래서 이에 대해서도 간단한 생각을 나누는 토론의 시간을 가지며 얘기를 나누었습니다. 그로부터 불과 며칠 후 대통령 당선인실로부터 다시 한 번 커피타임 요청이 와서 가서 노당선인을 뵈오니 "요전에 얘기하다 보니까 이 교수가 그냥 통일원장관을 하는 것이 제일 간단할 것 같다"고 말씀하셨습니다. 그래서 제가 1988년 2월 25일 노태우 정부 출범과 동시에 통일원으로 오게 된 것입니다.

그런데 제가 지금 말씀드리려는 것은 1988년의 7·7선언이라는 우리 외교 정책을 정하는 데 있어 통일원이 크게 기여한 것은 별로 없다는 점입니다. 이 점은 우리나라의 외교사를 정리하는 과정에서도 제대로 이해하는 것이 옳다고 봅니다. 정부가 한번 조직되어 움직이기 시작하면 문제를 결정하는 권력의 분산이제도화되기 때문에 새로 갓 생긴 통일원이라는 조직이 여기에 끼어들 여지는 상당히 적었던 게 현실이었습니다.

냉전 이후의 세계에 대비하기 위한 학계의 공산권연구협의회

사실은 여기서 지금 하는 세션, 오늘 우리 모임의 목적에 부합하는 인포메이션(information)이 나를 포함해서 우리 통일부쪽에는 크게 많이 없다, 그래서 왜 없었냐는 게 오히려 설명의 중심이 되는 그런 상황입니다.

여기서 두 가지를 말씀드리려고 합니다. 당시 이 세상이 바뀐다, 특히 냉전이 끝난다는 감은 미국이 물론 가지고 있었을 것이고, 국제적으로 이미 많이 알려졌습니다. 그래서 아까 저한테도 '공산권연구협의회'라는 것이 얼마나 영향을 주었느냐, 정책 수행을 했느냐고 직접 질문을 서면으로 해온 게 있는데, 아주 직접적으로 크게 영향을 준 것은 없습니다. 오히려 분위기를 설명하고 그 분위기를 널리 이해시키는 데는 공헌을 했다고 생각합니다. 특히 각 주요 대학에 이미 연구소가 다 생겼고 그런 생각들은 서로 모여서 의견을 나누는 것이 바람직하다는 생각으로 '공산권연구협의회'가 생겼습니다. 그런 뜻에서는 지금과 같이 국제정세가 변하니까 한반도 사정도 거기에 맞춰서 해야 되겠다는 그런 필요성을 학계에서도 강조하고, 정부에도 그것을 강조한 것은 큰 공로였다고 생각합니다. 하지만 '공산권연구협의회'가 직접적으로 정책 수립에 기여하거나 참여한 것은 없습니다.

대표적인 예로는, 우리 '공산권연구협의회'의 초대 회장이셨던 김준엽 교수께서 리더십을 물론 발휘하셨습니다. 특히 중국에 대해서 김준엽 교수 개인적으로도 그렇고, 아시아문제연구소를 통해서도 그렇고, 중국의 여러 대학과 관계를

'북방정책과 7·7선언' 회의장 전경 1(2019. 11. 1(금) 1세션)

맺기 시작했습니다. 그런 점에서는 중요한 기여를 했다고 생각하지만, 우리 북방외교 초기의 초점은 중국에 있었던 것이 아니었습니다. 동서냉전의 끝이 보이던 시점에는 냉전을 주도했던 동쪽의 러시아와 서쪽인 미국과의 새로운 관계, 그 가운데서 러시아와의 수교를 달성하는 것이 북방외교의 핵심이었습니다. 그렇기 때문에 직접적인 영향은 없었지만 간접적으로는 김준엽 교수께서 하신 활동이나 또 우리 여타 연구소들도 같이 한 것이 장기적 관점에서는 다음단계로 넘어가는데 좋은 영향을 주었다고 하겠습니다.

같은 맥락에서 제가 관계되는 것이기에 조심스럽습니다마는, 1988년 노태우 정부 출범 2년 전인 1986년에 '서울국제포럼'이라는 단체가 조직이 됐습니다. 우리 회원으로 여기 김달중 교수, 엄구호 교수도 계시지만 당시 우리회원인 학자들이 유럽에서 열리는 국제회의에 많이 참석하였습니다. 특히 우리와 같은 분단국이었던 독일에서 열리는 회의에 참석해보니 동서냉전의 관점 보다는 동서 간에 서로 협의를 통하여 세상을 바꾸려고 하는 노력이 활발하다는 것을 우리가 알게 되었습니다. 때문에 지금 우리도 옛날식으로 남북 대결에만 집중할 것이 아니고, 세상이 바뀌는 데 적응해야 되겠다는 당연한 결론에 도달했습니다. 우리도 그런 의미에서 아까 말씀드린 '공산권연구협의회'의 활동을 통하여 대화의 분위기를 조성하는 데는 일조했지만, 실제로 우리가 정책수립에 직접 가담한 건 없습니다.

이제 다시 7 · 7선언과 연관해서 말씀드리자면 제가 통일원에 2월 25일에 취임했는데, 7 · 7선언은 그 몇 달 후에 나왔습니다. 저는 7·7선언을 한다는 것도 사전에 사실 몰랐습니다. 7·7선언을 준비했다고 회의를 하자고 연락이 와서 거기에 가서야 알았습니다. 그럼 그 당시, 그런 정책 수립에 누가 주역이냐에 대해 저에게 물으신다면 물론 주역은 대통령입니다.

7 · 7선언 추진의 주 역할은 청와대와 중앙정보부

얘기가 산만해지니까 제가 5분 안에 끝내겠습니다. 돌이켜 보면 박정희(朴正熙) 대통령, 전두환(全斗煥) 대통령은 물론, 최규하(崔圭夏) 대통령이 중간에 계십니다마는, 노태우 대통령 세 분이 다 어떻게 보면 일반적으로 생각한 것보다는 지금 제가 말씀드린 세계적 변화과정에 상당히 민감한 분들이었습니다. 그러니까 모든 것을 더 많이 알고 있었습니다. 둘째는 이것도 참고로 말씀드리는 건데, 사실 우리의 지도자들은 관료들이나 일반 국민들보다 훨씬 더 미국과 가까웠던 분들이에요. 미국하고 여러 가지 접촉이 많았던 분들이기 때문에, 이 동서냉전이 끝나는 상황에 대해서 더 이해하고 계셨던 분들이었습니다.

그리고 우리 역사에서, 우리 외교사에서 중요한 고비가 되는 것이 7·4 공동성명 아닙니까. 7·4 공동성명을 빼놓고는 이 남북관계의 변화를 사실 얘기하기가 어려운 거예요. 7·4 공동성명에 대해서는 여러분이 더 잘 아실 것입니다. 이동복 의원 같은 분이야 직접 관여하신 분들이지만, 그것의 주역은 당시에 이후락(李厚洛) 부장이셨습니다. 이후락 부장이 대통령의 완전한 신임을 갖고 김일성(金日成) 주석을 직접 만났어요. 그리하여 얘기가 다 된 것 아닙니까. 그렇기 때문에 사실상 70년대 그리고 80년대 들어서까지도 직접 수교나 북방정책이나 특히 대북정책에 있어서 정부의 상당한 중심 역할이 중앙정보부에 있었다고 저는 생각합니다. 그리고 그 다음이 청와대라고 할 수 있는데 청와대 비서실도 있었지만 외교부도 역할을 했습니다. 아까 미리 말씀드린 것과 같이 우리 통일원은 2차, 3차적인 역할을 했다고 솔직히 말씀드리겠습니다.

7·7선언 회의에 내가 가서 느낀 게 있었습니다. 7·7선언 문건은 통일원과 상의없이 이미 다 준비가 되어 있었습니다. 그래서 제게 지금 7·7선언에 대해 이것을 누가 썼고, 어떻게 준비하여 정책으로 확정지었는가를 역사적으로 밝혀

내야 한다고 하면, 중요한 분들이 오늘 여기에는 빠져 있어 아쉽습니다. 당시에 노태우 대통령 비서실의 담당 보좌관은 김종휘(金宗輝) 박사였습니다. 최측근에 김종휘 박사가 대통령을 보좌하고 있었으니까 많은 역할을 했으리라고 생각을 합니다. 그런데 이 친구를 지난 한 2, 30년간 만나질 못했어요. 노태우 정부가 끝난 이후 칩거에 들어간 듯 합니다. 다음으로는 역시, 아까도 말씀드렸듯이 중앙정보부와 청와대인데 그 중에서도 박철언(朴哲彦) 장관을 제일 중요한 인물로 봅니다. 정말 그분이 정확하게 증언만 해주신다면 생각보다 많은 것을 기록할 수 있는 제일 키 퍼슨(key person)이 아닐까 하는 생각도 듭니다. 또 마침 여기 와 계시지만, 우리 이동복 위원께서 여러 가지 설명을 해주시면 그게 훨씬 더 생생하게 우리의 이해를 도울 것으로 믿습니다.

그럼 외교부 역할은 어땠는가? 물론 외교부도 역할을 많이 했습니다. 외교부 얘기가 나왔으니까 잊어버리기 전에 말씀드리면, 노태우 대통령께서 저에게 통일원 장관을 하라고 갑자기 말씀하셨을 때 저도 그 자리에서 즉답을 할 수 없었습니다. 왜냐하면 고마운 말씀이지만 저는 대학에 있었기에 동료 교수들과 회의를 해서 의견을 들어본 뒤 대답하겠다고 했습니다. 그건 뭐 당연한 얘기 아니겠습니까. 당시 정치학과의 제일 큰 어른이시며 선배이신 김영국 교수께서는 "아니 우리는 권위주의에 눌려 지내며 늘 민주화를 떠들고 모두들 고민했는데, 이제 자유롭게 투표해서 민주화를 앞세운 대통령도 뽑았고, 더욱이 선출된 대통령이 도와달라고 하시는데 이 교수도 가서 좀 돕는 거지, 이거 가지고 왈가왈부 할 일이 아니지 않냐"고 하셨습니다. 그 얘기를 듣고 다른 교수님들도 다들 일리가 있다고 동의했습니다. 그래서 제가 통일부에 가게 되었습니다.

아까도 제가 말씀드렸지만 정부에 들어가서 본 노태우 대통령은 물론 박 대통령이나 전 대통령께서는 다들 일반시민이나 정치인들보다는 국제정세에 상당히 더 민감했습니다. 이대로 가면 안 되겠다는 것에 대해서는 본인들이, 즉 대통령들께서 보다 확실한 입장을 가지고 있었다고 생각합니다.

모두가 합의할 수 있는 통일방안 구상

　　노태우 대통령이 취임한 첫 해인 88년 가을 당시 레이건(Ronald Reagan) 미국 대통령을 만나기 위해 방미를 진행하던 때였어요. 그때 노 대통령께서 저에게도 미국에 같이 가자며 준비를 하라는 것이었습니다. 제가 갈 자리가 아닌 것 같다고 했지만 그래도 같이 가자고 하셔서 최광수 장관과 함께 수행을 했습니다. 그래서 관련된 회의를 같이 하고 그밖에 다른 분들과도 만났습니다. 이걸 보면 노 대통령 본인이 이미 북방외교와 통일 문제 등을 포함하여 새로운 쪽으로 정책을 펴나가야겠다는 계획을 갖고 있었다고 생각됩니다. 그 과정에서 여러 분들이 역할을 하셨다고 생각됩니다. 그래서 제가 박철언 장관과 이동복 의원 말씀을 했던 겁니다. 그런데 외무부에서는 여기에 안 나오셨네요. 실제 7·7선언 회의 자체에서는 신동원 차관이 주로 많은 애기를 했습니다. 최광수 장관은 참석을 안 했어요. 그러기에 신동원 차관이 많은 걸 기억하고 계시지 않을까도 생각합니다. 그래도 정부가 안을 만드는 거니까 누군가 중심적인 역할을 했을 텐데 적어도 7·7선언에서 만은 통일부는 크게 기여한 것이 없고 오직 관련 회의 참석 만으로 통일원의 역할은 끝났습니다. 여기에 주로 기여한 건 역시 청와대와 중앙정보부, 안기부였다고 말씀드립니다. 하지만 어떻게 보면 그로부터 통일원의 제일 큰 역할은 새로운 통일 방안을 만들어야 한다는 점에 초점이 맞춰집니다. 특히 그 초점이 북한과의 관계는 물론, 남한 내부에서 여야는 물론 국민 다수가 다 합의할 수 있는 통일 방안을 만드느냐 하는 쪽에 관심을 갖게 됐습니다.

　　그런 점에서 여기서 한 가지를 추가해 말씀드리고 싶습니다. 제가 앞서 말씀

했듯이 박정희, 전두환, 최규하, 노태우 대통령은 이런 부분들에 대해 민감하게 방향을 잡고 생각도 많이 했습니다. 또한 당시 야당에서 가장 영향력이 있었던 김대중(金大中) 총재도 똑같은 관점을 갖고 있었다고 저는 생각합니다. 김대중 대통령은 미국에 많이 가서 있었어요. 그때 본인으로서는 정치적으로 어려운 시기였죠. 그런데 미국에 오래 가 있고, 또 미국 사람들의 지원을 받으려고 애를 썼기 때문에 여러 가지 이유로 세계의 변화 과정에 대해서 이전의 대통령들과 비슷한 생각을 이미 하고 있었습니다. 그래서 88년 7·7선언을 비롯해서 88년, 89년 두 해는 물론 이어 94년까지 우리 정치 리더들의 국제정세를 보는 눈이나 나아가야 될 방향에 대한 감각이 크게 보면 상당히 조화되고 일치될 수 있는 부분이 많았습니다. 때문에, 나중에 결과도 나왔습니다마는 일하기는 비교적 쉬웠습니다. 거듭 말하자면「민족공동체 통일방안」을 4당 합의로 국회가 받아들이는데 핵심 역할을 하신 당시 야 3당의 김대중, 김영삼, 김종필 세 총재께서 변화하는 국제정세의 흐름 속에서 우리 대한민국이 나아가야 할 방향과 진로에 대하여 놀랄 만큼 서로 같이 공통의 상황판단과 역사의식을 갖고 계셨다는 것을 통일방안 확정 과정에서 제가 생생하게 경험하였기에 한 말씀 추가하는 것입니다.

7·7선언 실무팀 구성과 운영 내용

엄구호: 예, 총리님 감사합니다. 간단한 팩트 하나만 여쭤보겠습니다. 7·7선언은 6항에 '한국의 중소 수교, 그리고 북한의 미일 수교를 균형적으로 한다'는 규정이 있기 때문에 북방정책에서 상당히 중요한 선언인데, 지금 총리님 말씀을 들어보니까 7·7선언의 준비는 아마도 초안은 중앙정보부에서 준비를 하고, 그것을 확정하는 회의가 있었는데 외교부 신동원 차관, 청와대 김종휘 비서관, 그리고 당시 통

일원 장관인 총리님, 아마 그렇게 참여를 하셨다고 말씀하신 것 같습니다. 그러면 구체적으로 7·7선언을 확정하는, 특히 6항, 아까 말씀드린 북한의 미일 수교까지 포함되는 내용의 확정, 그 회의에는 구체적으로 누가 참여했고 그 6항이 들어가게 된 계기와 어떻게 확정이 됐는지 총리님께서 기억을 하신다면 그걸 좀 말씀해 주시기 바랍니다.

이홍구: 내가 좀 더 정확한 기억이 있으면 좋겠는데 확실치는 않지만 내가 참여한 건 확실합니다. 지금 내가 제일 생생하게 기억하는 사람은 아까 얘기한 것 같이 신동원 차관이에요. 그 마지막 안이라는 것을 신동원 차관이 설명했던 것이 기억납니다. 이미 말씀드린 대로 통일원은 관여하지 않았지만 청와대와 외교부에서 마지막 건을 같이 준비한 것이 7·7선언이라는 형식으로 나오지 않았나 이렇게 생각합니다. 저로서는 대체로 큰 흐름에 맞는 얘기이기 때문에 대단히 좋다고 긍정적으로 평가하고 찬성했던 기억이 있습니다. 그런데 벌써 30년이 넘는 시간이 지나고 보니 기억은 아른아른 하지만 어찌 됐든 청와대에서는 김종휘 수석의 역할이 상당히 있었을 테고, 안기부 쪽에서는 박철언 장관의 역할이 크지 않았나 싶지만 물론 그 회의 자체에는 참석을 안 했던 것으로 기억됩니다.

강근택: 제가 7·7선언을 처음부터 준비했기 때문에 총리님께서 아마 조금 기억이 나실지 모르겠습니다. 처음에 저희들은 그때 88올림픽 개최가 정해지고, 그 다음에 동구권에서 소련이 참여를 결정하고, 88올림픽이 성공적으로 추진되는 걸 보면서 정세 변화에 따라 새롭고 적극적인 외교 노선을 만들어야 되겠다는 생각을 노 대통령의 후보 시절부터 말씀드렸고, 이와 관련하여 노 대통령이 후보 때 벌써 북방정책에 대한 것을 공약으로 내걸었습니다. 그리고 대통령에 당선되어 청와대에 들어가자마자 예전에 외교안보수석실에서 진행하던 북방정책과 남북관계 사안을 전부 빼와 정책보좌관실로 넘겼고, 저희들이 업무 인수를 다 받아 북방정책은 염돈재 차장이 맡았고, 남북관계는 제가 맡았습니다. 그 후 저희들이 88년

강근택 대사

5월 즈음에 보고서, 즉 건의서를 대통령께 올렸습니다. 지금 달라진 상황과 정세를 반영하여 73년에 있었던 박정희 대통령의 6·23선언과 다른 적극적인 내용을 담은 것이었습니다.

사실 73년 박정희 대통령의 6·23선언은 상당히 수세적인 것이었습니다. 그때까지만 해도 우리 외교 정책은 할슈타인 원칙을 지키고 있었습니다. 북한과 수교를 하면 우리는 북한과 수교를 한 나라와 외교 관계를 깨는 관계였습니다. 그런데 그때 스칸디나비아 3개국이 북한을 승인하고, 그 다음에 북한이 WHO에 가입하게 됐습니다. 중립국이던 소위 스칸디나비아 3개국이 북한을 승인하니까, 우리는 이들과의 외교 관계를 깨야 하느냐 마느냐의 곤란에 처했던 겁니다. 그래서 할 수 없이 외국 국가 중 북한을 승인한 나라에 대해서도 우리가 그냥 승인한다, 즉 오픈 도어 폴리시(open door policy)를 그때 처음으로 하고, UN 전문기구 가입에 대해서도 반대하지 않는다는 방향으로 전환한 것입니다. 수동적인 정책이 되었던 것이지요. 그래서 이번에는 우리가 올림픽을 주최하니까 새로운 정세 흐름에서 공세적으로 제2의 6·23선언을 하자는 건의를 대통령께 했던 것입니다. 대통령께서는 이에 좋다고 동의하시면서 그러면 여기에 어떤 안을 넣어야 되겠느냐고 물으셨습니다.

당시 학계를 비롯한 일반적인 인식은 교차승인이 당연하다는 이야기였고, 외교부의 관심사도 그게 되어야 우리도 UN에 가입할 수 있다는 인식이 되어 있었습니다. 그런 바탕이 있는 터에 대통령의 동의가 있었기에 제가 간사를 맡아 이를 위한 실무팀 구성이 추진되었습니다. 박철언 특보, 정책보좌관이 반장을 맡았고, 외교부와 안기부, 통일부, 그리고 구본태 실장이 있었지만, 그 다음에 국방부, 청와대 이렇게 다섯 군데 조직이 모여 실무 작업팀이 만들어졌습니다. 이게 7·7선언을 위한 실무팀이었습니다. 이 팀에서 20~30번 정도 회의가 이루어졌습니다. 여기에 그때 신두병 국장님도 참석하셨고, 뒤에 바뀌어 김석규 주일대사도 참석하셨고, 안기부에서는 국제담당 부국장이 참석하고, 통일부에서는 우리 구본태 실장이 참석했습니다.

　　7·7선언의 6개항 중 4개항은 남북관계에 관한 것입니다. 그거 전부 통일부에서 다 제의를 했습니다. 몇 달에 걸쳐 세부 내용들이 완성된 뒤 장관회의에 회부했습니다. 장관회의에 회부할 때에 이홍구 부총리님도 나오시고, 외교부장관, 다 나왔습니다. 아시다시피 이것은 김종휘 외교안보수석실하고는 별 관계가 없습니다. 그런 식으로 절차를 거쳐 마지막에는 홍성철 비서실장 등이 참석한 가운데 안가에서 이것을 최종 결정, 확정 짓는 회의가 있었습니다. 그때 외교부 장관은 안 나오시고, 문구 몇 개를 수정하는 일은 신동원 차관이 말씀하셔서 정리되었습니다. 그때는 여당의 원내대표와 사무총장까지 다 나와서, 그렇게 결정되었습니다. 왜냐하면 이게 국민적인 문제였으니까요.

엄구호: 기왕에 북한의 북일, 북미관계 정상화 입장도 나왔고, 또 그런 인식 속에서 실제 북방 국가들과 수교, 특히 한소 수교가 추진이 됐기 때문에 자연스럽게 일단 한소, 또 한·동구(韓·東歐) 수교 과정에 대해서 이번 세션에 조금 집중적으로 논의하고 지금 말씀하신 의제화 문제는 오후에 조금 더 자세한 말씀을 듣도록 하겠습니다.

공산권연구협의회의 사회주의권 연구 확대

김달중: 감사합니다. 총리님께서 말씀하셨습니다만 부언해서 드릴 말씀이 있어요. 그리고 여기 이 회의에도 학계에서도 많이 참여하고 계셔서 대단히 의미가 있는 내용들이 될 것으로 생각이 돼요. 저는 미국에서 72년 11월에 귀국해 그 당시에 외무부 외교연구원 연구위원으로 있었습니다. 6·23선언도 나오고, 7·4 공동성명도 나오고, 그래서 남북문제에 대한, 또 공산권 국가들에 대한 연구에 정치학계, 국제 정치학회 등등을 중심으로 큰 기대를 갖기 시작했습니다. 그러나 그 당시만 하더라도 외교부는 북방정책에 대하여 큰 관심이 없었던 것으로 기억됩니다. 그러니까 한반도 문제를 그때까지의 기존 정책의 연속으로 보고, 외무부는 기존 UN정책 중심으로 해서 매년 UN총회를 준비하는 일에 집중하고 있었어요.

당시 제가 외교연구원에서 남북문제, 통일 문제, 또 공산권 국가와의 관계 같은 주제로 정책토론회를 조직할때도 관심과 호응이 미약했어요. 이런 정책 주제들은 통일원의 관심사이고 외무부 관심사가 아니라고 생각하는 듯 했어요. 그러나, 인접해 있던 통일원은 자주 정책토론회를 소집하고 학자와 전문가들을 초청했어요. 임동원 소장과 이기택 교수도 자주 뵈었습니다. 이영호 박사가 정책실장으로 역할을 많이 했어요. 학계에서도 통일문제에 대한 국제적 연구협력이 나타나기 시작했습니다. 고대 아시아문제연구소*가 세계적인 석학들을 초빙하여 통일문제 국제회의를 개최한 바 있고, 영남대 통일연구소**가 서독 뮌헨대학 국제정치센터***와 분단국문제 공동연구를 위한 협약서를 체결하고, 1975년 서독 수도 본(Bonn)에서 첫번째 한·독회의를 개최했어요. 당시 동독문제와 동방정책

---

* 　소장 김준엽(구술자 추가)
** 　소장 신도성(구술자 추가)
*** 소장 Qottfried - Karl Kindermann(구술자 추가)

김달중 교수

을 다루던 전독문제연구소*와 내독성에서 동방정책을 책임 맡았던 Hansjürgen Schierbaum 국장의 지원을 받았어요. 그때 이홍구, 이영호, 정태동, 조재관, 구영록, 그리고 제가 참석했습니다.

그후, 통일원에서 이웅희 장관과 이병웅 차관시절 통일원 통일연구소가 직접 독일 내독성과 연구교류협력을 추진하고 한·독회의를 서울과 본, 그리고 서베를린에서 개최하였습니다. 내독성 카운터파트는 Walter Priesnitz 차관이었어요.

저는 한독회의에 처음부터 참여를 했던 멤버였습니다. 그런 인연으로 제가 원장으로 있던 연세대 동서문제연구원이 통일원 후원과 외무부 협조로 매년 독일과 분단국문제에 대한 학술회의를 1990년대 초반까지 개최해 왔습니다.

이 시점에서 공산권연구협의회 활동에 대하여 추가 말씀을 드리고자 합니다. 그 당시 공산권 연구에 대해서 주도적 역할을 해주셨던 고대 김준엽 선생과 서진영 교수, 그리고 서울대 이홍구 교수와 정종욱 교수. 서강대 이상우 교수, 한양대 유세희 교수, 연세대 안병영 교수와 저, 그리고 외대 기연수 교수 등을 주축으로 해서 '공산권연구협의회'가 조성되기 시작한 것입니다. 그런데 연구비가 없었습니다. 문교부에 요청해봤으나 문교부와는 이야기가 전혀 안 통했어요. 그래서 김준엽 선생님과 이홍구 교수께서 많이 힘쓰셔서 국회에서 특별히 예산을 받아냈습니다. 그때가 아마 1978년으로 기억하는데 첫째 4억원을 편성 받았습니다. 이 금액이 국회에서 승인되어 그걸 문교부에서 집행하는 방식이 되었습

---

*   소장 Detlef Kühn(구술자 추가)

니다. 그래서 5년간 매년 4억여 원씩 지원을 받았습니다. 그 당시 4억이면 큰돈이었습니다.

초기에 지원받은 대학이 네 개 대학, 네 개 연구소에요. 그 당시 공산권에 대해서 대표적으로 중국 연구에 앞장선 것이 고대 '아세아문제연구소'입니다. 그리고 그 당시 외대 소련·동구연구소가 참여했어요. 그리고 그 다음에 제가 있는 연세대 '동서문제연구원' 하고, 그 다음에 서울대학의 이홍구 교수가 소장으로 계신 '사회과학연구소', 이렇게 네 개 연구소가 초기에 말하자면 공산권 연구협의회 창설의 모태가 됩니다. 그러니까 그게 결성이 되어 이 네 학교가 협력을 해가지고 총체적인 사회주의 국가에 대한 다학제간 연구를 시작한 겁니다. 그리고 연구를 효과적으로 진행하기 위해서 첫 번째, 분업을 하자는 얘기가 나왔습니다. 그래서 고대 아연은 중국에 관한 연구 해온 걸 계속하고, 그 다음에 외대는 소련에 대한 연구, 연대는 새롭게 동구제국에 대한 연구. 그리고 서울대 '사회과학연구소'는 유로코뮤니즘을 연구하자는 것으로 가닥이 잡혔어요. 그러나 그 연구소들이 다른 지역 연구하는 걸 막은 건 아니었어요.

두 번째로는 관련 연구를 전국적으로 확대하자는 거였습니다. 초기의 네 개 대학연구소가 주축이 되었지만 추가로 한양대의 중소연구소가 참여하게 되었고, 점차 확대되어 전국의 10개 대학, 10개 연구소로 확대된 겁니다. 그래서 1982년부터 '공산권연구협의회' 활동이 본격화됐습니다.

'공산권연구협의회'가 만들어진 뒤 초대 회장에 김준엽 선생, 2대 회장에 이홍구 교수, 3대 회장에 서강대 이상우 교수, 그리고 제가 4대 회장이 되고, 5대 정종욱 교수, 이렇게 면면이 내려온 것입니다. 그런데 그간에 공산권 체제가 계속 변하지 않았습니까. 그래서 이름을 '사회주의체제비교연구회'라고. 또 그것도 몇 년 하다가 '세계지역연구학회'라는 이름으로 바뀌면서 오늘날에까지 내려오게 된 겁니다. 제가 여기서 말씀드리고 싶은 것은 거기서 연구한 결과물들이 단행본 혹은 보고서로 출판 보고되어 정부의 북방정책 결정 과정에서 기초자료 역할을 충실히 하지 않았겠는가 생각합니다.

그런 게 하나 있고, 또 이 연구 과정에 많은 조교들이 참여를 했습니다. 연구 프로젝트에 참여한 조교 및 연구원 상당수가 그후 관료나 전문연구원으로 진출했습니다. 전문가 인재 양성이라는 측면에서도 큰 역할을 하지 않았는가, 생각이 듭니다.

한소 수교를 지원하는 학계의 지속적 노력

유세희: 지금까지 관에 의해서 추진됐던 한소 수교 과정에 대한 말씀들이 있었는데 저는 학계 쪽 즉, 민간 차원에서 어떤 노력이 있었는가에 대해서 말씀드리려고 합니다. 1960년대 말, 닉슨 미국 대통령의 괌 독트린을 시작으로 미중관계에서 데탕트가 이루어짐으로써 그 때까지 국제관계를 지배해오던 냉전체제가 무너지기 시작했고, 이러한 새로운 사태는 정부뿐만이 아니라 한국의 학계에도 커다란 충격을 주었고 아울러 연구의 새로운 전기를 가져왔습니다. 그동안 금기시 되어왔던 북방연구, 특히 중국과 소련에 대한 연구가 시작된 것입니다. 학계의 북방연구는 정부로서도 북방정책을 추진하기 위해서는 필요한 것이기는 하였으나 그렇다고 연구비나 자료를 적극 지원한 것도 아니고 북한을 제외한 공산국가 학자들과의 접촉을 허용하는 정도였습니다. 그럼에도 불구하고 1970년대에 들어와서 주로 서울에 있는 몇몇 종합대학에서 중국, 소련, 동유럽국가를 연구하는 연구소들이 생겨나기 시작하였으며 1979년에는 이들 연구소를 중심으로 '한국공산권협의회'가 발족하게 됩니다. 저 역시 발기인으로 참여하였고 초대회장으로 고려대의 김준엽 선생이 추대되었습니다. 이 협의회의 출범으로 한국에서의 공

유세희 교수

산권연구가 양적으로나 질적으로나 발전하는 데 크게 도움이 되었습니다.

한편, 정부가 북방정책을 효과적으로 수행하기 위해서 북방연구의 필요성을 느낀 것에 비해 학자들의 관심은 보다 다변적이었다고 말할 수 있겠습니다. 순수한 학술적인 차원에서만 보더라도 두 가지 면에서 그렇습니다. 우선 북방연구는 지금까지 경험할 수 없었던 연구 주제와 자료들을 연구자들이 접할 수 있게 됨으로써 새로운 학문적 호기심을 크게 자극하였습니다. 더군다나 중국과 소련은 바로 옆의 나라로 역사적으로나 문화적으로나 우리에게 많은 영향을 미쳤고 앞으로도 한반도문제 해결을 위해서는 아무리 연구해도 부족한 나라들이 아닙니까? 둘째로, 공산권으로 연구의 범위가 확대됨으로써 사회과학이 강조하는 이론과 방법론의 개발을 위한 진정한 의미에서의 비교연구가 가능할 것으로 기대 되었습니다. 따라서 공산권에 대한 연구자가 늘기 시작했고 자연히 정부가 추진하였던 북방정책과도 연계되게 되었지요. 이들 중에는 통일부라든지, 외교부라든지, 중앙정보부라든지 정부 부처에 자문을 해 온 사람들도 있었기 때문에, 직접 정부의 대북정책, 또는 북방정책의 내용을 결정하는 데에도 영향을 주었다고 생각합니다. 결국, 남북대화와 북한의 동맹국들과의 관계개선으로 표현이 되는 정부의 북방정책이나 학계의 북방연구, 그리고 기업의 공산권과의 경제교류, 이 모든 것의 시작은 미국과 중국 사이의 관계개선으로 가능했던 것이지요. 그러나 미중의 데탕트로 가장 큰 충격을 받고 혼란스러워 했던 나라는 아마도 그동안 냉전체제에 익숙해 온 남한과 북한이었을 겁니다. 미중간의 화해에 따라 남북한도 화해를 위해서 남북대화라는 것을 시작하였으나 얼마 안 가서 중단하였고 남쪽은 "유신체제"를, 북쪽은 "김일성 유일체제"를 선포함으로써 남북화해보다는 서로 독재를 강화하는 쪽으로 가버리고 말았습니다. 박정희 정부의 유신체제를 "급변하는 국제정세에 효율적으로 대처하고 통일을 앞당기기 위하여…"에서 그 정당성을 주장한 것은 조금 전에 염돈재 원장께서 지적하신 것처럼, 국제정치의 변화를 국내정치에 이용한 좋은 예가 될 것입니다. 그리고 나서 결국 남북 대화도 지지부진하게 됐었는데, 정부의 북방정책도 오늘도 여러 가지가 확인됐습니다만, 관계기관끼리 또는 주요 추진자 간의 주도권경쟁이라든지, 상호견제 등으로 인해서 그 과정에 대한 팩트(fact)가 상당히 왜곡되고 그것이 뒤에 또다시 왜곡돼서 사실과 매우 다르게 전달되는 면도 적지 않은 것 같습니다.

물론 저희는 학계에서 보았던 만큼 그 구체적인 내용은 모릅니다. 그러니까 실제로 우리 정부 내에서 누가 어떻게 논의를 하고, 어떤 과정을 거쳐서 결정을 하고, 상대방과 어떻게 협상을 벌였는지는 모르지만 학계는 일반적으로 보다 거시적이고 장기적인 차원에서 북방정책을 돕고자 했지요. 예컨대, 탈냉전시대의 국제 관계의 트렌드라든지 중국과 소련의 체제변화, 그리고 이와 같은 배경 속에서의 한소, 한중, 북소, 북중, 그리고 남북관계 등의 논의를 많이 했습니다.

제가 한소관계에 인볼브(involve)된 것은, 한양대학교 중소(中蘇)연구소장을 22년 하면서 입니다. 아까 염 원장께서 미국 루이스 클락 대학(Lewis & Clark College)의 하만경(河萬璟)교수에 대해 언급하셨습니다만 하박사는 여러 해 전에 작고하셨는데 바로 저의 자형입니다. 자형과 이런 얘기를 나누었죠. "우리가 소련하고 중국하고의 관계를 개선하는 것이 정치적으로도 필요하고, 또 우리 학자로서는 매우 중요한 연구 대상이다. 지금까지는 정부에서 중국과 소련연구를 막아서 이것이 연구의 불모지가 됐지만 이들과 관계를 개선하기 위해서도 이제부터라도 연구를 해야 된다." 이런 얘기 끝에 그 양반은 소련어도 하고 컬럼비아대학에서 소련관련 주제로 박사학위를 받은 소련통이기 때문에 "그럼 소련 쪽은 자형이 하시오, 중국 쪽을 제가 하리다"라고 역할을 나누었죠. 1974년 3월에 제가 컬럼비아대학에서 학위를 마치고 한양대학에 부임하면서 대학의 설립자이며 이사장이셨던 김연준 선생으로부터 제일 처음 받은 오더(order)가 한양대학교 중국문제연구소를 만들라는 것이었어요. 그래서 반년 작업 끝에 그 해 9월에 중국문제연구소가 생겨났습니다. 그리고 2년 후에는 소련문제연구소도 설립됐는데 1979년에 와서 두 연구소를 합쳐 중소연구소가 되었고 제가 소장을 맡게 되었어요. 두 연구소가 합쳐지게 된 것은 그 당시 중국 및 소련에 관련된 자료들을 "불온자료"로 분류하고 불온자료들은 한 대학에서 한 장소로 모아야 된다는 중앙정보부의 요구에 따른 결과였습니다. 그래서 저는 직책상 중국뿐만이 아니라 당연히 소련연구, 그리고 소련과의 학술교류에도 신경을 쓰게 되었습니다. 그런데 중국에 비해 소련 사람과의 접촉부터가 매우 어려웠습니다. 왜냐하면 중국의 경우는 덩샤오핑의 개혁개방정책 때문에 1980년대에 들어오면 국교는 없지만 우리와 무역이 비공식적으로 이루어져서 사람들이 서서히 오고 가기 시작하였거든요.

정부에서 공식적으로 하는 외교 못지않게 민간에 의한 접근, 이른바 민간외교가 갖는 장점도 많습니다. 우선 다양한 액세스를 통하여 많은 정보를 얻을 수 있다는 겁니다. 그리고 그 정보는 관에 의한 것보다 솔직한, 사실에 가까운 정보인 경우가 많지요. 관은 정부의 정책이 결정되면 거기에 따라서 상대방의 관리들을 만날 때, 서로 전술적으로 왜곡된 정보도 많이 흘리고 주장하는데, 저희는 전혀 엉뚱한 데서 도움이 되는 정보를 많이 얻게 됩니다. 하만경 교수가 소련에 많은 커넥션을 가졌던 것도 그 양반이 교수였기 때문에 가능했다고 저는 믿고 있습니다. 제 경우에도 그렇습니다.

한양대학교의 중소연구소가 소련에 통로를 갖게 된 기회는 일본의 도카이(東

(海)대학의 도움으로 이루어졌다고 해도 과언이 아닙니다. 이 대학의 설립자이면서 총장인 마쓰마에 시게요시(松前重義)는 일본사회당 소속의 일본중의원으로서 '일소우호협회' 회장을 하면서 소련 쪽에 많은 인맥을 가지고 있었습니다. 그리하여 한양대의 김용운 교수의 권고로 토카이대학의 하야시 다케히코(林建彦) 교수를 비롯하여 몇 분을 수 차례 한양대학으로 초청하여 강의를 하도록 하여 친분을 쌓았습니다. 그러던 차에 1987년 여름에 도쿄에서 마쓰마에 시게요시 총장의 주도로 '아세아 태평양 지역 대학 총장 및 연구소장 회의'가 열렸는데. 조직위원회가 한양대의 김연준 이사장이 개막식에서 미, 일, 중, 소의 대표에 이어 기조연설을 할 수 있게 배려를 해 주었습니다. 이 회의에 소련에서는 과학원 '극동연구소'의 미하일 티타렌코 소장을 단장으로 해서 모스코바 대학 총장, 극동대학 총장 등 모두 7명이 참가 하였습니다. 따라서 오랫동안 노력해 왔던 소련학자들과 접촉할 기회가 자연스럽게 이루어진 것이에요. 그리고 또한 저희가 서울로 소련 참가자들을 초청했는데, 그때 티타렌코 소장의 말이 "내년 1988년 초에 소련이 서울 올림픽에 참가할지 여부를 결정할 텐데, 만일에 참가하게 된다면, 서울에 가겠다"고 했어요. 결과를 놓고 볼 때 티타렌코는 약속을 지켰지요. 1988년에 들어가면서 소련 정부는 서울 올림픽에 참가하기로 결정을 했고 9월 12, 13일 양일 동안 티타렌코 소장을 단장으로 해서 소련 학자들이 서울에 와서 한양대학에서 학술회의를 했습니다. 그때가 바로 올림픽 직전입니다. 대한민국 역사상 처음으로 두 나라의 학자들이 두 나라의 국기를 테이블위에 올려놓고 두 나라 사이의 문제를 논의 한 것이지요. 다음 해인 1989년 4월에는 우리 쪽에서 역사상 처음으로 모스크바로 가서 역시 양국 기를 앞에 놓고 회의를 했고 사흘간의 회의를 마치고는 극동지역을 방문할 기회도 가졌습니다. 소련에서 처음으로 남한의 학자들과 갖는 회의인 만큼 이 회의에 대한 소련학자들의 관심도 대단하여 많은 기관의 사람들을 만날 수 있었어요. 극동지역 방문은 우리측 요청에 의한 것인

'북방정책과 7·7선언' 회의장 전경 2(2019. 11. 1(금) 1세션)

데 극동연구소의 비룰린 부소장을 비롯하여 한국 학자들의 안전을 위해 여러 명의 연구원들이 동행하여 주었습니다. 특히 블라디보스토크는 외국인들에게는 출입이 통제된 민감한 지역이었는데 하바롭스크의 스몰략 박사의 도움으로 방문이 가능했지요. 그 이후 극동연구소와 한양대 중소연구소 간의 학술회의는 연례화되어 소련의 해체와 같은 큰 변동에도 불구하고 지금까지 한 해도 거르지 않고 장소를 서울과 모스크바로 교대로 바꾸어 가면서 열리고 있습니다. 며칠 전에도 지금 사회를 보고 있는 엄구호 교수와 제32차 회의를 위해 모스크바를 다녀왔지만 한국과 러시아 간에 열리는 모든 회의를 통 털어서 가장 오래 동안 지속되고 있는 회의일 것으로 자부합니다.

전 이렇게 생각합니다. 정부의 정책이라고 하는 것은 상황에 따라 바뀔 수도 있지만 사람들 간의 관계는 한 번 인연이 되면 쉽게 바뀌어 지는 것이 아니며, 정책도 사람이 만드는 것이기 때문에 우선 사람을 사귀는 것이 중요하다고 말입니다. 바로 이 점에서도 민간외교가 갖는 이점이 있습니다. 예를 들어서 공식적인 정부를 대표하는 외교관들보다는 학계나 일반 민간인들이 인간적인 교감을 나누고 사귀기가 훨씬 용이하다는 것이지요. 한소 관계만 하더라도 그 동안에 우여곡절이 굉장히 많았지 않았습니까. 수교된 뒤에도 그랬죠. 그러나 저희가 밖에서 보기에는 상황의 변화 때문에 어쩔 수 없는 경우를 제외하고도 우리 정부가 잘못한 일, 접근을 잘 못한 경우도 많았어요. 물론 러시아 쪽에서도 억지 주장을 할 때도 있었지요. 하지만 정부 관계자들, 거기 파견되어 나가 있는 대사를 위시해서 우리가 학계에서 열심히 친한파를 만들어 놓으면 하루아침에 이 사람들을 전부 반한파로 만들어 놓기도 합니다. 심지어 한국에 들어오는 비자까지도 안 주어 자존심을 극도로 상하게 말이죠. 러시아 사람들은 합리적인 사고보다는 감성적인 면이 강합니다. 잘 흥분해서 틀어지기도 잘 합니다만 잘 해주면 반드시 그것에 보답하려는 사람들이기도 합니다. 스스로는 한국에 도움이 되는 일을 많이 했고 남들도 그렇게 보고 있는데 한국 정부가 자기를 소홀히 대접하고 있다는 생각이 들지 않도록 우리가 조심해야 합니다. 사실 이 사람들 중에는 한소 수교를 도운 공로자들도 많아요.

다음에 말씀드리려는 것은 한소수교 과정에 있어서 러시아 학계의 역할에 관한 것입니다. 저의 경험에 의하면 소련의 경우 정책 결정 과정에 있어서, 연구소에나 학계에 있는 사람들의 영향이 큽니다. 이건 중국하고는 다른데, 우리가 중국과 소련과 수교 이전에 가끔 과연 어느 쪽과 먼저 수교가 될까라는 얘기를 많이들 했지요. 저는 중국하고의 수교가 먼저 될 거로 생각했고, 하만경 교수는 한소 수교가 빠를 수도 있다고 하였습니다. 그가 맞은 것이지요. 한소수교가 한중수교보다 먼저 온 이유는 여러 측면에서 논의될 수 있겠지만 정책결정 과정에 있어서 학계의 영향력의 차이가 작용하지 않았을까 라고 생각됩니다. 수교이후 한참 지난 뒤에 안 것이지만 확실히 소련의 경우에는 한 사람이 당에 있다가 정부로 갔다가 연구소로 갔다가 대학으로도 가는, 이를 테면 일종의 '직책의 순환'이 많았던 것 같아요. 그러니까 소련 학자인 경우가 훨씬 정책 결정자들을 만나고 영향을 줄 수 있는 통로가 많았을 것으로 짐작이 됩니다. 거기에 비해서 중국 사람들은 굉장히 관료적이에요. 즉 관과 민의 경계가 분명해서 이 경계를 넘나들기는 매우 어렵습니다. 제가 보기에는 외교부의 '국제관계연구 중심'과 우리로 치면 국정원에 해당되는 공안부의 '현대국제문제연구소' 정도가 주요 정책결정자에게 보고서를 올려 보낼 수 있는 채널이고, 사회과학원의 무슨 연구소다, 북경대학의 무슨 연구소다 하는 기관이나 대학들의 연구물이나 정책보고서들은 일반 연구자들에게 참고는 될 수 있을지는 몰라도 정책결정자들에게 영향을 주는 역할은 못하고 있는 것으로 판단됩니다.

그래서 러시아의 경우에는 우리가 앞으로도 주요 연구소들과 좋은 관계를 계속 유지해야 된다고 하는 것이 제 생각이고요. 두 나라의 관계가 일시적으로 나빠질 수도 있지만, 연구소들끼리의, 학자들끼리의 유대라고 하는 것은 오래 갈 수 있기 때문에 정부차원에서도 이러한 점에 신경을 써야 할 겁니다. 그동안 우리와 러시아의 관계가 수교 때와 비해 많이 식어 있지만 언젠가는 러시아가 매우 필요할 때가 올 거라고 생각합니다. 러시아 과학원 극동문제연구소의 티타렌코 소장이 3년 전에 작고했을 때, 30년 친구가 되다 보니깐 문상을 갔습니다. 그와는 매년 학술회의를 하면서 한반도문제, 북한문제, 한미관계 등으로 말다툼도 참 많이 했습니다. 그러면서도 끝에 가서는 "정책은 오고 가고 변하는 것이지만 우정은 영원하다."는 말로 서로를 위로하고 다음 회의에서 만날 것을 기약했지요. 그런 그가 세상을 떠난 것입니다. 장례식에는 중국대사관과 북한대사관에서는 공사들이 참석했고 중국의 왕이 외교부장도 조화를 보내 왔는데 생전의 그의 발언 때문인지 우리 대사관에서는 조화는 고사하고 아무도 오질 않았습니다. 다행히 저에게 조사(弔辭)를 할 기회를 주어서 고인이 어떻게 한소수교를 위해 기여하였고 수교 뒤에도 한반도의 평화와 안정을 위해 어떠한 노력을 하였는지를 역설하였지만 한국대사관의 처사가 못내 아쉬웠습니다.

수교 전 헝가리와의 사전 정지 작업

엄구호: 감사합니다. 지금 헝가리 수교 말씀도 하셨기 때문에 86년에, 청와대 중소팀이 만들어졌고요. 헝가리 수교는 89년에 이루어졌는데 한소 수교보다 먼저 이루어졌기 때문에, 우선 김지영 교수님께 동구 수교 과정과 관련해서 질문을 좀 부탁드립니다.

김지영: 숭실대학의 김지영입니다. 선생님이 아까 말씀하셨던 당시 대학원생이 저희였습니다. 기연수 선생님이 제 지도교수셨기 때문에 제가 러시아, 동유럽을 다루던,

김지영 교수

당시 '소련 및 동구문제연구소'인데 그 연구소에서 대학원 생활하면서 온갖 심부름을 다했던 그 기억이 납니다. 제가 89년도에 대학원에 들어가서 처음 시작을 할 때 기연수 선생님이 어떤 말씀을 하셨냐면, 이미 동유럽과 관계가 시작이 됐는데, 선생님이 하신 말씀 중에 러시아가 제일 중심이 아니고 동구가 중심이 될 건데 아마 헝가리가 제일 먼저 중심이 될 거다, 하는 말씀을 하셨던 기억이 납니다. 그래서 제가 89년도에 대학원 들어갈 때 러시아 지역학과에 들어갔는데 선생님이 저한테 러시아어를 잘못하니까 러시아를 하지 말고 헝가리를 연구하라고 그때 그러셨어요. 제가 헝가리를 공부하게 된 이유가 그 때문이고, 유학까지 갔다 오게 됐습니다.

그때 이미 한국 정부하고, 그때 정부라고 하는 차원이 제가 생각하기로는 아마 안기부였을 가능성이 높다고 보는데, 1985년 여름에 우리 정부에서 헝가리 언론인들을 대규모로 초청해서 그들이 서울에 방문한 것으로 알고 있습니다. 저도 그 내용을 모르고 있었는데 제가 2008년도에 헝가리 외교문서 보관소에서 외교문서를 찾다가 당시 헝가리 외교부로 보고된 비밀문서 중에 1985년 서울을 방문했던 헝가리 언론인들이 서울의 인상에 대해서 우리로 치면 큰 조선일보쯤 되는 신문에다가 전면에 걸쳐서 한국 소개 기사를 냈던 걸 알게 되었습니다. 제가 그것을 한번 읽어보고 아주 깜짝 놀랐습니다. 그때가 85년인데 그 당시에 어떤 기사 내용이 있었냐면, 한국 정부에서 동구권 특히 헝가리와 수교를 맺으려는 의지가 굉장히 강하다, 그래서 모든 비용을 대서 많은 인원들이 서울을 그때 방문했고, 대접이 매우 극진하고 환대를 받았다, 그래서 한국의 발전된 모습을 보니까 우리 향후도 굉장히 좋다, 뭐 이런 기사였던 걸로 기억이 됩니다.

　　그래서 제 생각에는 북방정책은 분명히 그 이후에 노태우 대통령의 아주 훌륭하신 그런 것도 있고 그 사전에도 분명히 준비가, 아까 대사님 말씀하셨듯이 선거본부에서도 준비가 됐다고 생각은 되지만, 그 이전에 전두환 대통령 시대에도 분명히 굉장히 많은 물밑 작업이나 이런 부분이 있지 않았을까, 그리고 거기에서 교수님이나 여기 계시는 특히 염돈재 원장님 등이 제가 보기에는 많은 역할을 하지 않으셨을까 하는 생각이 듭니다. 그처럼 정식으로 관계가 트이기 이전에 왔다 갔다 했던 내용들 이런 부분들에 대해서 설명을 해주실 수 있을지 여쭤봅니다.

한독 학술회의를 계기로 동구권에 대한 연구 및 접촉 확대

김달중: 총리님도 기억하시죠? 그게 1979년인데 세계정치학회(Internationl Political Science Association)가 모스크바에서 세계대회(World Congress)를 할 때 한국 중견 정치학자들 17명이 참가하였습니다. 그래서 소련 학자들은 물론이고 동구권에서 온 학자들하고 그때 교류를 많이 하고 돌아왔어요.

　　그리고 헝가리에 대해서는 제가 가능한 간략히 말씀드리겠습니다. 아까 말씀드린, 통일원이 지원하는 한독 학술회의를 계속 하면서 거기서 주제가 된 게 뭐냐면 동방정책을 비롯해서 양독 관계에 대한 것이 아주 많았고, 그 다음에 중요한 주제가 동구라파에 대한 것이었어요. 동구라파의 정치, 경제, 사회 변혁에 대한 논문들을 서로 많이 발표했습니다. 그리고 또 코메콘(Communist Economic Conference)과 나토(NATO)에 대한 것, 그리고 새롭게 전개되는 유럽 통합에 대한 문제 등 이었습니다. 역시 핵심은 동구권 사회주의 국가의 변혁에 독일 학자들의 견해를 접하는 일이었습니다.

우리가 헝가리와 수교하기 전까지만 하더라도 공산주의 국가들과의 관계라는 것은 모든 게 간접적인 접촉이었어요. 우리 학술 분야에서 봤을 때는 물론이고, 정부 차원에서도 그렇고 경제 분야에서도 마찬가지였어요. 그리고 두 번째로는 전부 다 비공식적인 것이었습니다. 또한 쌍무관계가 아니라 삼각관계 혹은 다자관계였어요. 학자들도 전부 국제회의에 왔다 갔다 하는데 쌍무적이 아니라 다자관계 중의 하나였고, 서로가 비공식적으로 받아주는 관계였습니다. 접촉은 하지만 그게 다 비공식적인 것이었습니다. 그런데 그 당시 우리의 관심은 관계를 좀 쌍무적이며 공식적으로 만들어 보자는 것이었습니다. 공산권 학자들과도 접촉을 해야 하는데, 서독이 동유럽국가들과 관계가 좋고, 물론 학술 분야에서도 관계가 좋았기 때문에, 한독 회의에 동구라파 학자들을 좀 부르자는 의견들이 나왔습니다. 이 회의에 동구라파 학자들을 같이 참석하도록 하여 우리 한국 학자들과 접촉하는 기회를 만들자는 것인데, 헝가리가 제일 먼저 거기에 호응하고 나왔다고요.

그래서 1985년 10월 서울에서 열린 제2차 연세대─뮌헨대 한독 회의에 '헝가리 과학원(Hungary Academy of Science)'의 '세계경제연구소' 선임연구원 하모리(Jenö Hámori)박사를 초대했습니다. 우리가 공식적으로 초청하는 걸 헝가리 정부가 정식으로받아들였고, 서울에 와서 회의 참석을 했어요. 그리고 1986년 6월 서독 빌바드 크로이스(Wildbad Kreuth)에서 개최된 제3차 한ㆍ독회의에 하모리 박사가 또 참석했습니다. 이 회의에 박동진 통일원 장관과 이홍구 교수도 참석했습니다. 1986년은 6월 제3차 한ㆍ독회의를 끝내고 얼마지나지 않아 제가 죠제프 보그나(József Bognar) 헝가리과학원 세계경제연구소 소장으로부터 헝가리 과학원 공식방문 초청을 받게 되었습니다. 이 초청은 공식적인 쌍무적 차원에서의 직접적인 초청이었습니다. 1986년 10월 20일부터 23일간 헝가리 과학원 세계경제연구소를 공식 방문하고, 한국북방정책 주제의 강의와 세미나, 그리고 연구소 내외의 전문가, 경제학자, 정치학자 등과의 대화의 시간을 가졌습니다. 헝가리과학원 방문의 가장 중요한 결과는 연대 동서문제연구원과 헝가리과학원 세계경제연구소와의 양자간 공식 학술회의 개최를 포함한 학술교류협력에 대한 정식 합의서에 서명한 것이었습니다.

이에 따라 1987년 서울에서 개최된 제4차 한·독회의에 이미 방한했던 하모리(Hamori)박사와 헝가리과학원 세계경제연구소 연구실장 벨라 카다르(Béla Kádár)박사가 공식 방한하여 한·독회의에 참석하였습니다. 카다르 박사는 그후 헝가리 민주정부 수립 시 초대 대외경제장관으로 한·헝가리 경협에 큰 공헌을 한바 있습니다. 1986년 합의에 따라 최초의 공식 한－헝가리 양자회의는 1988년 5월 22-23일간 부다페스트에서 개최되었습니다. 매우 역사적인 회의였다고 생각됩니다.

그후 2차 회의는 그 다음해인 1989년 3월에 서울에서 열렸습니다. 그때는 이미 헝가리와 수교후 한달이 지난 시점이었어요. 그리고 3차 때부터는 비셰그라드(Visegrád) 컨셉을 도입했습니다. 헝가리에 가보니까 체코, 폴란드 등 비셰그라드 그룹이 지역 협력체를 만들려고 분주했어요. 그래서 우리도 비셰그라드 비슷한 거 하자, 이걸 해서 동아시아의 시장경제 경험을 전수하고 사회주의 국가의 시장경제를 위해 지역 개념을 넓혀 참가 국가를 늘려 회의를 하자고 합의했어요. 그래서 수교 이후부터 그렇게 관계가 확대되었고, 비셰그라드라는 도시에서 제3차 회의를 개최했습니다. 이 3차 회의부터 헝가리 이외에 폴란드와 체코, 그리고 동아시아에서 일본, 대만, 홍콩 전문가들이 참여하게 되었습니다.

오늘 제가 이 모임에 오면서 이러한 내용을 증명할 수 있는 자료를 급한 대로 모아서 가지고 왔습니다. 자료들을 정리하다 보니 관련된 것들이 몇 개가 나오더라고요.

헝가리의 한국 수교에는 고르바초프의 의중 반영

김석우: 지금 헝가리하고 수교가 왜 빨리 됐는가에 대해서 질문이 나와서 제가 전문가는 아니지만 그동안 느꼈던 점을 잠깐 말씀드리고 싶습니다. 헝가리 외무 차관으로 동독 사람들이 오스트리아로 나갈 때, 1989년 철조망을 자른, 즉 국경을 열어준 호른이라는 분이 있습니다. 외무 차관을 했고 나중에, 1994년 총리가 되었는데, 총리 시절 한국에 온 일이 있어 제가 그때 일을 물어본 적이 있습니다. 어떻게 헝가리가 그렇게 먼저 했냐고 했더니 호른 총리가 이렇게 대답했습니다. 헝가리가 독자적으로 하는 게 아니고, 고르바초프(Mikhail Gorbachev)가 나타났는데 모스크바의 고르바초프가 무슨 생각을 하는지 항상 면밀하게 관찰해야지 자기네처럼 작은 나라가 어떻게 불쑥 그렇게 하느냐 하는 그 얘기를 호른 총리가 저에게 한 일이 있습니다.

헝가리의 수교에 대한 유연한 입장

한국 관리에 대한 중국의 입국 저지와 관련한 일이 있고 난 얼마 뒤 이범석 장관은 83년 10월 달에 아웅산에서 돌아가셨습니다. 시점은 정확하지 않지만 그 전후에 헝가리와의 수교 관련 얘기가 나돌았습니다. 프랑스에서 미테랑정부였던 것 같은데 북한과 수교를 추진한다고 하면서, 우리에게는 대신 헝가리와 수교하면 어떻겠느냐 하는 얘기가 나왔던 것입니다. 헝가리는 이미 오래 전부터 소련이라는 공산권 핵심에서 상당히 벗어난 변방에 있었기 때문에, 외교 정책 면에서 유연성을 갖고 있었습니다. 제가 일본에서 어떤 텔레비전 프로그램을 시청하면서 받은 인상인데, 그 당시 헝가리는 한국의 정치보다 훨씬 더 유연하다는

김석우 차관

것이었습니다. 때문에 전체적인 윤곽에서 볼 때 우리가 먼저 불쑥 제안해서 일이 된 것이 아니라, 수교 문제에 관하여 헝가리 측에서 받아들일 여건이 충분히 되어 있었다는 게 제 생각입니다.

그리고 아까의 얘기로 다시 돌아가자면 소련과의 관계인데, 7·7선언 나오기 전에 이범석 장관이 진행한 6·29 북방정책이 이미 우리 외교부 차원에서는 당연한 것이었습니다. 그때 우리는 뭐라고 얘기를 했냐면, 우리가 남북 간의 균형적인 접촉을 시작해서 그게 교차승인으로 가야 된다는 얘기를 했습니다. 그래서 그걸 쭉 추진했는데, 왜 우리만 성공하고 북한은 성공하지 않았냐하면, 그건 북한이 계속 테러행위를 했기 때문에 UN 제재를 받아서 못한 거예요. 우리가 계속해서 북한이 해도 좋다는 굉장히 유연한 자세를 가졌음에도 불구하고, 북한이 '아웅산 테러', '칼(KAL) 테러' 이런 걸로 UN의 제재를 받으니까, 미국이나 일본이나 다른 국가들이 북한과의 관계를 진전시키지 못했다는 걸 참고로 말씀드립니다.

독일의 한독회의 중 전해진 북방정책에 대한 엠바고

김달중: 김차관님이 말씀하시니까 이범석 장관께서 국방대학원 특강을 하신 일이 기억이 납니다. 아까 말씀드린 제1차 연세대-뮌헨대 분단국 문제 한독 회의는 당시 독일 수도 본(Bonn) 교외인 투징(Tutzing)에서 열렸습니다. 개최 직전 한국대사관으

로부터 긴급 연락이 왔어요. 그 당시 제가 발표할 논문 내용이 바로 이범석 장관이 국방대학원에서 발표할 북방외교정책 특강내용과 유사한 걸 다뤘나봐요. 북방정책에 있어서 교차승인이 중요하다는 것, 그 다음에 추진 방법에 있어서 점진주의적인 것과 상호균형된 접근, 뮤추얼리 밸런스드 어프로치(mutually balanced approach)라고 하는 게 제 논문의 강조점이었습니다.

그런데 대사관측 요구는 균형교차승인이라는 얘기를 그 회의에서 하는 것을 좀 보류해달라는 겁니다. 외무부 본부에서는 이 내용들을 이미 다 알고 있었어요. 출국전에 논문들을 외무부에 모두 제출했거든요. 지금 아주 기억이 생생한데, 왜 그렇습니까 하고 물었더니 국방대학원에서 장관께서 발표할 때까지 일종의 엠바고(embargo)를 걸어놓는다는 것이었습니다. 29일인가 그 이후에는 자유로이 이야기해도 되는데 그때까지만 우리가 먼저 얘기하지 말라는 겁니다. 우리야 민간이 아니냐고 반문했지만 민간이라도 그렇게 하지 않는 것이 좋겠다는 것이었습니다. 생각해보니 일리가 있어 그러겠다고 대답했습니다. 그래서 회의할 때는 해당 논문을 배포하지 않았습니다. 그래서 지금도 아주 생생하게 기억되는군요. 참 옛날 얘기입니다.

헝가리와 수교를 둘러싼 구체적인 막후 이야기들

염돈재: 헝가리와의 수교 얘기를 둘러싼 백그라운드와 역사, 이런 건 다들 말씀하신 게 맞습니다. 그러면 어떻게 해서 헝가리와 제일 먼저 수교가 되었느냐 하는 것은 아직 얘기되지 않았습니다. 그건 설명 드리겠습니다.

제가 1986년 7월 미국에서 귀국해 안기부 제 2특보였던 박철언 팀에 갔을 때 전두환 대통령께서 중소팀을 만들어 대공산권 관계를 개선하는 방안을 만들라는 지시가 있었습니다. 그래서 제가 열 명 팀을 꾸려서 중소팀장을 하면서 연구를 시작했습니다. 그런데 그때 보니까 중국과 소련은 어려울 것 같아 우선 공산국가들의 반응도 타진 할 겸 여건도 개척할 겸 해서 동유럽을 먼저 하는 게 좋겠다고 생각돼 동유럽 연구를 시작했습니다. 그 때에도 아까 김달중 교수님이 말씀하신 그런 연구 업적들이 있었기 때문에 그 자료들을 가지고 어떻게 접근할 것인가를 연구했는데 그땐 실현 가능성이 별로 없다고 생각했습니다. 그러나 연구 지시가 났으니까 연구를 해야 했기 때문에 우선 각 나라의 상황을 파악해 국가별로 바인더를 만들었습니다. 그때 동유럽 국가 중에서 제일 접근하기가 쉬운 나라가 유고였으나 유고는 '자주 관리', 즉 셀프 매니지먼트(self management)를 표방하고 있어 친소련 성향의 소련 위성국과는 달라 파급 효과가 적다고 생각을 했습니다. 그래서 더 연구를 진행하다 보니 헝가리가 제일 좋겠다는 판단이 들었습니다.

그렇게 기초적인 연구를 진행하던 중 4·13 호헌조치, 직선제 개헌 등이 나오는 바람에 북방정책 문제는 중요한 이슈가 되지 않았습니다. 그런데 대통령 선거 때가 되자 뭔가 공약을 내야 되는데 새로운 것이 필요해졌고 박철언 특보*가 얘기해서 북방정책이 선거공약에 들어갔습니다. 그 후 노태우 대통령이 선거에서 이기고 나서 박철언 특보가 저에게 청와대로 같이 가자고 해서 제가 청와대에 들어가 북방정책 담당 비서관을 맡았고 2특보실에 함께 근무하던 강근택 부이사관**이 남북관계를 맡았습니다. 그래서 사람들이 왜 안기부 출신이 북방외교를 맡고 외교부 출신이 왜 남북관계를 맡느냐며, 이상하다고 생각하는 사람들도 있었습니다.

그래서 청와대에서 북방정책 업무를 시작했는데, 헝가리와 수교를 빨리 하

---

* 안기부장 제 2특별보좌관(구술자 추가)
** 훗날 대사 역임(구술자 추가)

염돈재 원장

게 된 극적인 계기는 이겁니다. 이미 노태우 정부 이전, 전두환 대통령 말기에 김우중 대우 회장이 헝가리와 관계가 많았는데, 헝가리 쪽에서 20억 달러를 주면 수교를 하겠다는 헝거리 측 오퍼를 가지고 왔습니다. 그때 김우중 씨가 접촉한 사람이 헝가리 수출입 은행장인가 그랬습니다. 그런 제의가 오자 김우중 회장이 그 때 안기부에서 북방정책 문제를 담당하고 있던 정주년 국제정보국장*에게 타진을 한 거예요. 김우중 회장과 정주년 대사가 고교동창 사이거든요. 하지만 당시는 때가 정권 말기이고 선거 때가 되다 보니까 그걸 정책 의제화하지 못하고 있었습니다.

그런데 노태우 정부 출범 후 북방정책이 시작되고 보니까 안기부에서 그때 여건에서는 그냥 가지고 있을 수밖에 없던 이것을 썩히기 아깝지 않느냐 해서 '북방정책협의조정실무위원회'에서 토의하도록 했습니다. 북방정책협의조정실무위원회는 안기부 차장이 위원장이고, 정부 각 부처 국장들이 위원으로 돼 있었습니다. 첫 회의에 갔을 때 청와대에서는 경제 문제이기도 하니까 이석채 비서관이 가고, 또 북방정책이니까 정책보좌관실 북방정책 담당 비서관이었던 나도 가고, 청와대에서 두 비서관이 갔습니다. 저도 거기가서 이석채 비서관도 참석했다는 것을 알았습니다. 각 부처에서는 외교부, 안기부, 경제기획원, 국방부, 상공부, 재무부 등의 국장이 참석해 토의를 했습니다. 그 회의에서 이 여건을 활용할 건가 안 할 건가 논의 끝에 활용하는 게 좋겠다는 결론이 났습니다. 그러면 누구를 단장으로 한 사절단을 어떻게 보내서 접근하느냐 하는 것이 문제였습니

---

* 훗날 주태국 대사 역임(구술자 추가)

다. 처음 안기부에서 구상하고 있던 것은 경제 문제니까 경제기획원 차관이 단장이 되어 사절단으로 가는 게 어떻겠느냐 하는 얘기를 하더라고요. 그 때 북방정책조정실무위원회 위원장은 안응모 안기부 차장이고 간사 역할은 이병호 국제정보국장*이 담당하고 있었습니다. 북방정책협의조정위원회**는 1987년 대통령 결재를 받아 설치되었다는데 그 때까지는 장관급 회의는 한번도 열리지 않고 실무위원회만 몇 번 열렸다 합니다. 장관급 회의는 그 후 1988년 9월 경 박세직 안기부장 주재로 처음 열렸는데 그것이 처음이자 마지막이었습니다. 그 후 국무총리를 위원장으로 하는 북방정책조정위원회가 설치됐기 때문입니다.

회의 시작 전 제가 이병호 국장 방에서 얘기를 나누던 중 그날 교섭단장 선정 문제도 협의할 것이라는 얘기를 듣고 제가 이병호 국장에게 오늘 회의에서는 교섭단장 결정을 유보하고 다음에 결정하는게 좋겠다고 의견을 얘기했습니다. 왜냐하면 제 생각으로는 우리가 경제부처 차관을 단장으로 교섭단을 파견하면 저쪽에서 경제팀이 나오고, 그러면 우리가 목표로 하는 외교 관계 개선보다는 경제 문제 이슈에 집중하게 되니까 우리가 부담만 지게 될 가능성이 있고, 외교부 간의 협의가 다시 필요해져 더 시간이 걸리지 않느냐. 그래서 이거는 우리에게 마이너스가 된다고 생각했습니다. 그리고 또 외교부 차관이 간다고 하면 외교부 차관을 저쪽에서 받지 않을 것이다. 왜냐하면 외교부 차관을 단장으로 한 사절단을 받아 들인다는 것 자체가 묵시적 국가 승인과 공식적인 외교교섭으로 될 수가 있거든요. 그러니까 헝가리 쪽에서는 밑지는 장사니까 이를 받아 들이지 않을 것이라 본 거지요. 안기부 차장이 가면 어떻겠느냐 생각해 봤는데 안기부 차장이 나가면 저쪽에서도 정보기관 간부가 나올 거란 말이에요. 그러면 정보기관 간의 협의이지 외교교섭이 되지 않을 가능성이 많았습니다. 그래서 제가 이거

---

*　훗날 주말레이시아 대사 역임(구술자 추가)
**　장관급(구술자 추가)

'북방정책과 7·7선언' 회의장 전경 3(2019. 11. 1(금) 1세션)

이번에 결정하지 말고 나중에 설명드릴 테니까 다음 회의에서 결정하자고 그랬습니다. 박철언 보좌관님에게도 그 날 회의에서 교섭단장 선정 문제가 논의된다는 얘기를 안했거든요. 사전에 그런 내용이 통보된 것이 없었고 회의에 가서 그런 걸 알게 됐던 거니까요. 그래서 그날 회의에서는 교섭단장 문제는 논의하지 않고 헝가리와의 수교교섭 문제를 적극적으로 검토할 필요가 있다는 결정만 했습니다.

회의가 끝난 후 제가 이병호 국장에게 다시 설명 드렸고 또 안응모 차장님에게도 보고가 들어갔습니다. 청와대에 돌아온 후 저는 박철언 보좌관님께 건의를 드렸습니다. "직접 가시는 게 좋겠습니다. 옛날 키신저(Henry Kissinger) 보좌관의 미중(美中) 외교도 있지 않습니까. 그러니까 박철언이라는 대통령 측근이 가는 것 자체가 중요한 신임장이다. 그러니까 가시는게 좋겠습니다. 나머지 세 사람 가는 것, 경제기획원 차관 가는 것, 국정원 차장 가는 것 외교부 차관 가는 것이 모두 문제가 있으니까 보좌관님이 가시는 게 좋겠습니다." 그렇게 말씀드렸더니, "되지 않을 건데 뭐 하러 가는가, 내가 갔다가 잘 안 되면 김만 새는 거 아니냐"고 되물으시길래 내가 다시 강력하게 건의를 드렸어요. "되고 안 되고의 문제가 아니라 가장 효율적인 방법이 보좌관님이 가시는 거고 그게 가장 적합하다고 생각합니다. 저는 보좌관님이 가서 잘 하시면 가능하다고 생각합니다." 이렇게 말씀드린 끝에 "그럼 그렇게 하자"고 결론이 났습니다.

그때는 어느 부처도 그 일을 선뜻 맡기를 원하지 않았습니다. 진짜 가능성이 없다고 봤으니까. 그래서 박철언 보좌관님 입장에서는 저의 건의도 있고 해서 억지로 떠맡은 거나 다름없었습니다. 다른 부처에서도 박철언 보좌관이 가겠다고 그러니까 모두 전적으로 환영했죠. 어려운 일을 맡아 주겠다니까. 그래서 그 다음에 이제 관계부처 회의를 해서 사절단 구성은 외교부, 안기부, 청와대, 경제기획원, 산업자원부, 재무부 이렇게 해서 여섯 사람이 갔는데 저는 안 갔어요.

그래서 내가 박철언 보좌관님한테 "저는 안 가는 겁니까?" 그랬더니 "가서 뭐해. 되지도 않을 건데. 청와대에서 너무 많이 가면 우리가 짐만 지게 되잖아?" 하시는 거였습니다. 당시 분위기가 이럴 정도였습니다. 그래서 저는 준비만 다 해드리고 그때 거기에 끼지 못했습니다.

그때 제가 이런 생각을 했어요. 헝가리에 가면 부총리와 우리 사절단이 수교회담을 하도록 돼 있는데, 혹시나 가서 잘 하면 서기장을 만날 수도 있지 않을까, 그때 저쪽에 주는 선물을 뭘 가지고 가시도록 할까 하는 생각을 했습니다. 그래서 그때 110만 원인가 하는 올림픽 기념주화 세트, 은화, 주화 세트를 선물로 저쪽 교섭단장을 위해서 가지고 가고, 밑의 사람들에게는 조금 더 낮은 선물을 하기로 했는데, 내가 선물로 주화 세트를 하나 더 마련해서 포장을 잘 하여 박 장관님 드리면서 "혹시 가서 서기장을 만나실지도 모르니까 그때 이걸 노 대통령 선물이라고 말씀하시고 쓰십시오." 하면서 드렸어요.

그랬는데 거기 가서 여러 가지 우여곡절이 있었지만 박 장관님은 저쪽에서 20억 달러 안 주면 협상할 필요도 없다고 해서 짐 싸서 나오려고 했답니다. 그러다가 박철언 보좌관님이 기지를 발휘해서 "노태우 대통령께서 그로스(Grósz Károly) 서기장한테 보내는 구두 메시지가 있다. 내가 그 메시지를 전달해야 되겠다. 내가 선물도 갖고 왔다. 그로스 서기장을 만나게 해 달라. 당신과는 교섭이 안 되겠으니 결렬하고 떠나버리겠소." 하니까 그로스 서기장이 만나주겠다고 그랬어요. 그렇게 박 보좌관이 그로스 서기장을 만나 설득을 매우 잘 했어요. 박 보좌관님이 그런 논리적인 설득을 잘 합니다. 그래서 수교의 필요성, 이런 것에 대해 설명을 해서 거기서 극적으로 구체적인 수교원칙에 합의하고 2주 후 헝가리 대표가 서울에 와 회담을 하기로 했습니다. 2주 후 헝가리 대표단이 서울에 와 2차 회담을 했습니다. 밤 늦게까지 며칠 회담을 해 원칙문제가 어지간히 결정됐기 때문에 헝가리 대표단이 우리 노태우 대통령 만나고, 그리고 마지막으로 문안조정을 했습니다. 2차 회담은 워커힐에서 했는데 워커힐에는 양측이 숙박하면서 그런 일을 할 수 있는 장소가 있습니다. 남북회담 이런 거 할 적에 사용하게 돼 있는 그 장소에서 진행했습니다. 우선 수교원칙에 합의한 후 경협 액수는 7억 5천만 달러로 결정됐습니다. 당초 헝가리는 20억 달러를 얘기했는데 7억 5천만 달러로 타결된 것입니다.

그래서 그 다음 달 8월 25일인가 헝가리에 가서 마지막으로 정식으로 사인하고 이래서 수교가 됐습니다. 헝가리에서 나온 뒤 우리가 소련으로 갔는데, 소련 가던 날이 제 생일 전날인가 해서 제가 정확하게 기억하고 있습니다. 그리고 우리는 헝가리와의 수교 발표를 올림픽 전, 가급적 빠른 시일내에 하기를 원했고, 헝가리에서는 천천히 하기를 원했습니다. 헝가리와 수교 발표를 한 것이 아마 9월 14일인가 이럴 겁니다. 서울 올림픽을 4, 5일 앞둔 시점에 발표를 했습니다. 당초 우리는 좀 더 일찍 발표하려고 했는데 헝가리 측에서는 북한 9·9절 행사에 헝가리 사절단이 매년 가는데 이거 미리 발표하면 9·9절 행사 사절단의 입장이 참 곤란해지고 괄시받게 되니 그걸 좀 미뤄 달라고 했습니다. 그래서 맞춘 게 바로 9월 14일인가 였고 이렇게 해서 발표하게 됐었습니다.

이홍구: 전두환 대통령이 하신 것은 몇 년도인가요?

염돈재: 전두환 대통령이 지시하신 것은 86년도이고 그게 중소(中蘇)팀입니다. 그걸 부장 결재를 맡은 것이 11월 1일 자입니다. 아마 한 한달 정도 걸렸으니 10월 초 정도에 지시를 받은 것 같습니다. 그 때는 중소팀을 만들라는 부장 지시가 있었어요. 북방정책 그런 게 아니고, 중소팀을 만들어서 중소 관계를 개선하라는 전두환 대통령의 강력한 지시가 있었고 그래서 제가 그 팀장이 됐고요.

김석우: 지금 염돈재 선생님이 말씀하신 것 두 가지를 제가 엔도스(endorse) 하는데요. 박철언 장관이 그때 수교 교섭 할 당시에는 이게 다 돼 있는 상태에서 간 게 아니거든요. 우리가 한일 국교 정상화 할 때 그때 외무장관을 이동원 씨가 맡았는데,

그때 그 당시에 외교부의 아주 쟁쟁한 분들에게 외교부 장관 맡아라 해도 다 안했어요. 왜 그러냐면 이 짐이 무거우니까. 문덕주 등 여러분들 다 안맡았는데, 연세가 젊고 정치적으로 이런 걸 할 배짱 있는 분이 장관을 맡은 거잖아요. 그런 점이 하나 있다고 생각합니다. 또 그 다음에 굉장히 중요한 포인트로 그로스 서기장을 만났다는 점입니다. 소련이나 중국이나 헝가리나 다 공산주의 체제이기 때문에, 디시전(decision)이 물론 밑에서도 올라가지만 거의 그건 불가능합니다. 공산주의 체제에서는 위에서 결정이 돼야 해요. 그러니까 그게 굉장히 중요했다는 그 말씀을 드립니다. 왜냐하면 한중 수교의 시작도 등소평이 85년 4월 달에 '아, 이거 남한하고 하는 게 좋겠다'하고 가이드라인을 전기침(錢其琛)과 같은 외교일꾼한테 주었기 때문에 움직인 거지, 전기침이 아무리 비상한 사람이라 하더라도 아래에서 위로 그런 건의를 올릴 수 없습니다. 그래서 그로스 서기장 만나서 협상했다는 거는 외교 교섭상 굉장히 아주 잘했다는 걸 제가 말씀드리고 싶습니다.

최병효: 끝나기 전에, 염돈재 원장님께서 말씀하신 중에 두 가지 팩트만 조금 고치면 좋겠습니다. 헝가리 경협자금이 7억 5천만 불이 아니라 6억 2,500만 불로 저는 기억하고 있습니다. 날짜에서 88년 9월 24일에 수교는 아니고 일반 대표부 관계 합의한 것으로, 정식 수교는 89년 2월 1일 호른 줄라(Horn Gyula) 당시 외무성 국무담당 장관이 서울에 와가지고 수교를 했죠. 그러니까 88년 9월은 일반 대표부 관계, 그리고 금액도 6억 2,500만 불이 맞지 않은가요?

한소 수교에 대한 미국의 입장과 태도

엄구호: 두 번째는, 저희가 한소 수교 과정에 대해서 토론을 하겠는데요. 전반적으로 보

면 중소팀이 86년에 만들어졌지만 초기에는 아마 조금, 비선 접촉이 88년, 89년에는 좀 돼있고, 90년 정도 초반에 들어가면 청와대에 북방비서관이 생기고 외교부에도 북방외교추진본부가 생기고, 공식 라인에 의해서 추진이 되고, 90년 6월에 한소 정상회담을 기점으로 수교가 이루어지게 되겠습니다.

그래서 한 파트는 이런 수교 과정에서 여러 역할에 대해서 토론을 할 거고요. 두 번째 파트는 소련이나 중국 수교 과정을 추진할 때 아마 미국과의 소통이나 미국과의 관계가 굉장히 중요했을 것 같습니다. 그래서 초기부터 미국과 어떤 소통과 협력을 했는지, 그 부분을 토론해야 될 것 같습니다. 또 세 번째 파트는 저희 북방외교가 북한에 굉장히 심대한 영향을 미쳤기 때문에 대북 관계나 관리, 또 그런 거를 어떻게 정부가 입장을 가지고 했는지 그 문제도 중요할 것 같습니다. 한소 수교 과정과 관련해서 우선 미국과의 관계가 굉장히 중요했었겠습니다. 그래서 우선 전재성 교수님이 질문 드리겠습니다.

전재성: 네, 서울대에서 온 전재성입니다. 노태우 행정부 때의 한미 관계에 관해서 여쭤보도록 하겠습니다. 큰 질문은 노태우 정부가 등장한 이후에 전반적인 북방정책을 둘러싼 한미 협의의 수준이랄까, 그 긴밀도에 관한 큰 문제의식이 있고요. 아까 김석우 차관님께서 굉장히 중요한 말씀을 하셨는데 헝가리 수교도 사실 소련하고 헝가리 사이에 긴밀한 공조가 있었던 것처럼 아마 한미 관계도 굉장히 중요했을 거라고 생각이 되는데, 사실 사료도 많지 않고요, 자료가 많지 않았습니다. 구체적으로는 헝가리 수교 때 지난번에 염돈재 원장님과 말씀 나눴을 때에는 미국에 대해서 헝가리 수교를 둘러싼 협의랄까 노티스가 의도적으로 긴밀하지는 않았다, 그런 말씀을 잠깐 해주셔서, 동구권 수교 당시에 한미 간의 의사소통 정도, 미국한테 우리가 얼마나 알려줬는지 하는 질문이 있고요. 그 이후에 이제 한소 수교 때에는 특히 90년 들어서서는 미국 정부가 한소 정상회담에서도 중개 역할도 해준 것으로 알려져 있습니다. 그런데 그 과정도 상당히 가려져 있기 때

전재성 교수

문에 한소 수교를 준비하는 과정에서 한미 간의 어떤 협의와 미국이 어느 정도의 도움을 주려는 의도가 있었는지 하는 질문을 드립니다. 마지막으로는, 그래서 전반적으로 저희 팀이 느끼는 것은 북방정책의 내부 형태도 일원적은 아니었던 게 아닌가, 시간이 갈수록 미국과의 협의를 중시하는 경향이 한쪽에 있고, 한쪽에서는 미국보다는 공산권 수교나 특히 남북관계를 중시하는 그런 경향이 있어서 그게 딱 갈라지는 것은 아니겠습니다만 약간의 그런 분위기 차이랄까 그런 게 있었던 것 같고요. 그게 북방

정책 전체를 둘러싸고 미국의 태도랄까 이런 것에 영향을 미치지 않았을까 그런 질문이 있습니다.

최병효: 염돈재 원장님께서 답변하실 부분이 많은 것 같은데 헝가리와의 관계 수립, 88년 6, 7, 8, 9월에 진행된 이 관계를 우리가 미국한테 얼마나 알려줬느냐 하는 점입니다. 제가 88년 10월 말에 외교부 동구 과장을 맡았는데, 장관으로부터 두 가지 지시가 있었습니다. 첫째는 헝가리와의 관계가 궤도에 접어들었으니까 북방외교 추진 업무를 박철언 보좌관과 안기부 중심에서 외교부 중심으로 모양새를 갖춰야 된다. 그래서 북방외교추진협의회라는 기구를 만드는 공문을 만들어라. 그래서 대통령까지 결재를 받는 거죠. 국무총리를 위원장으로 하고 관계부처 장관을 위원으로 하는 북방외교추진협의회 공문을 제가 기안해서 대통령까지 결재를 장관이 가서 받았고 그것에 따라서 외교부 내에서는 북방외교추진본부라는 걸 만들었습니다. 그것도 결재를 제가 받았는데, 제일 핵심 부분은 누구를 본부장으로 하느냐였습니다. 당시 외교부 정무에서 제일 중요한 게 북방외교였

기 때문입니다. 그렇다면 정무차관보, 당시 김석규 정무차관보가 있는데, 그 분은 사실 스웨덴 대사*로 나가게 돼 있고, 후임으로 이정빈 스웨덴 대사가 정무차관보로 몇 달 후에 들어오게 돼 있었습니다.

어쨌든 간에 정무차관보가 추진본부장을 맡아야 되는데 그 당시 최호중 장관 지시는 제2차관보, 경제를 담당하는 홍순영 차관보를 본부장으로 하라고 해서 다들 의아하게 생각했죠. 특히 김석규 차관보께서는 굉장히 반발을 해가지고, 공문에 자기는 옆에 서명을 안 하겠다 그래서 제가 신동원 차관한테 "김석규 차관보가 서명을 않는다는데 어떻게 할까요?" 그랬더니 "안 할라면 말라지, 장관 지시인데" 그러더라고요. 그래서 안 받고 그냥 차관하고 장관 디시전(decision)를 받아가지고 홍순영 차관보를 본부장으로 하고 관계부처, 외교부 관계 국장을 위원으로 하고 제가 간사를 맡습니다. 그런데 왜 제2차관보를 북방외교추진본부장으로 했느냐, 그 동기는 결국 헝가리와의 관계에서 보듯이 북방외교의 추진력은 경제에서 나온다는 것입니다. 그렇다면 경제부처와의 관계가 긴밀하고 결국 EDCF(Economic Development Cooperation Fund: 대외경제협력기금) 자금이라든가, 은행 차원도 있지만, 이런 걸 끌어들이는 데는 경제담당 차관보가 필요하다, 그게 최호중 장관의 생각이었던 것 같아요.

염돈재: 거기서 나하고도 합의가 있었는지 몰라요. 박철언 보좌관이라든가,

최병효: 그것에 대해 어쨌든 북방외교 추진 체계에 관한 그 지시에 따라 공문 두 개를 제가 결재를 받았고, 그 다음에 또 지시 하나가 대미 관계에서 그 당시에 릴리 대사로 제가 기억을 하는데, 릴리 대사가 또 노태우 대통령을 단독 면담을 해가지고 헝가리와의 관계 수립 과정에서 미국은 한국으로부터 보다는 헝가리로부터 먼저 통보를 받았다, 그 얘기를 했다고 그래요. 그래서 굉장히 미국이 화가 나 있는데, 앞으로 북방외교 추진에서 이 모든 관계를 미국 측에 즉시 알려라, 완전

---

* 1989년 4월 이탈리아 대사 부임(구술자 추가)

공유하라고 그러더라고요. 그래서 제가 포인트로 지정을 받았어요. 주한 미국 대사관의 일등서기관, 고르스타인인지 누군지 그 사람하고 정기적으로 만나서 모든 걸 공유하라, 그래서 제가 일주일마다 만났습니다.

최병효: 네, 88년. 그래서 일주일마다 일등서기관이 저에게 왔어요. 제가 수시로 얘기하고, 폴란드하고 수교를 하러 갈 때도 제가 불러서 미리 알려주었더니, 자기도 바르샤바에 있는 미국 대사관에 지시를 하겠다, 혹시 무슨 문제가 생기면 협조를 하겠다고 했어요. 그래서 미국하고는 여러 가지 공유를 하고 그때부터는 아무 비밀이 없었습니다. 그전에 그럼 왜 그런 문제가 생겼는지, 그것에 대해서는 제가 염 원장님께 여쭤보고 싶습니다.

염돈재: 제가 전에 설명 드렸지만, 또 부연해서 설명을 드리면, 그때 미국 쪽에서는 상당히 그것에 대해 디스플레저(displeasure)를 표시했습니다. 최 대사 말씀하신대로 특히 미 CIA의 거점장을 하던 슈타인인가 하는 사람이 우리 박철언 보좌관님을 만나서 우리는 당신들이 알려준 것보다 일주일 전에 CIA 부다페스트 스테이션에서 이미 보고 받고 있었다고 하면서 디스플레저를 나타냈습니다. 그런데 그때 그럼 왜 그렇게 되었느냐 하면 거기에는 두 가지가 있습니다. 외교하는 사람들, 특히 실무자들은 많이 생각을 해야 될 문제라고 생각하는데요. 저는 그게 외교부에서 미국에 알려주지 않은 것이 의도적인 것이 아니었다고 생각해요. 왜 그런가 하니까 외교부에서 북방정책 담당하는 것은 2차관보 산하거든요. 그리고 구주국장이 주관을 했단 말이에요. 그런데 미주 국장이라든가 1차관보 산하에서는 이런 것을 한다 하면 미국과의 사전 협의, 통보 이런 것들을 반드시 해야 한다는 관념이 엄청 있는데, 2차관보나 구주 국장은 그런 관념이 별로 없는 것 같아요.

제가 전에 안기부에서 미국을 담당했는네, 세가 아주 솔직하게 고백을 하자면 이 사안을 미국에 통보해야 되는 것 같다고 생각을 하면서도 저는 모른 척 했어요. 그때 우리 관료사회를 상당히 지배하던 분위기가 민족자존이었어요. 언젠

가는 후세가 이런 것들을 연구를 한다면 미국에게 일일이 승인받았다고 할 것이 아니냐, 그러면 조금 부끄러운 일이 아닐까, 이런 생각을 해서 제가 입을 닫고 있었어요. 그러니까 박철언 보좌관님도 거기에 대한 인식이 별로 없었고, 외교부에서도 별로 인식이 없었고, 사실 그렇게 된 거거든요. 그런데 그 후에 제가 후회를 했어요. 많이 후회를 해서 나중에 소련에 가고 할 적에는 미국에다 제가 직접, 간접적인 방법으로 알렸습니다. 그때 민족자존이라는 것, '역사에서 우리가 일일이 미국의 지시를 받아서 일을 하는 것은 부끄러운 일이 아닐까' 하는 생각이 참 잘못된 것이라는 걸 제가 몇 달 지난 후에 깨달으며 아주 깊이 반성을 했어요. 그래서 그 후부터는 열심히 통보하도록 했습니다. 진짜 제가 명확하게 말씀드리는데 외교부에서 그렇게 된 것은 의도적인 것이 아니라 실수였었어요.

최병효: 그렇죠. 그랬을 것 같네요. 그 당시 외교부에서는 계통을 따지자면 제1차관보, 제2차관보는 88년 11월 이후 북방외교추진본부가 생기면서 홍순영 차관보가 맡게 됐고, 그전까지는 김석규 차관보 소관인데 사실은 헝가리 관계 개선 업무에서 배제됐을 겁니다. 제 기억에는. 외교부 내에서도 극비로 추진이 됐기 때문에 외교부 내에 아는 사람이라고는 장관, 차관하고 구주 국장, 동구 과장 정도였을 거예요. 나머지 사람들은 차관보도 구체적인 걸 몰랐기 때문에 미국 대사관에, 그 당시 미주 국장님도 계십니다마는, 미국 대사관에 알려줄 상황이 아니었습니다. 그렇다고 구주 국장이라든가 동구 과장 입장에서는 미국하고 정기적으로 협의하는 관계가 아닌데, 그걸 굳이 알려줄 필요는 못 느끼죠. 그 윗선에서만 장, 차관 선에서 알려줬을 거라고 짐작을 또 할 수도 있고. 그러니까 의도적인 건 전혀 아니었는데 결과적으로 미국 측에서는 좀 서운했을 충분한 이유가 있었습니다.

염돈재: 상당히 서운해 했었어요.

2002년 'ABM 사건'에서 반복된 외교적 파장

최병효: 네, 그런데 그런 유사한 문제가 2002년에 있었습니다. 푸틴(Vladimir Vladimirovich Putin) 대통령이 처음으로 한국을 방문했을 때 'ABM 사건'이라는 게 있지 않습니까? ABM 사건. 아시는지 모르겠습니다만 엄청난 사건이었어요. 김대중 정부 때였는데 푸틴이 처음으로 방한을 하고, 그런데 그때 부시(George Walker Bush) 대통령이 막 취임을 했어요. 2001년인가요? 2001년 1월에 취임을 하고 푸틴은 2001년 2월에 방한을 하는데, 그때 우리 외교부가 하나 실수를 했어요. 한미 관계에 비춰볼 때 푸틴을 먼저 만나는 게 아니라 새로 취임한 미국 대통령을 김대중 대통령이 가서 만나야 되는데 푸틴이 일본 오는 길에 온다 그러니까 그냥 외교부에서 억셉트를 한 거 같아요. 거기까지는 그렇다 치더라도 'ABM 사건'은 차원이 다른 문제였어요.

최병효 대사

'ABM 사건'이란 안티 발리스틱 미사일 트리티(Anti-Ballistic Missile Treaty)에 관한 문제이고, ABM 트리티를 폐기한다는 게 부시의 선거 공약이었지 않습니까. 그런데 푸틴이 그때 방한하면서 저희한테 준 공동성명 초안에 들어 있는 문장 중에 ABM이라는 게 국제평화 유지의 근간이다, 이런 얘기가 있거든요. 부시의 공약하고는 전혀 맞지 않는 얘기고, 그걸 우리가 받아서는 안 되는 거였는데 간과를 했어요. 외교부도 그렇고 청와대 외교안보도 간과를 해가지고 그냥 그걸 억셉트 했어요. 푸틴이 왔을 때 발표가 되고, 그게 뉴욕 타임스지 모스크바 특파원이 특종으로 미국에 보고를 해서 부시 대통령이 엄청 화를 내고, 또 일주일 후에 김대중 대통령이 미국에 가서 일곱 번이나 사과하고 돌아왔잖아요. 방미 성과고 뭐고 없이 그냥 가는 곳마다 사과를 하고 돌아오신 엄청난 사건이 있었습니다.

당시 그걸 제가 조사하는 입장이었는데 어떻게 그렇게 됐느냐, 미국한테 왜 사전에 협의를 안했느냐가 문제였습니다. 그런 중요한 한러 공동성명은 사전에 대충 미국과 우리가 협의를 하거든요. 그것도 사실은 아까와 비슷한 얘기입니다. 핵심 포인트는 그 담당이 외교부의 동구 과장이죠. 그 사람은 주한 미국 대사관하고 그렇게 관계가 많지는 않았어요. 그러니까 상시적으로 협의하는 관계가 아니기 때문에 북미 과장이라든가 미주 국장하고는 다른 입장이지요. 그럼에도 불구하고 주한 미국 대사관의 일등서기관이 한번 동구 과장을 찾아왔어요. 푸틴이 온다 그러는데 공동성명에 특별한 문제가 없느냐는 것이었죠. 그런데 사실 문안을 보여줘도 되거든요. 봤으면 그 사람들은 바로 포인트 아웃(point out) 했을 겁니다. ABM, 이 조항에 문제가 있다고요. 그런데 이 동구 과장이 그냥 말로만 하는데 그 얘기를 뺐어요. 별로 중요하다고 생각을 안 한 거죠. 그런데 결과적으로 그게 제일 중요했던 거죠.

위성락: 그 얘기가 나왔으니까 제가 한 가지만 부연하죠. 자주파적인 그런 건 아니고요. 사실 일이 커지게 되는 데에는 참 우연찮은 해프닝이 연루되는 경우가 많습니다. 그 건도 사실 따지고 따지자면 최종 플러드게이트(floodgate)는 사실은 청와대입니다. 청와대에 비서관실이 있고, 비서관들이 그 문구에 대해 파이널 검수를 하는 책임을 지죠. 왜냐면 대통령의 문건이기 때문에, 대통령이 발표하는 거니까 청와대에서 마지막으로 거르는데 거기서도 안 걸러졌다는 데 사실 문제가 있었던 겁니다. 그리고 그 이전 단계의 플러드게이트인 외교부 과, 국에서 다 안 걸러진 거죠. 그런데 만약에 미국 대사관 직원에게 보여주었더라면 어땠을까, 그런 가정적인 질문을 해보는데요, 이 역시 저는 다른 상황이 생겼을지 좀 자신 없다고

위성락 대사

생각해요. 왜냐하면 그걸 보고 바로 문제점을 픽업을 할 사람은 그렇게 많진 않습니다.

하나 예를 들어보면, 저는 그 당시에 워싱턴에 정무 참사관으로 일하고 있었습니다. 회담이 끝나고 결과문이 왔습니다. 제가 발표문을 보고 쭉 읽어보니까 그게 있어요. 그래서 이거 큰일 나는 일이라는 생각이 있었어요. 당시 저는 마침 거의 하루 이틀 건너 한번 씩 백악관 국무부 사람 카운터파트(counterpart)하고 만나는 사이였는데, 바로 그날 만날 약속이 있었습니다. 그래서 백악관에 들어가 그 사람과 만났어요. 만나서 저와 관련된 다른 이슈(issue)들을 얘기하다가 끝날 때 쯤 되어가지고 "한러 정상회담이 있었는데 발표문이 있어서 가져왔으니 한번 보라"고 줬어요. 그랬더니 건성으로 보더라고요. 쭉 보는데 아무 반응이 없어요. 그래서 제가 혹시나 해서 당신들이 관심 가질 사항은 몇 항 몇 항 그 정도라고 말해주었어요. 그런데 그쪽 그 항을 읽고도 가만히 있어요. 그래서 속으로 '이대로 넘어가나보다' 약간 그렇게 생각했죠.

그랬는데 일이 격렬하게 터져버린 계기는 그 다음날 미국 뉴욕 타임스 기사였습니다. 뉴욕 타임스가 크게 썼어요. 아마 1면 톱이었을 겁니다. 한국이 미러 간의 군축 쟁점에서 러시아 편을 들었다는 식의 제목이었습니다. 제가 지금도 그 사람, 바이라인(byline) 쓴 기자 이름을 기억합니다. 패트릭 타일러(Patrick Tyler)에요. 그 사람이 뉴욕 타임스의 모스크바 특파원인데 푸틴이 방한하기 때문에 비행기에 동승해가지고 서울에 왔다가 그 기사를 쓰게 된 거죠. 그 기사를 라이스 등이 본 겁니다. 우리나라도 그렇지만 이걸 본 사람의 이니셜 리액션

(initial reaction)이 많은 걸 좌우합니다. 라이스가 본 뒤 대통령에게 보고하고 그래서 이게 이제 엄청난 문제가 됐어요. 그러니까 각 레이어에서 모든 사람이 보고 다 집어낼 수 있는 일이라고 보기엔 조금 회의적이에요. 넘어갈 수도 있었습니다. 그러나 기본적으로 그 사안은 폭발성이 있는 사항이라, 걸러졌어야 하고, 우리가 걸렀어야 하는 사안이었죠.

동구권 자금 제공에 대한 미국의 우려

최병효: 한 가지만 덧붙이자면, 헝가리와의 관계 수립에서 미국이 그렇게 화를 낼 이유가 있느냐, 우리가 헝가리하고 접촉한 게 몇 년 간에 걸쳤고, 미국도 일반적으로는 한국의 대동구권 수교를 지원한다는 입장이었거든요. 거기에 대해서는 전혀 이의가 없었기도 하고요. 그렇다면 사실 이렇게 화를 낼 일이 아니잖아요. 그래서 저는 근래 생각해보는 게 6억 2,500만 달러가 핵심이 아닐까 생각해 보았습니다. 그냥 일반 수교하는 것과 좀 다르잖아요. 동구권에 돈이 들어가는 문제, 그 문제를 미국과 협의하지 않았기 때문에 화를 낸 것 아니냐는 것이죠. 일반적으로 헝가리와의 관계 수립은, 당연히 되는 걸로 돼 있는 것이고, 시간의 문제였는데, 그걸로 화를 낼 이유는 아니었다고 봅니다. 거기에 대해서는 어떻게 생각하시는지 모르겠습니다.

염돈재: 중요한 이유 중의 하나라고 말씀드리겠습니다. 미국이 단지 협의가 안됐다, 이런 것보다는 코콤(COCOM)체제, 거기에 위반되는 것은 당연히 우방국으로서 사전에 협의를 했어야 되는데 그걸 한국이 무시한 것이죠. 그런데 우리 입장에서 그때는 북방정책 회의를 할 때 그게 가지는 코콤하고의 연관성, 더더구나 현금이 들어가는 것, 그것의 중요성에 대한 인식이 없었습니다. 그건 분명합니다. 인식이 없었어요.

정보 채널과 정식 외교 채널 구분

위성락: 거기다 한 가지 부연하고 코멘트 하고 싶은 점이 있습니다. 한미 간의 협의가 원만치 않았던 건 분명하고, 미 측 불만이 끝없이 있었던 것도 사실입니다. 나중에는 좀 개선됐지만 그래도 있었어요. 어떤 경우에는 그 후에 최병효 대사님*이 떠나신 후 다시 한미 협의가 이완돼서 불만이 또 있었고, 한번은 불만이 고위급에서 제기돼 다시 우리 쪽에서 불러다가 설명할 일이 있었습니다. 그런데 미 측이 어떻게 불만 표시를 하느냐 하면 그 당시에 제 기억에 참사관이 해리 던롭일 때인데, 무뚝뚝하게 와서 종합 브리핑을 듣고는 아무런 반응이 없어요. 다 듣고 "질문 있느냐?"고 물으니 "질문 없다" 그러고는 가버려요. 그러니까 이게 불만 표시인거죠. 그런 일도 있었습니다.

여기서 우리가 하나 잊어버리면 안 되는, 간과하면 안 될 일이 있습니다. 우리는 대개 중요한 기밀적인 주요 사안을 다룰 때, 정보기관이 나서서 많이 다룹니다. 우리 쪽에서는 그런 경우가 많아요. 남북관계, 또 북방, 소련 관계 초기에는 그런 게 많았죠. 정보기관도 미국 측 상대와 협의를 합니다. 안 하는 게 아니고. 미측 정보기관 서울 스테이션 치프(station chief)와 얘기하고, 층층이 얘기를 해요. 그래서 나중에 들어보면 우리 측 사람들은 다 공유했다고 말해요. 뭐도 공유했다, 뭐도 공유했다고 말하죠. 그런데 미국 측에서 보자면 정보기관끼리 주고받은 정보를 협의라고 생각하지 않는 경향이 있습니다. 그것은 말하자면 음지에서 그런 전문가들끼리의 소통일 뿐이지 미국 측은 언젠가는 한국 측이 공식 외교 채널로 연락해 올 것으로 기다리고 있습니다. 그게 안 오면 없는 걸로 카운트해요.

그런 일에 대해 우리는 가끔 미국 내에서 자기들끼리 정보 소통이 안 돼서,

---

* 당시 과장 역임(구술자 추가)

CIA가 국무부에 정보를 안 줬기 때문에 생기는 문제라고 말하곤 하는데, 아닙니다. 분명히 공유는 있어요. 그러나 국무부나 백악관은 한국이 언필칭 외교를 하는 나라인데, 어느 시점에서는 직접 와야 된다고 생각하는 거예요. 미측의 정보기관은 정책적인 일을 하지않기 때문입니다. 하지만 여러 이유로 한국 측에서 정식 외교 채널로 협의를 안 하는 경우가 있는데, 그 중에 하나는 우리 측에서 극비리에 특정 그룹이 일을 주도 하고 외교부에 안 알려주니까 결과적으로 미국 측에 공식적으로는 협의 해 주지 못하게 되는 경우도 많아요. 그러니까 외교 협의라는 것이 갖는 이런 측면을 간과하면 안 됩니다. 그러니까 외교 협의가 있어야 돼요. 외교부에 알려야 되고, 외교부가 미 국무부에 연락해야 됩니다. 외교부가 국무부에 한 것만이 외교 협의로 카운트가 되기 때문입니다. 예를 들어 누가 남북 정상회담 하는 거 골프장에서 미 정보기관 스테이션 치프에게 다 가르쳐줬다고 해도 그걸 카운트하지 않습니다. 그 측면도 있다는 걸 말씀드리고 싶습니다.

염돈재: 그 말씀은 맞습니다. 미국 같은 데서는 정식적인 외교 채널을 통해서 받은 것하고 CIA에서 받은 것하고는 전혀 별개로 생각합니다. 저도 차장으로 근무할 때 그런 경험이 있습니다. 미국 국가안보회의, 국가안보보좌관한테 가는 중요한 메시지를 우리가 보낼 게 있었어요. 서울 CIA 거점장에게 이런 걸 하려는데 국무부를 거치지 말고 직접 전달해 줄 수 있느냐 하니까 그렇게 하겠다고 해서 줬습니다. 그런데 나중에 보니까 국무부를 통해서 전달을 해줬어요. 그래서 제가 CIA 거점장을 상당히 힐난을 했어요. 그랬더니 우리 체제하에서는 CIA도 거점장도 완전히 대사의 장악 아래 있기 때문에 대사를 오버패스해서 하는 것은 불가능하다고 대답하더군요. 왜 사전에 그런 얘기 안했느냐고 힐난했지만, 나름 자기만의 속셈이 있었던 거예요. 자기도 알아야 될 것 아니에요. 자기도 알고 싶은 거죠. 자기가 받으면 일단 자기는 알게 되잖아요. 그럼 CIA에도 보내고 이쪽에도 보낸단 말이에요. 그런데 자기가 그거 안 하면 자기는 모르잖아요. 그러니까

'북방정책과 7·7선언' 회의장 전경 4(2019. 11. 1(금) 1세션)

자기 개인적인 그런 것 때문에 할 수 있다고 했지만, 미국의 현실에서 불가능하다는 거죠. 그리고 그게 맞는 거죠. 우리 국정원도 마찬가지고 외교부도 마찬가지고 사실은 미국에서 하는 방식과 우리 방식이 다르다는 것을 명확하게 인식을 하고 해야 된다고 생각해요.

위성락: 아시는 분은 아시겠지만 미국 정보기관이 일하는 범위와 우리 정보기관이 일하는 범위가 많이 다르죠. 미국 정보기관은 앞서 언급된 그런 일은 하지 않습니다. 그런데 우리는 뭐든지 다 하죠. 정책도 하고 공작도 하고 다 하는데, 미국 정부기관은 안하는 부분이 있어요. 그런데 우리가 다 하니까, 우리가 하는 A, B, C, D 전부를 미측 정보 기관이 하는 일로 생각하고 던진다 해도, 프로세스가 진행되는 건 아닙니다. 거긴 좀 다르죠. 거긴 역시 국무부나 백악관이 직접 연루됩니다. 우리 측이 일을 할 때 미측 사정이 그렇다는 걸 염두에 둘 필요가 있다는 말씀을 드립니다.

염돈재: 특히 많이 생각을 해야 될 부분이 이런 것입니다. 미국에서는 정보는 정치에 관여하면 안 된다, 정책에 관여하면 안 된다고 그러죠. 정보만 하지 어떤 정책 건의 같은 거라든지 정책 대안에 대한 의견을 낼 수가 없어요. 미 CIA는 그렇게 못합니다. 그 기본적인 이유는 어떤 정세가 있을 때, 정세에 어떻게 대응하느냐 하는 것은 그 대응 수단과 방법, 웨이스 앤 민스(ways and means)에 대해 정확히 잘 알고 있는 사람만이 대응을 할 수 있는 겁니다. 그렇지 않습니까. 국정원에서 아무리 잘 한다 해도 핵 문제에 대해서 자기들이 스스로 어떻게 대응을 해야 될지, 군사 문제에 어떻게 대응할지는 하는 것은 범위가 다른 것이거든요. 그러니까 미국이 하는 방식이 맞습니다.

그런데 우리 경우에는 북한 문제도 잘하고 국내 문제도 잘하는 국정원이 그냥 정책 건의를 하는 것을 중요한 소임처럼 생각을 해왔습니다. 그렇다면 지금 상황에서 미국처럼 분리하면 되느냐고 반문할 수 있는데, 저는 분리하면 안 된다고 생각합니다. 그 대신 대통령이 운영을 잘 하는 겁니다. 어떻게 하느냐면 국정원의 보고 방안을 하나의 참고 사항으로 그냥 들어만 두시는 거예요. 그리고 그 다음에 정식 결정은 공식 관련 부처, 외교부라든지 관련 부처에서 정식으로 보고 받은 후에 결정하는 것입니다. 그런 것들이 차이가 있는 것 같아요. 우리나라에서 미국식으로 한다면 정책에서도 차질이 생길 수가 있습니다.

김석우: 지금 말씀하신 게 앞으로 어떻게 할 것이냐의 문제인데, 정보를 전문으로 하는데서 정책까지 관여하게 되면 정보 자체가 왜곡될 가능성이 많다는 문제점이 지금 우리 사회에 있다는 걸 우리가 확인할 필요는 있지 않나 하는 생각이 듭니다. 그 다음에 저희도 마찬가지로 그렇게 했지만 외교부 관리, 오피서(officer)의 기본적인 정책 마인드가 좀 약하지 않느냐, 아까 얘기한 ABM 같은 것은 상식으로 당장 나와야 하는데 그걸 못했을 정도로 외교부 오피서의 정책에 관한 오리엔트가 굉장히 약했다. 그걸 우리가 반성을 해야 된다는 생각을 갖습니다.

그리고 지금 미국 관계, 소련 관계에 대해 다루고 있는데, 저희들이 아까 얘기한 6·29 북방정책 이후에 교차승인 방향으로 가겠다 해서 우리가 그 얘기를 일본 아라 요시히사 정무공사한테 전달했고, 미주국은 던롭 참사관한테 그걸 전달한 것 같아요. 그랬더니 미국은 즉각, 거의 즉각 굉장히 좋은 생각이라는 답이 왔어요. 그런데 일본의 경우는 한 6개월 걸렸습니다. 5월 5일 이후에 우리 정책이 나온 6월 29일 지나고 연말 쯤 가니까 마에다 대사가 괜찮다는 대답이 있었습니다. 그런데 그전까지 야나이 공사가 뭐라 그랬냐면, 일본은 좀 특수하지 않느냐, 일본에는 조총련도 있고 그렇기 때문에 미국과는 입장이 다르다, 그래서 답을 급하게 줄 수 없다 했습니다. 그래서 우리가 교차 승인 문제에 대해 막 푸시(push)를 한 셈이에요. 그 당시 일본은 북한과의 관계에서 가장 앞서 있었어요. 일본은 조총련을 매개로 일북 관계가 상당히 있었습니다. 인적 교류만 해도 1년에 한 1,000명 이상이 되었고, 북한의 현준극 국제부장이 일본에 오기도 했을 정도였습니다. 또 북한과의 교역이 매년 5억 달러 정도 되어 일본이 가장 유리한 입장에 있었는데, 그걸 버려야 되는 거기 때문에 일본은 결정하는 게 굉장히 늦었다, 그걸 하나 말씀드립니다.

또 한 가지 85년 3월에 중국 어뢰정 사건이 났을 때입니다. 우리가 미국한테 항상 신세를 많이 졌는데, 그 당시에 우리에게는 중국 및 소련과 외교적 관계가 없었을 때입니다. 사건이 난 것이 3월 21일인가 20일인데, 아침에 국방부 벙커 회의에서 협의해가지고 이원경 장관하고 김재춘 국장이 돌아와서 중국 어뢰정이 우리 영해 안에 들어왔는데 빨리 나가도록 미국과 일본에 메시지 전달을 부탁해야 한다고 했습니다. 미국은 이럴 경우에 대비한 매뉴얼이 있었어요. 던롭 참사관이 이 내용을 국무성에 보내면서, 지역 허브 공관인 도쿄에 보내니까 도쿄에서는 별도의 국무성 지시가 없이도 바로 북경으로 내용이 전해졌습니다. 토요일 날이었는데 북경시간으로 9시 반에 중국 외교부에 딱 가서 전달되는 거예요. 반면 일본의 경우는 그것을 전달하는 절차가 길었어요. 토요일인데 2시쯤 되니까 우리에게 중간 통보를 해왔는데, 지금 본성에서 중국에 그 메시지를 전달하기로 결정이 됐다, 이제 보낸다, 하는 얘기가 오더라고요. 그러니까 미국과 일본은 그런 긴급하게 일어난 사태에 대해서 처리하는 매뉴얼 면에서, 미국은 세계 전체를 경영하는 그게 있다는 것을 그때 느꼈어요. 참고로 말씀드리는 겁니다.

한소 정상회담 비화

엄구호: 전재성 교수님 질문하신 것 중에 아까 한소 수교에서, 소련에 대한 것은 미국에 통보를 잘하셨다고 말씀하셨는데, 한소 수교에 대한 미국의 반응이 어땠는지 하고, 또 90년 6월 샌프란시스코 정상회담 과정에 미국이 뭔가 기여를 했거나 도

와줬거나 하는 구체적인 사항이 있었는지, 혹시 거기에 관련된 말씀이 있으시면 해주시기 바랍니다.

염돈재: 한소 수교와 관련해서 미국에 어떤 통보를 했는지에 대해서는 아마 제가 가장 잘 알거라고 생각합니다. 그 후에 소련과 관계가 있을 때 제가 염두에 둔 게 두 가지가 있습니다. 하나는 한소 관계를 트는 데 결정적으로 기여했던 분이 미국에 있는 교포 학자였었습니다. 우리 유세희 교수님 매형 되시는 조지프 하, 하만경 교수가 다리를 놔줬습니다. 제가 하만경 교수와 1982~83년 샌프란시스코 근무 시부터 아는 사이여서, 그때 내가 하만경 교수님에게 소련 길 뚫어 달라고 얘기할 때 유 교수님도 같이 동석해서 조선호텔에서 조찬을 했습니다. 그래서 그렇게 뚫어 주셨는데, 저는 참 미국에 비밀이 없다고 생각했어요. 미국 CIA는 그렇게 하는 사람들을 다 그거 하거든. 우리도 마찬가지고. 그래서 하 교수님한테 우리의 의도를 숨기지 않으면 이심전심으로 다 그리로 갈 것이다 하는 생각이 있었고, 그래서 전혀 감추지 않았습니다. 의도적으로. 그래서 도움도 주셨지만 미국에 간접 통보하는 그런 의미도 있었어요. 미국이 스스로 대비하도록 하는 것이었다고 보면 되겠죠.

그 다음에 중요한 게 한소 정상회담을 하는 거였습니다. 한소 정상회담 할 적에 어떻게 된 거냐 하면, 이렇게 했습니다. 전번에 제가 말씀드렸지만 1990년 4월 13일인가 4월 십 몇 일자 석간신문에 연합통신에서 받은 내용으로, 노 대통령과 고르바초프 대통령이 미국에서 체류하는 기간이 이틀 정도 겹치니, 그때 정상회담이 이루어질 가능성이 있다는 기사가 났어요. 그 기사를 보고 제가 가슴이 철렁했어요. '정상회담 추진하라고 하면 어떡하지, 되지도 않을 건데' 이랬습니다. 아니나 다를까 며칠 후 박철언 장관님이 말하길, 김종휘 보좌관이 그랬다는 거야. 그때 박철언 장관님은 YS와 분쟁 때문에 정무장관 직에서 해임돼서 사표 내고 있을 때인데, 아마 정상회담 가능성에 대한 얘기가 신문에 나니까 청와대에서도 뭐를 해야 되지 않냐 하는 대통령의 인식이 생긴 거죠. 그런데 막상 하려고 하니까 자기들은 채널이 없으니까 박철언 장관님한테 요청했어요. 그게 나한테 온 거지요. 그러니까 나는 그 기사를 읽으면서 분명히 지시가 내려올 건데, 이거 되지도 않을 건데, 못하면 큰일이라 가슴이 철렁하더라고요. 그런데 며칠 후에 그런 연락이 와서 일단 추진해보자 마음먹었어요. 복잡한 사정은 있었지만 좌우지간 벌어진 일이라 추진을 했어요. 그런데 박철언 장관님이 그때 강근택 부이사관*과 같이 중동으로 여행을 떠나기로 돼 있었어요. 여행을 떠날 때 어떻게 외교부의 부이사관이 퇴임한 장관을 수행하느냐는 질문이 나와서 신문 사설에까지 나고 이랬었습니다. 그래서 일본까지는 같이 수행을 한 셈이 됐지요. 그때 동경에서 소련 측의 접촉 채널을 만날 때도 강 대사님과 함께 셋이서 만났었습니다.

그래서 메시지를 전달하고 이래야 하는데, 그걸 하기 전에 그게 바로 4월 30일 정도였을 겁니다. 동경으로 가기 전에 청와대에서 미국에 사전 양해를 구해야 된다, 어차피 정상회담이 진행되려면 장소가 미국에서 하는 거니까... 미국과의 교섭은 김종휘 보좌관이 하라고 그랬어요. 아까 북방정책의 관할에 관해 상당한 이론이 있는 것처럼 얘기하시기도 했지만, 제가 볼 때 전혀 이론이 없이 명확했습니다. 노 대통령 지시가. 자서전에서 노 대통령은 박철언과 김종휘 양쪽에 다 시켰다 이러셨는데 사실 노 대통령 지시는 명확했습니다. "북방 관계, 공산권과의 관계는 정책보좌관실에서 하고, 그와 관련된 문제라도 우방국하고 관련된, 서방하고 관련된 문제는 김종휘 보좌관이 하고, 일반적인 외교는 김종휘 보좌관이 하라"고 명확하게 얘기했어요. 그래서 미국과의 교섭은 김종휘 보좌관이 진행했습니다. 김종휘 보좌관은 한소 정상회담의 성사 과정에 대해 상세하게 알지도 못했어요. 김 보좌관은 노 대통령과 고르바초프 대통령이 워싱턴에

---

* 훗날 대사 역임(구술자 추가)

체류하는 기간이 이틀 겹치니까 정상회담을 우리가 추진하려고 그런다, 미국에서 양해해 달라, 그리고 적극 지원을 해 달라는 것을 미국 국무성에 통보를 한 것이죠.

이동복: 내가 알기로는 한소 수교의 소위 시동 단계에서는 우리 정부보다는 역시 안기부가 주로 관여를 했습니다. 거기에 한소 수교는 사실 70년대 중반부터 정치학자들이 쭉 축적한 것이 결국 한소 수교로 연결되는 중요한 어떤 저것이 됐던 거죠. 그리고 한중 수교는 당시 중국 공산당의 대외 연락 조직으로 남조선공작소조라는 게 만들어졌습니다. 처음에 경제교류 문제 가지고 제일 많이 관여한 사람이 선경의 이순석이라고 하는 부회장이에요. 그 사람이 남조선공작소조의 소조장을 했던 전 아무개하고 인간적으로 아주 가까워졌어요. 그래서 이순석 씨가 심부름을 많이 했죠. 심부름은 주로 안기부에 와서 했고, 안기부가 이순석 씨를 활

이동복 의원

용을 해가지고 중국 관계를 많이 했어요. 그렇게 가다가 결국 나중에 중국이 한중 수교를 한 것은, 중국도 굉장히 고민 끝에 국제 정세의 흐름을 거역할 수 없다는 그런 어떤 판단으로 92년에 결단을 하는 것 아니에요? 90, 91년 양년 간은 중국도 굉장히 고민을 하더라고요. 내가 이순석 씨한테 쭉 그 얘기를 들어보니까. 고민하다가 결국 중국의 국익 차원에서 결단을 안 할 수가 없었고, 그래서 그때부터 하게 되는데 그런 과정은 그 때 나도 좀 많이 얘기 들었어요.

한소 정상회담 관련 대미 관계, 외교부 및 안기부 역할

엄구호: 예, 제가 질문을 다시 드리겠습니다. 핵심 요점을 이동복 위원님께서 말씀을 주셨기 때문에 질문을 한 세 개로 쪼개 가지고 각 입장별로 조금 말씀을 듣는 방향으로 그렇게 하겠습니다. 핵심 요점은 88년 4월경부터 중소팀이 활성화 되고, 박철언 장관께서 88년에 바실리에프 '동방연구소' 부소장을 서울서 면담하고, 지금 말씀하셨듯이 하만경 교수님을 통해서 염돈재 원장님, 박철언 장관님이 그때 소련을 방문하셨습니다. 그래서 그런 이후에 체르냐예프 안보보좌관과 교섭도 했고, 특히 핵심인 노보스티통신 동경 특파원을 통해서 뜻도 전달을 해서 결국은 도브리닌(Anatoly Fyodorovich Dobrynin) 전 미국 주재 소련 대사가 서울을 방문해서 정상회담을 샌프란시스코에서 하겠다, 하는 쪽지를 받게 되고, 그것에 따라서 교섭을 통해서 샌프란시스코 정상회담이 이루어집니다. 물론 정재문, 김영삼 위원의 방소도 있었고, 90년 3월에 박철언 장관, 김영삼 총재가 동시에 가셨다가 갈등도 생기는 사건이 있었습니다.

하여튼 그래서 이제 보면, 아까 제가 전반적으로 말씀을 드렸는데, 박철언 장관님, 또 안기부 역할이 있었고, 청와대 김종휘 수석이 도브리닌 방문 이후에 테이크 오버 해서 한 역할이 주도적이었고, 물론 김영삼 총재도 본인의 역할이 있다고 생각할 수 있겠지만, 또 외교부 입장에서 아까 말씀하신 추진본부도 생기고, 북방 비서관도 생기고, 이후에 또 외교부가 영사처 합의도 해내고, 또 결국 샌프란시스코 정상회담 준비도 외교부가 했기 때문에 각자의 입장이 있습니다. 그래서 어떤 분들은 그게 역할이 과대하다든지, 우리가 한 것이라든지, 분쟁의 소지도 또 있을 수도 있습니다. 그래서 지금 기왕에 염돈재 원장님이 김종휘 보좌관께서 주로 일반적인 미국이나 이런 것을 맡았지 북방외교 자체를 한 건 아니라고 주장은 하셨지만, 또 노태우 대통령 회고록의 내용이 잘못됐다고 말씀하셨지만, 지금 이동복 위원님 말씀처럼 김종휘 수석께서 도브리닌이나 그런 수교를, 교섭을 통해서 한 역할이 있습니다. 그래서 제가 이제 질문을 세 개로 나눠보겠습니다.

우선, 염돈재 원장님께서 88년부터 89년, 샌프란시스코 정상회담 준비까지 주도적 역할을 하셨다고 주장을 하신 거잖아요? 지금. 그래서 하신 역할, 더하기 박철언 장관의 역할에 대한 평가, 또는 국정원, 안기부에서 볼 때 외교부나 청와대의 역할, 그렇게 답변을 주시고요. 외교부에서 구주국하고 동구과 중심으로 영사처 업무가 중요한 이유는, 제가 보기에는 미국이 국토종합계획이나 이런 걸 통해서 외교부를 통해서, 그런 동구 국가하고 수교를 해보라는 권고부터 시작해서 영사처 업무를 통해서 바로 수교로 가는지, 단계적으로 갈 건지의 논쟁, 그래서 일단 외교부도 수교 과정에 역할이 쭉 있었으리라 생각을 하고, 또 외교부가 볼 때 안기부나 청와대의 역할이 있었을 것 같습니다. 다만, 지금 중요한 것은 김종휘 수석이 안 계셔서 청와대의 역할이 구체적으로 어떻게 됐냐 하는 그 역할의 얘기는 빠져 있지만, 사실 저는 개인적으로는 김종휘 수석님의 녹취록을 다 읽어봤습니다. 그래서 저도 내용은 알고 있는데, 그래서 혹시 다른 입장에서 그런 역할, 특히 샌프란시스코 정상회담의 성사 과정에 대해서 이정빈 차관보가 준비단장으로 가셨고, 외교부 역할이 있었고, 하여튼 미국하고 한소 정상회담에 대해서 교섭이 있었을 것 같거든요. 그래서 대미 관계, 외교부 역할, 안기부 역할 이렇게 조금 나눠서 하고, 또 지금 이동복 위원님처럼 옆에서 보신 선생님들 계시니까, 옆에서 보셨을 때 스토리나 평가가 있으면 같이 말씀을 주시는 걸로 그렇게 하겠습니다. 염돈재 원장님이….

한소 수교 이전 소련과의 접촉 채널

염돈재: 소련하고의 접촉은 88년도 8월 27일부터 9월 7일 까지인가 박철언 장관님, 우리 하만경 교수님 소개로 해서 미국 캐나다 연구소 초청 형식으로 거기 가서 소련의 중요한 사람들 다 만났습니다. 그때 노태우 대통령의 친서를 소련 외무성에 가서 루킨 차관보에게 전달을 했습니다. 그렇게 됐고 서울 올림픽도 잘 치르고 했습니다. 그런데 본격적인 수교 교섭이, 그런 교섭들이 그 후에 조금 잠잠해지고 있었습니다.

그런데 후일에 김영삼 대표와 박철언 장관이 같이 소련에 갔다가 문제가 생겼지 않습니까. 그때 제가 수행을 해서 갔었습니다. 그게 어떻게 된 건가 하니까, 김영삼 대표는 정재문 의원을 통해서 소련의 세계 경제 무슨 연구소의 프리마코프 그 라인을 이용했어요. 1988년 8월 우리가 갔을 때 프리마코프도 만났어요. 김영삼 대표 쪽에서는 프리마코프를 잘 알고 있는 무슨 통신사의 이그나텐코라는 편집장을 통해 프리마코크와 연결이 됐어요. 그 사람은 서울에도 왔다 갔어요. 김영삼 대표는 그렇게 관계를 뚫어 소련을 방문하게 되었습니다.

이렇게 소련 방문이 정해지자, 김영삼 대표가 박철언 장관과 같이 갔으면 좋겠다고 대통령한테 얘기했어요. 당시 노 대통령이 김영삼 대표와 관계가 별로 좋지 않았기 때문에 그런 것을 거절할 수 없어서 박철언 장관보고 가라고 했지만, 박철언 장관이 YS 밑에서 심부름하러 갈 것도 없고, 특별히 뭐 할 것도 없다며 거절했어요. 그러자 노 대통령이 강권한 끝에 결국 가기로 한 것입니다. 그렇게 소련에 함께 가기로 했는데, 가기 전에 우리는 YS와는 별개로 그전부터 있던 채널을 통해서 박철언 장관이 국제부 부르텐스 부부장하고 수교 교섭을 하기로 회담 약속을 하고 소련에 간 겁니다.

한편 소련에 가기 전에 김영삼 대표가 대통령의 친서를 받아 달라고 했어요.

자신에게 힘을 실어달라는 얘기겠죠. 그래서 친서를 작성했는데, 노 대통령이 그때 바쁜 일이 있어 친서에 사인을 직접 하지 못했습니다. 청와대에 가면 기계로 사인하는 것이 있는데, 물론 기록으로는 남겨 놓지요. 그렇게 직접 사인할 시간이 없어서 이병기 의전수석이 그 기계로 사인 절차를 거쳐 김영삼 대표에게 주려고 했습니다. 박철언 장관이 이것을 김영삼 대표에게 갖고 가시라고 그러니까 김영삼 대표가 당신들이 갖고 가라고 해서, 그걸 제가 갖고 갔어요. 친서를 갖고 가서 잃어버리면 큰일 아니에요? 식당에 갈 때도 들고, 계속 들고 가야 되는 거예요. 귀찮아요. 그래서 내가 박 장관님께 친서를 김 대표님께 좀 드리라고 그랬는데 김 대표가 그냥 갖고 있으라고 했어요.

그래서 소련에 있는 동안 친서는 제가 갖고 있었는데, 어느 날 김 대표가 고르바초프를 만나고 왔다고, 50분간 정상회담을 하고, 수교 원칙에도 합의했다는 얘기가 돌았어요. 김영삼 대표가 크렘린 궁에 갔다 온다고 하니까 크렘린 궁을 떠난 후에 기자들 사이에 이 내용이 딱 퍼졌어요. 난 알지도 못하고 우리는 알지도 못하는 일이었어요. 그러다 보니까 박철언 장관님이 "그 양반 뻥을 잘 치시니까 뻥도 좀 있겠지 뭐" 하면서 이제 "김 대표 오거든 올라가자"고 해서 잠시 후 김 대표 방에 올라갔어요. 김 대표가 앉아 있었고, 나하고 박철언 장관님이 들어가서 물어봤어요.

박 장관님이 "제에게도 좀 알려주고 가셔야 할 걸 그랬습니다" 그랬더니, 김 대표는 "저쪽에서 빨리 오라고 해서 내가 코트도 못 입고 갔었어. 그래서 박 장관한테 얘기할 틈이 없었어"라고 대답했어요. 그 얘기를 듣고 저는 정말 대인(大人)인 줄 알았는데 그런 일에 코트도 못 입고 갈 정도로 흔들리나 하는 생각도 했습니다. "얼마나 회담을 했냐?"고 물으니 "50분간 회담을 했고, 수교 원칙에 합의를 했다"고 얼버무리는 거였습니다. 그런데 갔다 온 시간이, 호텔에서 출발해 돌아온 시간이 총 합해서 50분이 안 됐어요.

수교 원칙을 합의했다고 하니까 박철언 장관이 "수교 원칙 합의 하셨다니까 참 감사한데, 대통령 친서를 갖고 가서 드렸으면 좋았을 걸 그랬다"고 말했습니다. 그러자 "내 글쎄 코트도 못 입고 갔는데 생각을 못했다고" 하는 거였습니다. 그런데 나중에 서울에서 신문에 난 거 보니까 박철언 장관이 자기에게 친서를 갖고 왔다는 걸 얘기도 안 했기 때문에 몰랐다고, 그래서 못 갖다 줬다고 이렇게 거짓말을 했잖아요. 그러니까 박철언 장관하고 싸움이 난 거예요, 사실은.

이튿날 아침에 박 장관님이 "소련 측에 가서 확인 해보지"라고 하셨어요. 내 생각에는 '뭐라고 해서 확인하느냐' 했는데, 그게 박철언의 뛰어난 점이에요. 그래서 곧바로 연락을 취하여 부르텐스와 마주 앉았어요. 회담을 시작하는데 박 장관님이 "어제 고르바초프 대통령께서 우리 김영삼 대표를 만나 준 것을 참 감사하게 생각한다. 그리고 수교 원칙에 합의했다니까 지금부터 우리 세부 수교 일정에 대해서 협의하자"며 박 장관이 이렇게 탁 치고 나왔어요. 그러니까 부르텐스가 "노노노노노노" 하면서 무슨 수교 원칙에 합의했느냐고 반문했어요. 안 했다는 거죠. 그런 일이 없었다는 거예요. "고르바초프 만나긴 만났냐?"고 물으니 "만났다"고 인정했어요. 그러자 박 장관이 예리하게 파고드는 거예요. "50분을 만났다고 우리 언론에 다 났고, 김 대표도 그렇게 말씀하셨다. 그러면 50분 동안에 무슨 얘기를 했냐?"고 물었어요. 그러니까 "노노노. 50분은 무슨 50분이야"라고 반문했죠. "그러니까 몇 분 했느냐?"고 집요하게 물어본 거예요. "10분 했느냐?"고 물으니 "그렇게도 안 된다"고 대답했고, "5분 했느냐?"고 물으니 "그렇게도 안 된다"고 대답했어요.

"그럼 뭘 했냐?"고 다시 물으니 설명이 이러했습니다. 김영삼 대표가 프리마코프 보좌관 방에 있었는데 고르바초프 대통령이 퇴근하다가 아차 생각을 하니까 프리마코프한테 뭐 물어볼 게 있어 그 방에 갔다가 김영삼 대표가 있어서 앉지도 않고 서서 악수만 했다는 거예요. 그게 다라는 거예요. 소련이 짠 플롯(plot)

은 바로 그거거든요. 우연히 그냥 만나 조우하는 형식을 갖는 것 말입니다. 그런데 수교 원칙에 합의했다고 그러니까 황당했던 거죠. 내 어딘가 그 기록이 있어요. 내 파란 수첩에서 보니까 "3분 했느냐." "글쎄 3분도 안했다. 서서 악수만 하고 말았다"는 메모도 있어요. 그러니까 수교 원칙에 합의한 적도 없었고, 그러니까 다시 해야 된다. 그런 얘기로 김영삼 대표와 싸움이 난 겁니다.

그 다음날 부르텐스와 만나 "앞으로 우리가 수교하려고 하면 서로 채널이 필요하다. 서로 대화할 수 있는 채널이 필요하니까 누구를 하나 지정해다오"라고 하니까, 동경에 있는 노보스티 통신 지사장 두나예프의 전화번호를 주더라고요. 그래서 돌아올 적에 동경에서 내가 그 번호로 전화를 걸었는데 혼다 대리점이 나오는 거예요, 혼다 대리점이. 이거 황당하잖아요. 할 수 없이 그냥 귀국을 했는데, 바로 박철언 장관하고 김영삼 대표 간에 싸움이 나가지고 박철언 장관이 사임을 하고, 북방정책이 미뤄지고, 이렇게 됐잖아요.

소련과 비밀 채널 가동으로 한소 정상회담 추진

그렇게 한동안 잠잠하게 되었는데, 얼마 지난 후 1990년 4월 말에 박 장관님이 소련과의 정상회담 교섭을 하라면서 일본에 가서 접촉 채널을 만나자고 하시는 거였어요. 제가 박철언 장관님한테 그때 부르텐스로부터 받은 전화번호에 혼다 대리점이 나와서 만나지 못했다고 실토했어요. 그러니까 제가 급하잖아요. 그래서 소련 영사처에 가서 두나예프 전화가 안 되는데 연락해달라고 그랬습니다. 나중에 알고 보니 전화번호 뒤의 번호 하나가 틀렸어요. 잘못 얘기했는지 의도적으로 그렇게 했는지 알 수 없지만, 어쨌든 두나예프와 통화가 됐어요. 제가 두나예프와 통화를 하면서, 박철언 장관님이 중요한 메시지를 갖고 있으니 좀 만났으면 좋겠다, 당신은 지시받은 것 없냐니까 자기는 지시받은 것 없다는 거예요. 그래도 중요한 거니까 좀 만나자, 조찬을 같이 하자고 얘기해서 약속이 잡혔어요.

그렇게 동경에서 박철언 장관, 강근택 부이사관 그리고 저와 두나예프가 아침에 만나 조찬을 같이 했는데, 박철언 장관님이 두나예프에게 우리 앞으로 소련하고 관계를 잘해서 정상회담을 했으면 좋겠다는 말씀을 했어요. 두나예프는 자기는 지시 받은 적이 없다는 것이었어요. 그래서 부르텐스한테서 당신 전화번호를 받았다고 하니까, 자기는 부르텐스 그 사람을 알지도 못한다는 거예요. 그렇게 조찬을 마치고, 박철언 장관님이 다음날 떠나면서 동경에서 서동권 부장님에게 얘기해서 10,000달러를 마련하도록 했어요. 소련에 가서 메시지를 전하도록 그 사람 여비 일만 달러를 갖다 주라는 거였어요. 박철언 장관님이 그때는 사실 솔직하게 말해서 한소 정상회담에 대한 기대 가능성이 10프로 밖에 안 된다고 생각했어요. 만일 이게 가능하다고 생각했다면 박 장관님이 동경에 더 있었겠죠. 그렇게 저에게 메시지만 던져놓고 예정대로 중동 여행을 간 거예요.

그래서 그 다음날과 이튿날 소련 측을 어떻게 설득해야 할지 밤새도록 고민했습니다. 박철언 장관님이 그때 조찬 자리에서는 그냥 일반적인 얘기만 조금 하셨거든요. 저는 밤새 설득 방법을 연구하여 수첩에 적어놓고 이튿날 두나예프를 만났어요. 제가 수첩에 적힌 내용들을 읽으며 이것은 바로 노태우 대통령이 고르바초프 대통령에게 보내는 구두 메시지니 받아 적으라고 했습니다. 그 내용은 대략 이렇습니다.

첫 번째, 고르바초프 대통령의 페레스트로이카(perestroika) 제3장에 보면 디플로머시(diplomacy)라는 장이 있는데 거기 보면 이데올로기의 차이가 국가 간의 관계에 영향을 미쳐서는 안 되고, 외교가 거기에 따라서도 안 된다. 그러니까 바로 한국과의 관계 개선을 통해서 페레스트로이카의 진실성을 실증적으로 입증

하라. 그 다음에 두 번째, 팬 아시안 포럼을 한다고 그러는데 냉전의 최일선에 있는 한국과 한다고 그러면 팬 아시안 포럼이 훨씬 더 잘될 것이다. 그 다음 셋째, 시베리아 개발하려고 한다면 한국이 큰 도움이 될 것이다. 네 번째로 제가 카드로 쓴 게 이거예요. 지금 한국이 북방정책을 하는데, 소련과 관계개선을 하는 데 대해서 한국 사람들은 미국이 반대한다고 생각하는 사람 많다. 그런데 소련도 미국과 데탕트 관계인데 미국의 가장 핵심 우방과 미국의 승인 없이 관계 개선한다는 거 불가능할 것으로 생각한다. 우리도 우방 미국을 제쳐놓고 이렇게 하는 것이 불가능하다고 생각한다. 그리고 미국도 지금은 한국의 북방정책을 반대한다는 그런 여론이 있어 곤란한 입장이다. 만일에 미국 땅에서 한소 정상회담이 이루어진다면 이 세 나라가 가지는 딜레마를 한꺼번에 해결할 수 있다. 미국도 체면 살릴 수 있고, 한국도 체면 살릴 수 있고, 참 모든 것이 좋다. 그래서 미국에서 한소 정상회담을 할 수 있는 이런 절호의 기회는 정말 1세기에 한번 나올까 말까. 지금 이 기회를 살리지 못한다면 앞으로 노태우 대통령 재임 중엔 절대 못할 거다.

이렇게 설득하고, 마지막으로 또 하나 카드를 썼어요. 밤새 이것도 생각한 거예요. 이거는 나의 전적으로 사건인데, 당신들 알다시피 김영삼 대표와 노태우 대통령은 당 대표고 총재고 이렇지만 정치적으로는 아직 라이벌 관계다. 그런데 당신들은 정치적 라이벌 관계인 김영삼 대표에게만 힘을 실어줬다. 3월에 김 대표가 소련 갔을 때 만나줬으니까. 그래서 한국에서는 바로 러시아가 전통적으로 해 오던 짓거리, 그러니까 남의 나라의 정치에 개입해서 이득을 보려고 하는 그런 의도라고도 생각한다. 만일 그렇지 않다면 당신들이 균형을 맞춰라. 노태우 대통령 만나서. 그래서 김영삼 대표로 기울게 만든 것을 교정해라. 이건 전적으로 나의 사견이다. 이런 내용을 전하였고, 두나예프 그 사람은 메시지를 들고 소련으로 갔어요.

며칠 후, 두나예프로부터 한국에 좀 들렀다 가도 되겠냐는 전화가 왔어요. 그래서 그가 5월 7일 한국에 왔어요. 그런데 그때 무슨 일이 있었는가 하면, 노 대통령이 방미하는 길에 캐나다와 멕시코도 방문하게 돼 있었는데, 국내 정치와 관련하여 KBS에서 무슨 사건이 나면서, 방문 계획이 취소 됐어요. 이런 상황에서 두나예프가 와서 소련 측이 정상회담 할 의사가 있고, 한국에 이를 최종적으로 타진하러 왔다는 거였습니다. 막후에서 은밀히 진행됐던 이런 내용은 안기부 차장도 모르게 했던 일이라 아는 사람이 없고, 알고 있는 서동권 부장은 마침 그때 CIA에 방문하러 미국에 가 있는 상태였어요. 이럴 때 그런 엄중한 메시지를 받은 저는 어떻게 해야 될지 난감했습니다.

내가 대통령을 만나자고 그럴 수도 없고, 그래서 할 수 없이 "이런 상황에서, 지금 대통령의 해외 방문이 취소됐는데도 소련과의 정상회담을 추진 할 거냐?" 하는 얘기를 대통령한테 물어봐 달라고 김종휘 보좌관한테 얘기를 했어요. 그 양반은 아는 거니까. 그랬더니 김종휘 보좌관이 두나예프와 아침에 조찬 같이 하며 만났으면 좋겠다고 해서 그러기로 했습니다. 박철언 장관도 중동에 간 상황이라 국내에 없고, 그래서 저와 김종휘 보좌관과 두나예프가 조찬을 했는데, 긴 얘기는 없었고 김종휘 보좌관은 그쪽의 의사가 그렇다면 대통령께 물어보겠다고 했습니다. 이튿날 다시 또 조찬을 하면서 김종휘 보좌관이 말하길, "대통령님께서 블라디보스토크도 좋고 미국이라도 좋고 샌프란시스코도 좋고 어디도 좋고 그러니까 정상회담 하겠다"고 그랬어요. 이렇게 얘기가 끝났어요. 그렇게 얘기가 정리된 후, 나는 두나예프에게 삼성전자 등의 방문을 주선해 전자제품 등 좋은 선물을 주었고, 두나예프는 다시 소련에 간다고 하더라고요.

저는 두나예프가 소련에 들어간 후 이 일과 관련된 메시지를 어떤 방식으로 다룰지 고민했어요. 그때 저는 안기부에 돌아와서 부국장을 하고 있을 때였어요. 당시 소련에는 육사 출신인 안기부 파견관이 있었는데, 그 친구를 접촉 채널로 할까 하다가 이 친구는 또 다른 특수임무를 맡아 어디로 떠날 때도 있고, 그러면 연락이 두절될 수 있잖아요. 미리 얘기해줄 수도 없는 노릇이고. 그래서 우리 백언기 참사관에게 내가 전보를 보내면서 이러이러한 사람이 당신한테 연락할 테니까… 그때 소련에 무슨 참사관이 있었어요.

염돈재: 예, 서현섭. 서현섭 참사관. 그래서 내가 서현섭 참사관을 두나예프의 연락채널로 지정을 해줬어요. 지정을 하면서 그 대신 내가 우리 백언기 참사관한테는 소련측으로부터 서현섭 참사관에게 이러이러한 연락이 올 거니까, 그거는 다른 사람한테 연락 가는 게 아니고 나한테 올 메시지니까, 당신이 그걸 바로 서현섭에게서 받아 나한테, 서울에 보고를 하고 외교부에는 보고하지 말도록 하라, 이렇게 지시를 내렸어요.

얼마 후 김종휘 보좌관이 저한테 전화를 해서 "요즘 도브리닌 뭐하고 있는 사람이에요?"라고 묻길래, "전에 외무부 장관하다가 지금 직책이 없는 걸로 아는데요"라고 답해주었습니다. 그랬더니 그러냐고 하면서 전화를 마쳤습니다. 그러고 나서 한 30분도 안 돼서 우리 쪽에 전보가 들어왔는데, 바로 네 줄짜리 전보였어요. 그런데 '이것을 김종휘 보좌관에게 전달해주기 바람'이라고 되어 있었어요. 내용은 첫째, 6월 5일 샌프란시스코에서 만나겠음. 둘째, 이 문제 협의를 위해서 도브리닌을 파견하겠음. 그런데 노태우 대통령께서는 도브리닌에게 이런 얘기를 처음 듣는 걸로 해주시기 바람. 셋째, 5월 19일에 염돈재를 동경에서 만나겠음.

동경에서 만난다는 게 두나예프가 나하고 만날 적에는 보세구역 내에서 그냥 이렇게 만나기로 했거든요. 미리 지정을 했기 때문에. 그래서 동경으로 가서 두나예프와 만났습니다.

한편, 방한하기로 되어 있는 도브리닌에 대해서는 내가 협력지원과의 최명주 과장에게 공항에 나가 영접하라고 지시했어요. 최명주 과장은 영어도 잘하고 나중에 차장이 되었어요. 그래서 최 과장이 도브리닌을 영접하여 당시 국가수반 회의가 열리는 신라호텔로 모시고 갔어요. 그때는 신현확 씨가 회의를 맡을 때였는데, 도브리닌이 거기에 참석하는 것으로 되어 있었던 거예요.

다음으로는 이제 도브리닌을 청와대로 모셔 가야 될 것 아닙니까. 그래서 김종휘 보좌관한테 방문 문제를 진행해 달라고 했습니다. 도브리닌이 어디 있냐고 묻기에 지금 신라호텔에 와 있다고 알려주었어요. 제가 맨 처음에 도브리닌과의 접촉 관련 해서는 최명주 외에는 일체 전화를 받지 않도록 호텔 교환에 그렇게 연락을 해놨거든요. 그래서 도브리닌은 최명주를 통해 김종휘 보좌관을 만나고 같이 왔던 노재봉 당시 비서실장도 만난 뒤 청와대로 들어갔어요. 청와대에 들어가서는 당초 예정됐던 대로 대통령은 이 사안을 처음 듣는 걸로 하고, 도브리닌도 그 메시지만을 전한 거예요. 이게 국가수반회의 때 참석한 도브리닌이 청와대에 한소 정상회담에 관한 메시지를 전달한 줄거리입니다.

정상회담 준비 과정의 어려움

이렇게 해서 정상회담을 본격 준비하는데 그 과정에서 서동권 안기부장이 박철언에게는 관련 내용을 가급적 통보하지 말라고 했어요. 박철언은 그때 중동 여행 갔다가 막 들어왔을 때였죠. 이유는 박철언과 YS가 자꾸 싸우니까 문제가 되면 대통령한테 부담이 된다고 생각했던 것이죠. 그러니까 서동권 부장은 이제는 가급적 박철언을 북방정책에서 떼어 내기를 원한 거예요. 그리고 또 한 가지 서동권 부장 내면에는 청와대 정책보좌관실이 갖고 있던 북방정책의 주도권을 안기부가 갖고 가고 싶은 그런 욕망도 있었던 것 같아요. 내가 그때 안기부로 돌아와서 부국장을 하고 있으니까. 그렇게 박철언 보좌관한테 알리지 말라고 하셨으니까 내가 여쭈어 봤죠. "이 일에 관해 박철언 장관한테는 어떻게 할까요?" 하자 "박철언 박철언 하지 마라", 이러시는 거예요. 통보하지 말라는 얘기죠. 그래서 박 장관에게는 통보를 안 하고 그냥 그렇게 정상회담 준비를 했습니다.

맨 처음에는 서동권 부장 안가에서 우리 팀과 민병석 비서관의 청와대 팀이 같이 준비를 했어요. 나중에 김종휘 보좌관이 이제 대통령한테 보고 드려야 하니까 청와대 안가에 오라고 해서 삼청동 안가로 갔어요. 그때부터 김종휘는 우리를 배제하고 자기들끼리 민병석하고 둘만 하고 있는 거예요. 둘이서 저희 팀을 배제하고 그렇게 하는 거예요. 그래서 내가 나중에 화가 나서 민병석 비서관한테 따졌어요. 이런 얘기 민병석 비서관한테는 하지 마세요. 난 정말 당시 기억이 너무나 생생합니다.

내가 민병석 비서관에게 회담자료 어떻게 되어 가는지 좀 보자고 했어요. 민비서관은 이번 정상회담 건이 어떻게 성취되었는지 아니까 그랬는지 어쨌든 그 자료를 나에게 보여주었어요. 그 내용들은, 나는 이게 김종휘의 생각이라고 보는데, 많이 당황스러웠어요. 첫 부분이, 소련이 2차 대전에 참전하여 한국의 독립을 당겨준 것을 감사하게 생각한다고 되어 있었어요. 그래서 내가 민병석한테 따졌지요. "도대체 이게 말이 되는 얘기냐 소련이 그렇게 개입해서 한반도가 지금 분단된 거 아니요? 또 무엇을 도와줬단 얘깁니까?" 그리고 내가 또 한 가지 얘기한 게, "지금 개혁하는 고르바초프와 옛날에 스탈린이 했던 일이 무슨 상관이요?" 말도 안 되는 정상회담 자료이지요. 다음으로는 또 우리가 경제를 적극적으로 지원하겠다고 이렇게 돼 있었어요. 우리는 수교를 얘기하고 소련은 경제를 얘기하면 서로 타협점을 찾을 수 있는데 먼저 경제 얘기를 꺼낼 필요가 없지요. 그래서 내가 "이렇게 계획도 세워있지 않은 상태에서 정상회담 준비를 함께 하기 싫다"고 했어요. 결국 우리가 철수했어요. 돌아와서 서동권 부장님한테 "하는 거 보니까 맞지 않아서 철수했다"고 말씀 드렸어요. 서동권 부장님은 차라리 잘 됐다고 생각하시는 것 같았어요. 나는 박철언의 사람이니까. 이런 내부의 갈등들이 후일 외부에 노출이 된 것입니다. 이면에는 복잡한 파워게임이 있었던 거지요.

나중에 정상회담 준비를 정식으로 시작하게 되자 내가 다시 참여하게 됐습니다. 김종휘 보좌관 주도 하에 대책회의가 열렸어요. 서동권 부장, 외교부 장관, 국방장관 그리고 중요 장관들이 모인 회의였습니다. 다른 장관들은 그 때 처음 정상회담 개최사실에 대해 알게된 것이지요. 저는 나름의 계획을 가지고 회의자료를 작성해 가지고 서동권 부장님을 수행해 갔습니다. 우선 장소에 대해서는 내가 잘 알고 있는 샌프란시스코로 하는 게 좋겠다고 생각했어요. 샌프란시스코에는 제가 2년 근무해 회담에 적합한 장소를 잘 알고 있었어요. 첫 번째로는 샌프란시스코의 아세안 뮤지엄이 있지 않습니까? 세계에서 아세안 콜렉션을 제일 많이 갖고 있는 유명한 뮤지엄인데 거기서 하는 게 좋겠다고 생각했죠. 두 번째로는 첫 번째 장소가 안 되면 페어몬트 호텔에서 하는 게 좋겠다는 생각이었어요. 그게 안 되면 슐츠의 별장을 염두에 뒀습니다. 슐츠와 노 대통령이 잘 아는 사이라는 걸 내가 알고 있었거든요. 그래서 세 번째 대안으로는 슐츠 별장에서 하는 게 좋겠다, 이런 대안을 갖고 있었습니다. 그리고 장소 선정에 있어 절대 해서는 안 될 것, 그건 바로 소련 영사관에서 하자는 것이다. 그러면 안 된다. 그건 아관파천과 같은 거니까. 이렇게 복안을 갖고서 회의 자료를 만들어 갔어요.

그런데 막상 회의를 시작하고 보니, 장관들도 이런 데 처음 오고 아무런 대비도 없이 왔어요. 그 자리에서 정상회담 계획을 처음 알게 됐으니 무슨 회의가 되겠어요? 중구난방으로 떠들고 이러니까 서동권 부장이 내가 갖고 있던 자료를 가져오라고 눈짓하더니 이렇게 말했어요. 서동권 부장님은 말을 막 이렇게 하십니다. "괜한 소리들 하지 말고, 회의자료 염 부국장이 줄 테니까 이거 갖고 회의합시다." 그래서 회의자료를 나눠드리고 그걸 가지고 회의를 시작했어요. 자료에는 회의 장소는 어떻게 하면 좋고, 교섭은 어떻게 하면 좋고, 이런 것들이 쭉 다 나열이 돼 있었어요. 그래서 그렇게 회의를 했어요. 장소 정하는 문제에서는 아시안 뮤지엄이라든가 페어몬트 호텔을 우선순위로 두었는데, 그것은 그쪽과는 미리 교섭을 해야 되는 일이라서 그 다음날 이병기 의전수석을 미국에 파견했어요. 교섭 끝에 결국은 페어몬트 호텔로 정해지게 되었습니다.

이렇게 큰 가닥이 잡히면서 이제 각 부처마다 정상회담 수행원으로 누구누구를 보낼지 정하게 되었지요. 안기부에서는 서동권 부장이 나에게 가라고 해서 그렇게 알고 준비를 하고 있었어요. 준비할 것 중의 하나가 막후에서 진행을 한 소련 측 채널에 선물을 마련하는 것이었어요. 나는 박철언 장관과 연결된 채널이 안보 보좌관인 체르니아예프라는 걸 알고 있었습니다. 전에 내가 게오르기 김한테 물어보니까 소련에서 가장 파워 있는 게 누구냐 하니까, 국내 문제는 샤흐나자로프, 해외 문제는 체르니아예프라고 귀띔해줬어요. 두나예프도 자기는 부루텐스 부부장은 모르지만 체르냐예프는 잘 안다고 그랬거든요. 체르니아예프는 그전에 김영삼 대표 일행과 같이 갔을 적에, 그때 직접 만나지를 못해서 전달해 달라며 선물을 두고 왔거든요. 그래서 이번에는 체르니아예프한테 줄 박철언 장관의 선물을 직접 전하기 위해 준비를 했습니다. 그렇게 출발 전날이 되었습니다.

그런데 내일 떠나야 하는데 청와대에서 나에게 오라는 얘기가 없는 겁니다. 대통령을 수행하려면 비표가 있어야 하잖아요. 답답했죠. 내가 그 사실을 서동권 부장한테 얘기하기도 어려웠습니다. 정상회담에야 안 가도 상관없지만, 서동권 부장은 내가 가는 걸로 알고 있는데 아무런 보고도 없이 내가 안 가면 명령 위반 아닙니까. 그래서 내가 우리 차장님한테 이건 비밀이지만 상황이 이렇게 됐는데, 내가 부장님한테 직접 전화 걸 수도 없고 하니, 제가 가지 않아도 되는지 좀 알아봐 달라고 부탁했습니다. 그러니까 우리 차장님은 또 그러더라고. "그거 뭐 가지 말지 그걸 뭐 꼭 가." 그래서 내가 그랬어요. "아니, 부장님도 제가 가는 걸로 다 알고 있는데 안 갔다 그러면 나중에 곤란해집니다." 그래서 물어봐 주기로 하고 다음날이 되었어요. 떠나는 날이죠.

　　아침 9시쯤 차장님이 부장님에게 그 얘기를 했어요. "청와대에서 염 비서관을 별로 달가워하지 않는 모양인데 염 부국장은 가지 않는 게 좋겠다"고 했어요. 그러자 서동권 부장은 "한번 결정 내렸으면 가야지 안 간다는 게 말이 되느냐. 지금 비표도 없고 이래서 출발 시간은 두 세 시간 밖에 안 남았는데" 하면서 화를 냈어요. 그래서 서동권 부장이 김종휘 보좌관한테 전화했는데, 전화를 안 받는 거예요. 또 노재봉 비서실장한테 했더니 역시 전화를 안 받는 거예요. 서동권 부장님이 엄청 화가 나서 계속 전화를 했습니다. 결국 나중에 노재봉 총리와 통화가 되었는데, 제가 알기로는, 차장님이 듣는데서 "당신 정말 이럴 거야?" 하면서 따졌답니다. 그러니까 그제야 가라고 했고, 바로 청와대에서 비표 가지러 오라 해서 우리 직원 보내서 비표를 갖고 왔습니다. 만반의 준비를 하고 있던 나는 출발 30분 전에 공항에 도착해서 간신히 수행팀에 합류할 수 있었습니다. 이게 다 김종휘 보좌관이…. 아무튼 그 후 정상회담은 나도 그 자리에 가 있었지만 실패를 했습니다.

염돈재: 아니 그런데 내가 이거 마지막 얘기를 할게요. 그래서 정상회담이 실패를 했어요. 우리는 경제 지원을 하겠다고 했는데 고르바초프는 경제 문제가 아예 관심 사항이 아니라고 그랬어요. 고르바초프가 노태우 대통령하고 사진도 안 찍으려고 했어요. 그런데 노태우 대통령이 악수하면서 억지로 끌어 가지고 사진사 들어오라고 해서, 겨우 사진 두 장 찍었거든요.

　　한소 정상 회담은 실패했어요. 정상회담 끝난 후 내가 가만히 생각해 보니까 대통령께서 정확하게 전후 사정을 아셔야 될 것 같았어요. 그래서 내가 미국에서 돌아온 뒤 보고서를 작성했어요. 보고서가 외부에 리이크(leak) 되지 않도록 하려면 직접 복사해야 합니다. 그래서 내가 보고서를 써서 직접 2부를 복사하여 서동권 부장님과 내가 한 부씩 갖고, 내가 쓴 원본은 대통령께 드리기로 했습니다. 거기에 정상회담이 왜 실패했는지 썼고, 정상회담이 진행되기까지의 채널이 어떻게 가동됐는지에 대해서도 썼죠. 서동권 부장님이 그것을 대통령께 보고했어요.

6월 5일 날 정상회담을 했으니 그 후에 즉시 수교 교섭이 이루어져야 될 것 아닙니까. 그러나 수교 교섭이 막혀 버렸어요. 공로명 채널을 통해서 하려고 그러니까 수교 교섭이 안 되는 거예요. 소련 측에서 관심이 없는 거예요. 그런데 서동권 부장님이 대통령께 그 보고를 했단 말이에요. 그것도 겸해서 이렇게 안 되는 이유가 이렇다, 채널이 다르다. 이렇게 보고를 했습니다. 그러고는 그때부터 이제 북방정책도 일부 중요한 부분은 청와대보다는 이쪽으로, 즉 안기부가 상당히 또 실권을 갖게 됐습니다. 이래가지고 노 대통령으로부터 다시 염 비서관 채널을 통해서 수교 교섭단 파견 문제를 협의하라는 지시가 내려왔습니다. 그래서 제가 다시 그쪽 두나예프 라인과 접촉해서 수교 교섭단 파견 원칙에 합의하고, 결국은 우리 정부에서 김종휘, 김종인 두 톱으로 사절단, 수교 교섭단을 8월 며칠인가에 파견했습니다. 그렇게 수교 교섭이 이루어진 거였습니다.

Ⅱ
북방정책 시행과
남북관계

II. 북방정책 시행과 남북관계

엄구호: 그럼 제가 지난번에 말씀드린 두 번째 파트, 외교부에서 보는 한소 수교 과정에 대해서 위성락 대사님께서 먼저….

동경 채널을 통한 소련과 영사처 설치 추진

위성락: 저도 수교 전후하여 수교 전 한 1년여 전, 수교 후 1년 후까지 그 일을 맡아 보았기 때문에 전후 내막을 조금 접하고 있고요, 물론 제가 다 알지는 못합니다만, 일정한 감을 가지고 있긴 한데, 제가 드리는 말씀이 다른 분 생각하고 좀 다르더라도 양해해 주시길 바랍니다. 제 견해라고 생각을 하시고.

소련과 수교를 달성하기까지 정지 작업도 하고, 루트도 개척하고, 그런 작업들이 많은 레벨에서 있었던 것 같습니다. 민간인도 있고, 또 여기저기 정부기관도 있고 있었을 겁니다. 그런 것들이 축적이 되었겠습니다만 수교로 들어가는 일종의 홈스트레치(homestretch) 마지막 1년여 전, 그때부터는 조금 상황이 다른 게 아닌가 하는 게 제 인식입니다.

그러니까 좀 일반화의 오류가 있을 수 있지만 대충 관찰하자면, 박철언 정책보좌관을 중심으로 한 팀이 정지 작업을 하고 루트를 개척하고 한 시기가 있었다고 생각이 되고, 그 다음에 이제 또 여러 가지 정치적인 이유로 박철언 정책보좌관 팀이 청와대를 떠나게 되고 바깥에 있게 되고 하면서는 조금씩 중심에서 벗어나지 않았냐는 인상이 들고요. 그때까지는 임무를, 북방외교의 전반을 박철언 정책보좌관이 전담하고 있었지만, 청와대를 나간 후에는 청와대 안에서의 그 임

위성락 대사

무는 이제 외교안보수석실로 간 것으로 생각됩니다. 그런데 저희들이 느끼기에는 그렇게 조정이 돼서 김종휘 보좌관 팀으로 업무가 넘어간 후에, 그 후에 북방외교에 대한 강한 추진 동력은 별로 못 느꼈습니다. 저희들은 그 당시에 외무부 안에서 북방외교 실무를 하고 있는데, 청와대로부터 오는 어떤 주문이 옛날만큼 있지 않고, 별로 없었어요. 청와대로부터의 어떤 중심추가 없어진 상황 비슷한 게 있었습니다. 한 일 년가량 그런 기간이 있었다고 기억이 됩니다. 89년도 언제부터해서 89년 내내.

그처럼 정책주도권이 약간 무주공산 상태가 되니까 자연스럽게 외교부가 진두에서 일을 하게 됩니다. 외교부가 나서서 역할을 했다거나 큰 걸 했다는 게 아니고, 자연스럽게 외교부의 공간이 생겨난 겁니다. 그때부터 외교부에서는 88올림픽을 계기로 만들어졌던 동경 채널을 많이 가동합니다. 88올림픽 때에 올림픽에 참가하고, 참가하는 사람의 안전보장 등등을 위하여 이제 대화가 필요했기 때문에, 동경에 있는 우리 대사관과 러시아 대사관 사이에 채널이 있었습니다.

사실 그 채널에서, 잠깐 안계신데, 김석우 차관께서 우리 쪽 컨택 포인트였고, 상대는 러시아 참사관이었습니다. 도브로볼스키라는 사람이었는데 그 사람들하고 자주 만났었고, 그 결과로 소련의 영사팀이 올림픽 기간 중에 서울에 와서 주재하게 됩니다. 단기적으로 수개월 정도죠. 영사 일을 보고 간 바가 있습니다. 그러니까 약간 한시적인 영사 관계가 잠깐 됐다가 다시 없어졌습니다. 그것에 착안해서 외교부에서는 88년도부터 동경 채널로 컨택을 많이 하게 되고, 그 언저리, 그러니까 1년 정도의, 주도권이 어디에 딱히 없을 때, 외교부의 활동이 좀 넓어져서 그때를 활용해서 이제 러시아하고 막후에서 동경 채널을 통하여 여러 이야기를 하던 중에 아까 말한 한소 수교에서 중간 단계가 필요하냐, 중간 단계가 필요하지 않느냐, 그런 논쟁들을 접하게 되고, 외교부 실무 라인에서는 중간 단계를 설정하는 것이 더 효율적이다 라고 생각을 하게 됩니다.

그게 지도부의 생각하고 똑같았던 것은 아닙니다. 지도부에서는 반대했지만 실무자들이 그런 의견들을 많이 프로모트(promote) 하고 했었죠. 러시아는 중간 단계를 환영했어요. 그래서 그 결과가 결국은, 제가 복잡한 이야기를 다 끊어버리고, 결론만 이야기하면 러 측이 우리한테 막후 컨택하면서 그러면 그런 중간 단계 안을 협의하기 위하여 싱가포르에서 만나자고 하게 됩니다. 그래서 싱가포르에서 막후 협상이 있어서 그때 한 삼일 정도 치열한 협상을 했는데 타결됐습니다. 그 결과가 이제 영사처 설치로 이루어지고, 영사처 설치는 사실상의 영사 관계이기 때문에 대사 관계, 수교로 가는 관계가 절반쯤은 됐다고 볼 수 있습니다. 그 영사처가 설치가 되고, 영사 관계가 수립되면서 양쪽에 주재하는 준 영사관이 생겨난 거죠. 우리는 주 모스크바 영사처, 러시아도 서울에 영사처, 공로명 영사처장. 이렇게 해서 이제 그 일이 결국은 수교로 가는 뭐랄까 점프 스타트(jump-start) 하는 중요한 계기가 된 것은 사실입니다. 그 정도가 외교부의 역할이었습니다.

영사처 설치 합의가 끝나고 나니까 김종휘 외교안보수석실의 북방외교에 대한 관심이 리바이브(revive) 됩니다. 그전까지는 그렇게 열성적으로 하지 않았어요. 왜냐하면 잘 안됐거든요. 헝가리, 폴란드와 수교한 다음에 소련 수교는 정체 상태에 들어가서 수개월 동안 진전이 별로 없었습니다. 어렵다고 생각을 했고, 그때 우리가 바로 수교를 하려고 했으니까 벽이 높다고 생각했던 분위기가 있었습니다. 그러다가 영사처 설치가 된 것을 계기로 청와대 쪽에서 다시 북방외교에 관심을 보이면서 어떤 일을 했냐면, 북방외교 비서관실을 만듭니다. 만들어서 비서관으로 누구를 데려가냐면 영사처 설치 교섭을 마치고 돌아온 그 당시 구주국의 심의관 김재섭 씨를 비서관으로 데려갑니다. 그래서 그 팀이 제 기억에는 89년 후반부터 일을 하기 시작하고, 적극적으로 움직입니다. 다시 청와대 주도가 된 거죠. 영사처 설치까지는 외교부의 활동이 있었지만, 다시 청와대가 주도권을 거두어 가고, 그때는 이제 외교안보수석실에서 많이 역할을 하고 그게 결국은 이제 샌프란시스코 정상회담으로 이어지고, 정상회담 수개월 후에 수교로 이어집니다.

제가 보는 관점에서는 영사처 설치와 그 이후 상황은 외교부와 청와대 등 메인 라인 쪽의 역할이 많았다고 생각이 되고, 영사처 설치가 된 후에는 수교는 사실상 시간문제였습니다. 러시아도 우리도 다 수교가 된다는 것을 받아 들이고 있었습니다. 단지 이게 3개월 있다 되느냐, 6개월이냐, 1년이냐, 3년이냐, 이 정도 있을지는 모르지만 그 이상은 아니었습니다. 북한도 이거 수교로 가는 거다라고 거의 포기 상태였고요. 단지 러시아가 조금 시간 여유를 두려고 했었겠지만 결국엔 영사처 설치 후에 1년 만에 수교를 하게 됩니다. 결과적으로는. 이제 우리가 당긴 것도 있고, 많은 사람이 노력한 것도 비하인드에 있지만 결국 코스는 크게 보아 다르지 않다고 생각이 됩니다. 그래서 샌프란시스코 정상회담이 그 안에 이루어졌고요. 거기서 비하인드로 이루어진 이야기는 다 알진 못하지만 막후 비선들이 작동을 했을 것이고, 그래서 러시아 측에서 우리에게 이제 시그널을 주면서 정싱회담 날짜와 장소를 짚어오죠.

소련과의 수교에 미국의 적극적 지원

저도 샌프란시스코 정상회담 준비 팀에도 있었고, 실무자로서 많은 역할을 해서 조금은 아는데 상항 정상회담은 기본적으로 상징적이고 잘 된 거죠. 그리고 그 과정에서 미국은 대체적으로 협조를 많이 해주었습니다. 미국은 탈냉전의 흐름 속에서 한국이 공산권과 수교하는 것을 기본적으로 바람직하다고 보았고, 도와주려고 했습니다. 다만, 전체 도움을 주는 과정에서 이게 미국식 관점을 벗어나지 않기를 바랐던 거고, 그러기 위해서 적극 도와주고, 적극 설득하고, 알려주고 말하자면 좀 지도 해가지고 가야 된다고 생각했던 것 같아요. 그래서 많은 컨택을 했고 도와주었습니다. 샌프란시스코 정상회담 전후에도 미 측이 많이 도와줬고, 심지어는 상항에 갔을 적에 그 당시 미국 부시 대통령이 자기 보좌관 중에서 러시아 전문가 한 사람을 특별히 파견해서 브리핑을 해드리겠다 해서, 그 사람이 왔었어요. 저는 보진 못하고 흑인 여성이라고만 들었습니다. 나중에 한번 돌이켜보니까, 콘디 라이스였던 것 같습니다. 그 사람이 시니어 부시 때 백악관의 러시아 담당 시니어 디렉터였어요. 그 사람을 보내서 지원할 정도로 하여튼 우리를 도와주면서, 그러나 잘못된 스텝을 밟거나 잘못된 쪽으로 러시아한테 끌려가지 않게 도와주겠다, 그런 생각을 가졌다고 생각이 됩니다.

동시에 미국은 한국을 그렇게 유도하는 한편으로, 북한과의 관계를 개선하려고 했습니다. 대화도 하려고 했고요. 그것은 이제 레이건 때 시작이 돼서 부시 시니어까지 이어지는 흐름인데 미국 사람들은 내부에서 그걸 모디스트 이니셔티브(modest initiative)라고 불렀고 개스턴 시거(Gaston J. Sigur) 차관보가 주동해서 한 겁니다. 그 결과로 북경에서 미북 간에 참사관급 컨택이 있었는데, 그것은 사실 미중 수교 때 폴란드에서 막후 컨택하던 것의 카본 카피(carbon-copy)입니다. 그렇게 했죠. 했다가 나중에 그게 이어져가지고 김용순, 아놀드 켄터(Arnold Kantor)의 뉴욕 접촉이 있게 되죠. 그런데 이제 결국은 그것을 끝으로 잘 안되게 되고, 미북 관계 개선은 진전이 없게 되었습니다. 결국은 미북 관계에서는 희망이 사라진 상황에서, 한국이 소련과 수교한 90년, 중국과 수교한 92년, 그리고

TS(Team Sprit) 훈련이 복구되는 상황에서 북한이 핵카드를 집어 들게 되는 것이 93년 초 상황이라고 생각이 됩니다. 전 그 정도 말씀 드리겠습니다.

직접 수교론과 단계적 수교론의 혼선 계속

최병효: 저는 한소 수교와 관련해서 당시에도 그랬고 지금까지 계속 의문을 가지고 있습니다. 88년 후반기부터 89년 전반기, 후반기 이때까지 하여간 그 당시 외무부 차원에서도 소련과 접촉이 있었는데, 동경 채널을 통해서 했습니다. 직접적인 접촉은 아마 89년 봄 정도로 생각됩니다. 소련은 연방상공회의소가 관여를 많이 했고, 그래서 89년에 한소 간의 무역사무소가 설치되었죠. 코트라하고 소련 연방상공회의소 서울사무소, 그게 설치가 됐죠. 그러면서 그 당시에 이제 소련 상공회의소 부사장이 와가지고 워커힐 호텔에서 저하고 구주 국장하고 만나 얘기를 했어요. 그쪽 얘기는 무역사무소 설치를 했으니까, 외무부에서 여기 영사로 나오라고 하더라고요, 영사로. 그러면서 모든 외교특권을 다 주겠다고 했습니다. 그래서 저는 그게 당연히 가야 될 수순이라고 생각했습니다.

그런데 그 당시 우리 정부 입장, 즉 박철언 씨의 입장이 이와 달랐습니다. 헝가리와는 그때 89년 2월 1일 수교가 됐으니까 그 다음부터는 다른 국가와 직접 수교 방식으로 나가려 했던 거죠. 소련이 뭔데 우리가 중간 단계를 거쳐서 들어가느냐, 코트라와 연방상공회의소는 민간 차원의 문제고, 거기에 우리가 구차하게, 말하자면 공무원들을 보내가지고 해야 되느냐, 바로 수교를 해야지 하는 것이었습니다. 저도 참 이해가 안 되는 일인데, 그걸 박철언 씨가 강력하게 주장을 했던 것 같아요. 그래서 우리 외무부와 북방외교 본부장 또한 그런 생각을 그대로 받아서 하는 것 같았어요. 제가 보기엔 그건 합리적인 얘기는 아니었어요. 소

최병효 대사

련 측의 얘기는 소련은 마지막 보루이니, 한국이 모든 동구권 국가들과 먼저 수교를 한 다음에 자기들이 마지막으로 하겠다는 것이었죠. 그게 제가 듣기에도 굉장히 합리적이었죠. 그 대신에 한국 측이 무역사무소에 들어와서 영사 타이틀 가지고 모든 일을 하라, 우리도 마찬가지다, 그런 입장이었어요.

그때 주한 소련상공회의소 직원들이 참여하는 만찬이 있었어요. 직원들의 명함을 보니까, 일등서기관, 영사 타이틀을 가지고 있었어요. 어떤 친구는 밖에 나가서 얘기할 때, 사실 자기는 KGB(Committee for State Security, Комитетгосударственнойбезопасности) 소속이라고 했어요. 자기들은 실제로 그런 활동을 하고 있고, 너희들은 어떠냐고 물었어요. 그런 일을 겪고 나서 우리가 이제 외무부 윗선에 건의를 했죠. "소련도 이렇고 이러니까 우리도 외무부에서 나갑시다, 영사 타이틀, 공식 타이틀은 아니지만 하여간 영사의 역할을 할 수 있도록 모든 걸 서로 허용한다니까." 제가 그런 건의를 하고서 아주 크게 혼이 났어요. "우리 정부 방침은 소련과의 즉시 수교인데 무슨 엉뚱한 소리를 하느냐"는 질책이었습니다.

그런데 즉시 수교가 됩니까? 지금 이게 시간이 상당히 걸리는 문제였습니다. 그리고 당시의 상황으로 볼 때, 수교는 기다리면 됩니다. 어차피 당시의 국제정세가 기다리면 되는 거였습니다. 하지만 그런 단계적 방식에 북방외교 본부장 등이 다 반대했어요. 외무부 장관이나 차관도 이상하게도 북방외교 문제에 전혀 관심이 없었고, 관여도 안했어요. 장관, 차관은 제가 문제를 가져가도 "알았어" 하고 그냥 서명하는 거예요. 별다른 얘기가 없어요. 니들이 알아서 해, 이거예요. 그래서 아마 박철언 씨가 알아서 하니까 장, 차관은 관여를 않는 모양이구나, 니들 실무선에서 알아서 하라는 것으로 받아들일 수밖에 없었어요. 당시 홍순영 차관보가 북방외교 본부장인데, 그분이 박철언 씨의 지시를 받아오는지 모르지만 하여간 소련과의 관계는 직접 수교 방침이었어요. 88년 말부터도 그랬습니다. 직접 수교. 그런데 89년에 무역사무소 설치가 됐으니까 소련 측에서는 우리 외무부에서 나오라고 했지만, 그래도 안 된다, 우리는 직접 수교다라는 입장이었어요. 제가 그때 우려했던 게 그렇게 되면, 즉 우리 외무부에서 안 나겠다고 한다면, 아마 우리나라에서는 안기부에서 나갈 거라는 점이었습니다. 그런데 제 예상대로 안기부에서는 조… 나중에 문제가 됐던 조 참사관.

엄구호: 코트라가 조성오 씨고요.

염돈재: 조성우 참사관이지요.

최병효: 네. 그전부터 아는 사람이고. 하여간 그 사람이 나갔죠. 어쨌든 소련 입장에서 볼 때 한국 정부 외무부에서 안 나오겠다고 하니까 결국은 안기부 직원이 우리 정부 대표가 되는 거죠. 그래서 제가 우려했던 것이, 그렇게 되면 앞으로의 대소 외교에서 문제가 생길 거다, 말하자면 현장인 러시아, 소련에서의 접촉에서 우리 외무부는 손을 떼는 상황이 되고 안기부 주도가 된다는 것인데, 결과적으로 나중에 그게 문제가 됐잖아요? 그 'PNG 사건'이. 결과적으로 그렇게 됐습니다.

하여간 그 당시에 저는 지금도 이해가 안되는 게 있습니다. 그때 제가 89년 10월 9일 날, 폴란드하고 수교가 됐으니까 폴란드 대사관 창설하러 가면서, 헝가리에 한 달 반 있다가 들어가 있었습니다. 제가 없는 동안 11월 14일인가 싱가포르에서 한소 합의가 됐잖아요? 코트라 사무소와 같은 얘기에요. 영사처라는 것이 사실 우리말로 얘기할 때 영사처입니다. 우리의 아전인수 식 얘기고, 소련에서는 그냥 코트라 사무소의 영사 담당 직원이죠. 영사 관계가 아니에요. 우리나라에서는 그걸 영사 관계로 이렇게 부풀려서 얘기를 했는데, 제가 보기에는 사실, 우리 외교부에서 그렇게 부르는 명분이라는 게 직원이 나갔다는데 있는 거지. 그런데 소련에서는 그전부터, 1년 전부터 나오라고 했어요. 모든 영사 특권을 주기로 하면서. 그런데 똑같이 주면서 나가는 건 왜 그렇게 갑자기 변했느냐, 그게 박철언 씨의 입장이 변한 건지…

위성락: 아니요, 그건 제가 다 압니다. 제가 직접 다 했기 때문에.

최병효: 그런데 어떻게 갑자기 한 달 만에?

영사처 설치 안의 급진전

위성락: 변하기보다는 많이 싸웠죠, 내부에서. 윗사람들은 들으려고 하지 않았어요. 절대 안 들었어요. 그런데 그때 기억나시는지 모르겠는데, 제가 처음에 동구과에 갔을 때 "이렇게 중간 단계로 하면 될 것 같은데 왜 안하고 있느냐"고 물었더니 그때 그러셨어요. "아니 나 그거 해봤다가 크게 혼났으니까 그건 어렵다"고 하셨어요. 그래서 제가 몇 달 후에 다시 비슷한 걸 써가지고 갔더니 "뭐 해보긴 해보지만 안 될 거다. 조심해라. 다친다"고 그러셨거든요. 그때 기억으로는 그렇습니다. 그런데 당시 최과장님께서 과를 떠나신 후에 제가 계속 이 문제를 다루는데, 위에서는 막힌 가운데, 코트라(KOTRA) 사무실 개소 일주년이 되었습니다. 일주년 행사를 한다는 거예요. 모스코바에서 회의도 할 예정이고. 그때 코트라에서 우리한테 초청장이 왔어요. '한국 외무부에서도 갈 테면 거기 참여하라'는 거였죠. 그래서 저는 이때 그러면 우리 외무부 직원을 보내가지고 이 안(案)을, 영사처 안을 한번 플로트(float) 해보고 싶었어요. 그래서 국장한테 코트라 행사에 사람을 보내자고 상의하니까 갈 필요 없다고 또 질책을 하고, 차관보한테 하니까 홍순영 차관보는 막 소리를 지르셨죠. 그렇게 윗분들로부터 야단만 맞고 내려왔

어요. 그 일로 우리 직원들끼리는 앉으면 술도 마시고, 욕도 하고, 윗사람 흉도 보고 그랬죠.

결국 안 가기로 했어요. 한 달 동안 끌고 복잡하게 밀고 당기고 그러다가 마지막으로 안 간다는 공문을 써가지고 국장한테 갔습니다. '이제 우리 부에서는 참여하지 않겠습니다.'라고 썼죠. 국장이 그것을 놓고 가라고 그랬어요. 장관한테 보고는 하고 사인해주겠다고 하더군요. 국장 전결 사안이었습니다. 그런데 한 한 시간쯤 있다가 국장이 올라오래서 갔더니, 장관으로부터 참여하라는 지시를 받았다는 것입니다. 그 당시 장관은 북방외교 문서도 그냥 잘 보지도 않았고, 장관은 관심이 없었습니다. 장관은 이 일은 손을 대는 것이 득이 아니라고 생각하는 거예요. 이거는 청와대 실세 박철언 이분들이 하는 것이고, 큰 게임인데 외무 장관이 나설 일이 아니다, 그러니까 아예 손 떼고 실무진만 꿔주는 겁니다. 국장 이하 실무진이 청와대 문서 작업 해주면서. 그랬었는데 장관이 코트라 행사에 외교부 사람 보내지 않겠다는 공문을 보더니 "누구 하나 보내지 그래. 모스크바에 한번 다녀오라고 하지 그러느냐"고 했다는 거였습니다. 장관이 이렇게 하니까 국장이 화들짝 놀라 내려와서 심의관*을 보내자고 제게 말하는 거예요.

그래서 김재섭 부국장이 모스크바에 가시게 됐어요. 그런 결정이 난 뒤 제가 김 부국장한테 이야기했죠. "영사 사무소를 중간 단계로 설정하는 이것 좀 한번 타진해보면 어떻습니까?"라고 물었죠. 김 부국장하고는 그전에도 이걸 많이 상의한 바가 있습니다. 그분은 거기에 호의적이었어요. "그래 그럼 한번 물어보겠다"고 하셨습니다. 그래서 일단 비공식으로 물어보고, 개인적인 의견처럼 물어보고 반응이 좋으면 그때 다시 상부에 보고를 해가지고 반응이 좋으니까 해보자, 다시 한 번 설득해보자"고 마음을 먹었습니다. 그렇게 김 부국장은 행사에 참석하기 위해 모스크바로 떠났어요.

* 부국장(구술자 추가)

'북방정책과 7·7선언' 회의장 전경 5(2019. 11. 1(금) 2세션)

김재섭 부국장이 돌아오는 날 결과가 하도 궁금해서 제 차를 몰고 김포공항에 나갔습니다. 이 일이 잘 됐는지 안됐는지 빨리 듣고 싶었기 때문이죠. 도착한 김 부국장에게 내가 물어보니 첫마디가 "다 좋대. 다 그렇게 하자고. 우리가 원하는 대로 다 해주겠다"고 했다고 하는 거예요. 왜냐면 러시아는 그걸 원했으니까요. 그래서 이제 돌아와서 그 얘기를 윗선에 보고를 했어요. "이렇게 돼서 다좋다고 하니까 다시 해보자"고 그랬더니 "아, 하지 마라"는 반응이었어요. 뭐라그러냐면 "젊은 사람들이 자꾸 꼼수나 부리려고 하고, 자꾸 정도(正道)로 일을 안하고 왜 그러는지 모르겠다." 그런 질책만 들었어요.

그러다가 한 달쯤 지났는데 러시아에서 연락이 왔어요. 그때 동경 채널로 왔던 것 같아요. 동경 채널로 싱가포르에서 만나자, 그 얘기를 하자는 거였어요. 그래서 다시 위에다 보고했죠. 그랬더니 "만나려는 가라"고 그러는 거예요. 그러면 "훈령은 뭔가. 이것(영사처안)을 가져가면 안 되는가. 그런데 지금 다른 대안은 없습니다"라고 말했죠. 윗분들이 마지못해서 이걸 첨부한 그 훈령안을 사인을 해주면서 뭐라고 하느냐면 "협의를 하되 절대로 합의 하지 말라. 합의는 하지말라. 협의만 하고 돌아오라." 그래서 알겠다고 약속하고, "절대 그렇게 하겠다. 합의하지 않는다" 고 말씀드렸습니다. 그러고 싱가포르에 갔죠.

싱가포르에 가서 소련 측과 앉아 얘기를 하는데 우리가 내건 조건이 첫째, 정부 대표 간에 합의할 것. 지금 하고 있는 것이죠. 둘째, 정부 대표가 서명한 공식 문서가 있을 것. 그게 비밀이라 하더라도. 셋째, 그 문서는 비엔나 영사협약을 명백히 쿠오트(quote) 함으로써 이 관계가 영사 관계가 된다는 것을 입증할 것. 이런 조건들을 얘기하니 다 좋다 그래요. 그 사람들은 좋다 할 뿐만 아니라 이런 원론적인 얘기 말로만 하지 말고 문구로 쓰자 이거예요. 지금부터 1조, 2조, 3조, 4조 식으로 합의문 쓰자 이거예요. 그래서 이제 숙소에 돌아와서 서울에 물었습니다. 어떻게 하면 좋겠느냐고. 그래놓고는 혹시 모르니 일단 합의문 초안은 일단 밤새워 만들었습니다. 하여튼 비하인드 스토리가 있지만, 엉뚱하게도 예상 밖으로 서울에서 오케이 사인이 왔어요.

그런데 서울에서도 아마 대안이 없었던 것 같습니다. 당시 북방외교는 헝가리, 폴란드 수교 이후 성과가 없습니다. 반년, 일 년 이상 아무것도 없었어요. 그러니까 뭐가 있어야 된다는 정치적인 필요도 있었던 것 같아요. 또 장관은 여론에서 무능하다고 되어 있었어요. 자꾸 아무런 성과가 없다는 얘기가 나오니 장관 자기도 뭔가 필요했고, 그런 요인들이 복합적으로 작용했다고 봐요. 또 하나이게 아미 관련이 있는지 모르겠지만 홍순영 차관보가 그때 상을 당했습니다. 그분이 반대를 하면 강력히 반대할 분이고, 막을 분인데 그 당일 날 모친상을 당했어요. 그게 관련 있는지는 모르겠어요. 그래서 저희가 이제 훈령을 받아서 다음 날 몇 시간 동안 협상하여 문구를 검토한 뒤 한 3일 만에 합의문 서명을 했어요.

그런데 아까 말한 무역사무소하고 똑같다는 건 뭐냐면 임팩트를 최소화하기 위해 무역사무소 프레임을 빌렸다는 얘기입니다. 그래서 그게 이름이 컨설러 디파트먼트(consular department)로 되어 있었어요. 왜 디파트먼트냐면 양쪽에 있는 무역사무소의 산하 디파트먼트로 설정이 되어 있어요. 그렇게 함으로써 외견상 크게 새로운 것이 아닌 양 포장할 수 있다고 생각 한 것입니다. 그러나 모든 설립 근거, 특권 면제, 권리 권한, 그 다음에 문서 행위는 별도 조직입니다. 그렇게 합의가 돼 있었어요. 저희들은 이것만 되어있으면 모양새와 관련 없이 영사 기능을 갖고 활동할 수 있다고 보았습니다. 공간도 무역사무소 그 안에 있습니다. 그런데 결국은 몇 달 있다가 거기에서 나왔어요. 너무 비좁아서 장소를 옮겨 나온 것입니다. 그러니까 처음에는 그 장소와 그 어떤 리갈 프레임워크(legal framework)속에서 디파트먼트처럼 되어 있었어요. 영어로는 컨설러 디파트먼트인데, 우리말로는 디파트먼트로 번역이 안 되고 영사처로 됐습니다.

영사처로 된 배경이 있는데, 최호중 장관이 영사처로 하라고 이름을 지어준

셈이에요. 그런데 그걸 들고 법제처에 찾아갔다가 현홍주 법제처장의 반대에 봉착하였습니다. "법제처와 이것이 같은 수준이냐. '처(處)'로는 안 된다. 처는 안 된다"는 것이었습니다. 그래가지고 가서 사정하면서 "이건 한시적이다. 1, 2년 안에는 없어지는 조직이고, 다음에는 대사관이 될 테니까 좀 양해해 달라"고 설득했습니다. 그것이 받아들여져 일단은 구성이 된 겁니다. 그러니까 중간 단계 관련 우리 측 상부 입장이 바뀐 배경은 다른 대안이 없었던 것이 하나고, 실무선에서 러시아와 실무선과 자꾸 오고 가면서 접촉하여 이제 영사처 설치 방안을 조금씩 기정사실화 하여 이건 러시아하고 합의가 가능한 거라고 보여준 점이 있고, 또 북방외교의 실적이 없는 데 따른 정치적 부담을 장관과 청와대가 느꼈던 것 등이 복합적으로 작용한 것으로 생각됩니다.

북방정책 및 민족자존에 대한 입장

염돈재: 네. 그런데 북방정책의 목표와 관련하여 박철언 장관님이 얘기하시는 것과 언론에서 주장하는 것들을 제가 모아서 북방정책 네 가지 목표를 설정해서 그때 이후부터 이걸 쓰게 되었습니다. 첫째는 한반도 평화정착과 통일 여건의 조성. 둘째는 민족자존에 입각한 반쪽 외교 극복, 전방위 외교의 추진, 셋째는 새로운 경제 파트너의 확보, 넷째는 바로 냉전 장벽을 허물고 인류 평화에 기여한다는 것이었습니다. 그런데 당시 저는 우리의 정책을 하면서 평화까지 갈게 뭐 있냐고 그랬더니, 박 장관님은 목표라는 건 항상 거대해야 된다고 말했습니다. 그래서 이 네 가지로 정해서 그 후부터 외교부나 정부에서도 그렇게 쓰기 시작했습니다. 그런데 민족자존 입장은 지금 말씀하셨다시피, 박철언 장관님이 거기에 대해서 꽤 강한 입장을 갖고 있었어요. 민족자존이라는…

염돈재: 그런데 저기 강근택 대사님이 박 장관님의 민족주의적인 입장을 좀 설명하시면 좋겠네요.

강근택: 제가 볼 때는 뭐 그런 것 그렇게 많지 않았다고 봅니다. 저는 남북대화 그때 정치 분과위원회에 가서 이동복 위원장님 모시고 같이 작업했는데, 북한에서는 통일 3원칙에 대해 계속 주장했고, 그 다음 합의문에도 계속 그것을 넣으려고 했습니다. 그래서 거기에 대해서는 우리가 이대로 하면 안 되겠다고 생각했습니다. 예컨대 북측에서는 평화에 대해서는 군비 무장해제하자, 그 다음에 민족 대단결에 대해서는 무슨 보안법 같은 것 없애라, 전부 이런 것이었습니다. 그래서 남북비밀 접촉과정에서도 북한 쪽에서 통일 3원칙에 관한안을 들고 나왔습니다. 그게 뒤에 고위급 회담에서 들고 나온 것하고도 거의 비슷하였습니다. 그때 당시에 우리는 7·4 공동성명의 삼원칙을 북측이 자의적으로 해석하지 못하도록 문구를 조정하는 것이 가장 어려운 일의 하나였습니다. 그래서 우리가 민주, 평화 민족대단결이라는 단어를 앞에 수식어를 넣어 가지고 북한이 자의적으로 해석하지 못하도록 문구를 조정하는 것이 가장 어려운 일의 하나였습니다. 양쪽은 결국 타협을 못했는데, 그게 이제 결국은 고위급 회담의 남북기본합의서에서도 그걸 안 넣을 수가 없었어요. 그래서 결국 북한과 3원칙을 적시하지는 않고 '7·4 공동성명의 정신을 존중한다'는 문구로 타협이 되었던 것입니다. 그래서 사실은 공동성명의 조항을 없애려고 엄청나게 노력했습니다. 그건 사실입니다.

강근택 대사

7 · 4공동성명 합의와 남북대화

이동복: 내가 기억하기로 북방외교의 최초 발원은 1988년 하계올림픽과 관련이 있어요. 우리가 정말 기적적으로 올림픽 주최를 하기로 결정된 뒤 제일 큰 고민이 전체적인 올림픽이 안 되고, 부분적인 올림픽이 될 가능성이었습니다. 그걸 가장 걱정했죠. 특히 소련과 중국이 보이콧하면 어떻게 해야 되느냐 해서 소련과 중국을 비롯한 공산권을 올림픽에 참가시키기 위한 정책으로 시작된 게 내가 보기에는 북방외교였어요, 북방정책. 그 북방정책이 시작해서 추진되는 과정에서 여러 분들의 아이디어가 가미됐는데, 그중에 박철언 장관의 아이디어도 많이 가미되었습니다. 가령 민족적 개념이라든가, 또는 대북 정책, 남북 관계를 거기다 접목시킨 게 내가 보기에는 박철언 씨입니다. 원래 그 당시에 북방외교의 캐치프레이즈(catchphrase)가 '모스크바, 북경을 거쳐서 평양으로', 이렇게 됐어요. 그래서 내가 그 때 판단하기에는 모스크바를 거쳐서 북경까지는 소위 탈냉전, 동구권 와해 이런 여러 가지 문제와 연계가 돼서 추진이 되는 거지만, 북한은 거기에 정면으로 거부하고 있었기 때문에 북경에서 평양으로 갈 수가 없는데, 그 부분을 박철언 장관이 무지 고집을 하더라고요. 그래서 일종의 기조를 모스크바, 북경을 거쳐서 평양으로라는 것으로 북방정책을 밀었습니다. 그렇게 돼서 당초 북방정책이 거둘 수 있던 여러 가지 성과에서 상당 부분 조금 잃어버려진 점들이 생겨났어요. 그것을 나중에 대북 정책과 이것을 연계시켜서 하는 과정에서 그 의미가 변질이 되고 훼손된 부분이 생겨났던 부분이 있다는 걸 나는 기억을 합니다. 그래서 그것을 좀 참고로 해서 하시면 어떨까 생각합니다.

영사처와 무역사무소의 명칭 혼란

엄구호: 그래서 수교 과정과 관련해서 최병효 대사님께서 아까 영사처 합의를 말씀했는데, 저희는 영사처장, 영사처로 하고, 영사처장이 공로명 씨 차관보급이 가게 되는 좀···. 그런데 소련은 무역대표부가 영사 업무를 하니까, 이게 어떻게 보면 외교적 위상이 맞지 않았는데, 물론 앞으로 초대 대사가 되셨으니까 향후 대사를 염두에 두고 결정한 일이긴 하지만 외교부 내에서 이견이 없었습니까?

최병효: 글쎄요. 아까 말씀드린 대로 저는 분명히 소련은 88년 후반기부터는 그 상태로 합의를 하자 그랬어요. 그랬는데 그게 박철언 씨의 민족 자존심의 영향이었는지, 거기에 영향을 받은 외무부의 홍순영 북방외교 본부장의 고집이 있었는지, 이랬던 것 같아요. 그것 때문에 1년 이상이 늦어진 거죠. 시간만 늦어졌을 뿐 그대로 진행되었어요. 사실 영사처라는 명칭은 우리 스스로 붙인 거고, 소련 입장에서는 그냥 한국 코트라 무역사무소의 한국 공무원들이 나온 거예요. 소련은 우리 외무부 직원들이 영사처라든지 영사라는 타이틀도 못 쓰게 했습니다. 그러니까 그건 뭐 조금 우습게 된 겁니다. 제가 보기에 핵심은 왜 우리가 중간 단계를 거치지 않고 바로 소련과의 수교를 박철언 씨가 추진했느냐 하는 것입니다. 중간 단계를 거치는 게 분명히 합리적인 상황이었고, 소련과의 수교는 그냥 시간 문제였어요. 기다리면 되는 상황이었거든요. 우리 실무진에서는 분명히 그렇게 생각하고, 소련도 그렇게 얘기를 했고, 동구권 수교 끝나면 자기들하고 당연히 수교다, 좀 기다려라 하였습니다. 그 대신에 무역사무소는 이미 설치됐으니까 거기에 와서 외교 업무든 뭐든 하라는 거였습니다. 타이틀은 영사 타이틀을 못 쓰지만 실질적으로 모든 외교 면제 특권 다 주니까. 그랬는데 제가 보기에 핵심은 그 후에 샌프란시스코 정상회담 끝나고 90년 12월에 UN에서 세바르드나제하고 최호중 장관 간에 수교 합의가 정식으로 이루어졌잖아요? 그러면서 30억 불 얘기

가 나온 겁니다. 제가 알기에는 소련이 30억 불을 달라고 한 적도 없거든요.

엄구호: 박철언 씨가 제안한 거죠.

최병효: 예, 그게 30억 불 때문에 나중에 한소 관계도 굉장히 많이 꼬였고, 그게 뭐 어떻게 보면 지금까지도 좋지 않은..

엄구호: 안 그래도 그 다음 질문인데요, 원래 30억 불 제안이 있었는데 실제 차관은 30억 불이 아니고 10억 불에 상품 차관 5억 불입니다. 원래는.

최병효: 그렇죠.

염돈재: 원래 30억 불로 합의를 했는데, 나중에 소련에 변화가 있어서 조건에 따라서 주게 돼있는데, 그걸 다 집행을 안했을 뿐이지, 합의는 30억 불로 합의가 된 겁니다.

엄구호: 네, 30억 불 합의라고 돼있었는데, 저희가 나중에 차관 채무구조조정을 해보니까 저희가 실제로 지급한 차관은 10억 불이고, 나머지는 이자였습니다.

염돈재: 그게 차관 내역을 보면 아는데요. 저도 그건 아는데, 전대차관도 있고, 연불수출 그게 차관 내역을 보면 아는데요. 저도 그건 아는데, 전대차관도 있고, 연불수출도 있고, 무상차관 등 여러 가지가 있습니다. 헝가리 경우와 마찬가지로 경협 합의를 할 때 조건이 있었던 겁니다. 전대차관이라는 것은 그쪽에서 사갈 물자가 정확하게 있어야 전대차관을 하는 거지, 그냥 전대차관이 차관이 되는 게 아니거든요. 그러니까 집행하는 과정에서 17억 불밖에 집행을 못했는데, 소련이 그만 엉망이 됐거든. 이렇게 돼서 못 한 거죠. 합의는 명확하게 30억 불이었습니다.

최병효: 네, 그런데 그 합의라는 게 제가 알기에는 분명히 소련이 요구한 게 아닌데, 우리 스스로.

염돈재: 우리가 1970년대 초 동유럽과 학술 교류를 시작해요. 제가 학술 교류를 했거든요. 그때 맨 처음 목적은 뭔가 하니까, '북방' 이렇게 얘기 나오는 것은 물론 서독의 동방정책에 영향 받은 거지만, 그때 우리가 갖고 있던 목표는 북방 삼각관계의 이완이었어요. 중·소와 우리가 친하면, 즉 북한의 우방과 친해지면 북한도

뭔가 남침 계획을 변경해야 될 거고, 그리고 뭔가 좀 변하지 않을 건가하는 것이었습니다. 아까 모스크바와 북경을 통해서 북한으로 간다는 것은 불가능하다 그러셨는데, 그런 의미가 아니라 소련과 북경을 통해서, 북한의 우방인 두 나라를 통해서 북한의 변화를 유도하고 남침을 억제하고, 평화 공존의 여건을 만들자고 그러는 거예요. 북방정책의 목표는 명확하게 있었어요. 그리고 이범석 장관이 얘기했던 외교부에서 한 것들, 그것도 이미 그때부터 시작이 됐었어요. 그리고 이미 1985년도, 86년도 되면요, 학계에서 북방정책이라는 용어가 보편적으로 사용되었습니다. 이호재 씨, 고대 이호재 교수는 『북방외교의 길』이라고 하는 책까지 내고 이랬거든요. 그래서 서울 올림픽만은 아니다. 이제 그리고, 그렇게 따지면.

김달중: 학계에서는 말이야, 북방정책, 남방정책이라는 말은 많이 썼어요.

염돈재: 네, 그랬어요. 북방 삼각관계, 남방 삼각관계.

김달중: 그리고 북방정책이라는 것은 정치지리학적 개념으로 썼다고, 지리적 개념으로 쓴 게 아니라. 그러니까 방향은 북쪽이 아니더라도 사회주의 국가에 대한 건 남쪽에도 있잖아? 서쪽에도 있고 말이야. 그래서 그게 정치지리학적 개념으로 썼어요.

수교 교섭단과 30억 불에 대한 논란

염돈재: 그 다음에 또 한 가지가 뭔가 하니까, 서독이 동방정책을 추진하고 할슈타인 원칙을 포기했던 배경도, 이미 다른 나라들이 동독을 자꾸 승인하는 마당에 그냥 있으면 외교적으로 고립되거든요. 우리의 6·23선언도 바로 UN에서 표 대결에 이기려고 하면 공산권에 대한 개방적인 정책 없인 안 되기 때문이었거든요. 그

런 목적 하에서 시작했고, 그 다음에 이제 서독의 동방정책이 상당히 영향을 미쳤고, 그때만 해도 북한을 없애거나 이런 건 아니고, 무슨 그런 우습지도 않은 얘기 아니고 그때 풍미했던 국제정치의 사조가 바로 기능주의적인 접근이었습니다.

염돈재: 그러니까 기능주의적으로 뭔가 접촉을 하면 서로 화해도 될 수 있고, 전쟁도 억제하고, 평화 공존만 해도 좋지 않겠냐 하는 게 정부의 생각이었고, 학생들의 생각이었어요. 그래서 명확하게 아까 내가 얘기한 대로 그런 목표를 갖고 북방정책을 추진했던 것입니다. 그 다음에 또 한 가지는, 소련과 수교할 때 박철언 장관님이 30억 불 주라는 얘기 없었어요. 박철언 장관님이 후에 인터뷰한 것들 보세요. 30억 불 약속한 데 대해서 김종휘가 잘못한 거 엄청 비난을 하고 있어요. 박 장관이 북방정책에서 손을 뗀 이후 소련과의 수교교섭은 김종휘와 김종인에 의해 이루어진 거거든요. 아까 얘기 나왔듯이 한소 정상회담을 그렇게 마치자 노태우 대통령은 빨리 수교를 하고자 했는데, 수교가 안 된단 말이에요. 왜 수교

염돈재 원장

가 안 되냐, 수교 교섭단 파견하자는 말이 나왔고, 그래서 공로명 채널을 통해서, 김종휘가 영사처 사람 통해서 추진했는데 안 됐어요. 수교 교섭 채널은 도브리닌 채널이 아니라 체르니아예프 채널이었거든요. 그러자 노태우 대통령이 그렇다면 염 비서관 라인 통해서 다시 추진하라고 지시했어요. 당시 박철언은 일부러 아웃시켰어요. 관여하지 말라고 그랬던 거죠. 이렇게 되니 그 일 하던 게 나쁜이지 않습니까. 그러니까 서동권 부장에게 지시하여 염 비서관 라인을 통해 수교 교섭을 빨리 진행하라고 했

던 것이죠.

그래서 제가 가서 소련 측의 두나예프를 만났더니 이런 얘기를 했어요. "그 전에 정상회담 할 때 경제 지원을 한다고 대통령이, 당신들이 먼저 꺼냈는데, 요즘 한국 내에서 소련에 경제 지원의 대가로 수교하려고 한다는 이런 엉뚱한 소리가 나오고 있다. 남의 나라를 그렇게 모욕적으로 대할 수 있느냐. 우리는 그런 얘기를 하지도 않았고 당신들이 준다고 하고는 이제 와서 엉터리 소리를 하느냐?" 이런 얘기였어요. 제가 불만에 대해 상황을 설명해 주었어요. 어쨌든 8월 중순 이후에 수교 교섭단을 파견하는 것으로 저와 합의를 봤고, 이에 대한 통보를 받았어요.

제가 그 결과를 정부에 보고한 뒤, 청와대에서는 김종인과 김종휘 두 사람을 투톱으로 정하여 소련과의 수교 교섭에 보낸 겁니다. 거기 가서 그때 30억 불을 제시한 겁니다. 우리 쪽에서는 아마도 수교 교섭 빨리 촉진 시키기 위해서 그걸 한 것이라 봅니다. 그리고 내 생각에 왜 30억 불이냐면 헝가리와의 전례를 고려한 것 같아요. 헝가리가 우리한테 맨 처음에 20억불 제시했다가 15억불로 내려와서 그때부터 협상이 시작됐거든요. 헝가리가 15억 불 정도였으니 소련이랑 한다면 배 정도는 줘야 되는 것 아니냐, 어떤 구체적인 내역이 있었던 건 아니고, 뭐 그런 식으로 한 것 아니냐 생각합니다. 소련과는 그렇게 된 겁니다.

최병효: 그런데 그 30억 불을 꼭 줬어야 만이 수교가 되는 상황이었나요?

최병효: 30억 불을 소련에서 달라고도 안했는데 왜 우리가 주게 된 동기가 뭐냐. 조금 촉진하겠다는 그런 의도….

염돈재: 아니 아닙니다. 소련에서는 달라고 구체적으로 제시한 적이 없어요. 그건 내가 명확하게 알아요. 그리고 샌프란시스코에서 열린 한소 정상회담이 실패했다는 것을 나는 그 자리에 들어가지 않았기 때문에 몰랐어요. 그런데 내가 이수정 공보수석과 친해서 상세하게 물어봤어요. 어디에 기록이 있을 겁니다. 이수정 공

보수석이 실패했다고 얘기했어요. 사진도 안 찍겠다 그러고, 우리가 경제 지원하겠다고 하니까 경제 지원은 고르바초프의 관심 사항이 아니라고 얘기했다고요. 그런데 김종휘와 김종인 씨는 끝없이 소련에서 경제 지원이 큰 인센티브가 되고 이래서 된 것처럼 하고, 자기들이 먼저 제의 안한 걸로 흘렸어요. 나중에 언젠가 내가 어떤 자료를 찾아냈어요. 김종인 씨가 소련 측에서 그런 것 안했다는 얘기를 어느 잡지와의 인터뷰에서 얘기했어요. 소련 측에서는 하지 않았어요. 우리가 먼저 경제 지원을 얘기한 거지. 내가 얘기했지 않습니까. 소련이 무슨 2차 대전에 참전해서 감사하다는 것과…

염돈재: 그 다음에 우리가 경제 지원을 하겠다는 것, 두 가지를 정상회담 의제로 만들어놨기 때문에, 이런 말도 안 되는 것 했다고 내가 화나서 뛰쳐나왔다는 것 아닙니까.

김석우: 구체적으로는 소련 측이 요구 안했을 가능성도 있긴 있는데, 그 당시 상황이 고르바초프가 85년에 개혁 개방해서 하다보니까 이게 감당하기 어렵게 됐거든요. 그래서 89년, 90년 되면서 독일이 통일되고 거기에 있던 소련군 40만인가가 돌아오고 그럴 때, 고르바초프가 상당한 돈을 독일한테 요구했던 것 아니에요? 그러니까 고르바초프 입장에서는 이게 굉장히 필요했던 상황이 아니었던가. 구체적으로 돈을 줬냐 안 줬냐에 대해 저는 모르지만 그 당시 상황은 고르바초프가 개혁 개방하는 아주 어려운 여건에서 이런 돈이 많이 필요했다는 당시의 상황….

염돈재: 김 차관님 말씀이 맞아요. 그런데 거기에 또 해석을 해야 될 게 있어요. 그 얘기가 왜 나오는가 하면, 우리가 주로 교섭을 하던 때인 89년도, 90년도 이때가 되면 소련 경제가 매우 나빠졌어요. 그래서 89년도 1월인가, 소련에서 생필품을 좀 지원해 달라고 해서 서독에서 3주 만에 고기 몇 만 톤을 포함하여 10억 마르크 정도 상당의 생필품을 보내주고 이랬어요. 그런데 적어도 소련이 우리에게는 그런 요구를 한 적이 없어요. 서독의 안보 보좌관으로 텔칙(Teltschik)이라는 사람이 있어요. 그 사람은 내가 1991년 만났는데, 나에게 이런 얘기를 했어요. 당시 소

련은 경제적으로 어렵고 또 다른 나라에서는 소련에게 돈 지원을 안 하려고 그러 잖아요. 그러면 바로 소련을 지원하고 고르바초프를 지원하는 것이 독일의 이익에 맞는 거예요. 그러니까 고르바초프의 어려운 사정을 해결해주고 고르바초프의 집권을 연장시키는 것, 이런 것들이 서방의 중요한 이해관계라는 거죠. 텔칙의 말에 의하면, 자신이 김종휘에게 경제 지원을 하면 수교를 빨리 시켜줄 것이다, 이런 어드바이스를 했다고 그래요. 그런데 그때까지 소련이 우리에게 요구한 건 아니었어요. 그래서 김종휘 보좌관이 샌프란시스코 정상회담 때에도 그 얘기하고 수교 교섭 때도 왕창 주자 이렇게 된 거죠.

김석우: 그 당시 상황은 제가 청와대에서 왜 이렇게 서두르느냐 하는 이 얘기를 한 겁니다. 당시 X, Y, Z, 이렇게 했단 말이에요. X가 한소 수교, Y가 한중 수교, 그리고 남북 관계 터뜨리고 노 대통령이 다른 것을 정치적으로 더 크게 하겠다는 게 김종휘 당시 수석이 갖고 있던 기본적인 발상이었고, 그것을 임기 중에 마치기 위해서 막 서두른 그런…

염돈재: 그리고 모든 대통령님들이 다 마찬가지였었지만 박 대통령이 6·23선언으로 할슈타인 원칙을 포기한 것도 국제적인 원인도 있었지만 국내정치적인 그런 것을 하기 위해 애쓴 것이고, 전두환 대통령이 했던 것도 또 마찬가지였습니다. 노태우 대통령도 그때 여야가 3당 합당했지만, 그게 잘 안 돼서 정치적으로 엄청 어려운 처지에 있었고, '중간평가' 하라면서 난리 났었거든요. 뭔가 대북 카드 아니면 북방 카드가 꼭 필요했던 거예요. 그러니까 서둘러 한 거죠. 실무자들이 잘못한 건 아니었어요.

북방정책 대강에 대한 언론 기고

염돈재: 북방정책에 대해서 6공화국 출범 이후에 제대로 계획도 없이 한 것 아니냐 하는 그런 얘기들이 참 많았습니다. 그런데 당시 북방정책이 여러 가지 화두가 되니까 국회에서 발행되는 『국회보』라는 잡지에서 북방정책에 대해서 글을 하나 써달라고 박철언 보좌관님한테 요청이 왔어요. 그래서 박 보좌관님이 나보고 하나 쓰라고 해서 제가 원고를 작성했어요. '북방정책의 전개 방향', 뭐 이렇게 해서 그렇게 썼거든요. 박철언 보좌관님이 그걸 읽더니, "야 이거 뭐 『국회보』 같은 시시한 데 내기 좀 아깝다. 우리 『신동아』에 좀 내자"고 그러셨어요. 내가 『신동아』에 마침 김대곤이라는 기자를 알고 있어서, 내용을 조금 거기에 맞게 다시 고쳐 가지고 『신동아』에 냈어요. 그런데 『신동아』에서 이걸 '북방정책의 전개 방향'이라 그러면 상당히 관심 사항이 될 텐데, 이 기자들이 내용과는 아무 상관 없이 '통일정책 인기에 영합할 수 없다'는 그런 제목을 붙여버렸어요. 그래서 많은 사람들한테 읽히지 않았어요. 기회 되면 한번 보십시오. 그게 아마 1988년도 정도인데 박철언 이름으로 기고된 '통일정책 인기에 영합할 수 없다'는 글을요. 그 본문에 보면 북방정책에 대한 대강의 프레임워크(framework)가 나옵니다. 아무 계획 없이 이렇게 했던 것 아니에요. 나름대로 그때 학계에서 많이 논의되고 건의하던 것들을 전부 집약하여 북방정책의 프레임워크를 만들었던 겁니다. 참고로 말씀드립니다.

엄구호: 네, 알겠습니다. 네, 대사님.

일본에서 본 북방정책 과정

김석우: 두 가지를 보완하고 싶은데, 하나는 동경에서 소련과 접촉할 때 저도 참석했다는 점 말씀드립니다. 당초에는 생각지도 않았는데 88올림픽하면서 소련과 문서에 이니셜로 서명한 일이 있었습니다. 내용은 88올림픽 선수단과 영사단에 대해 어떻게 대우를 할 거냐에 대한 것이었는데, 우리는 외교 관계가 없었으니까 비엔나 협약에 따라서 영사 문서에다 라바스탬프(고무도장)로 이니셜 서명을 시작했어요.

엄구호: 예, 그 문서 남아 있습니다.

김석우: 그게 남아있습니까? 그 일을 하면서 소련 도브로볼스키하고 리준하고 약 일 년 반 동안 한두 주일에 한 번씩 밥을 먹었어요. 우리가 나설 때는 아카사카에 가서 불고기 먹고, 저쪽이 나서면 당시 러시아 음식점 있었으니까 그리로 가곤 했습니다. 이런 식으로 해서 아주 신뢰 관계가 깊어지면서 제가 많은 코치를 받았었습니다. 제가 소련 측과 만나고 오면 대강 두서너 페이지짜리 전문으로 보고를 하면 한국 내의 필요한 기관에서도 그걸 읽어본 것으로 알고 있습니다. 그것을 소련에서도 보관하고 있는 거예요? 이번에 가시거든 그걸 다시 한 번 봐서 그쪽 버전이 어떤지 한 번 보실 필요가 있겠네요. 그렇게 88올림픽도 잘 끝나고 저도 89년에 임기가 끝났어요. 임기가 끝나기 전에 그들과 만났을 때, 저 스스로에 대한 선물이라 생각하고 사할린의 우리 동포를 만나러 가겠다고 했더니 많은 도움을 주었어요. 당시까지 소련에 국제기구 대표단은 들어간 일이 있었지만 아직 수교 전이라 어려움이 있었는데 우리 정부의 대표단을 받아들여줘 우리가 사할린에 약 2주일 동안 다녀온 일이 있습니다. 이런 얘기와 관련하여 제가 하나 말씀드리고 싶은 게 있습니다. 제가 소련 전문가도 아니고 아무 전문가도 아닌데, 그들과 얘기를 할 수 있었던 데는 우리가 고등학교, 대학교 때 배운 인문교육이 많은 도움이 됐습니다. 톨스토이, 푸시킨 뭐 이런 식으로 해서 제가 알고 있는

지식을 가지고 얘기를 나누니까 훨씬 대화가 쉬웠고, 신뢰 관계가 성립할 수 있었다는 얘기를 말씀드립니다.

또 한 가지, 아까 말씀하신 것들 중에서 우리 북방정책은 박정희 대통령 때 7·4 공동성명이라든지 6·23선언이 중요한 거고 그 다음에 노태우 대통령 때 북방정책 7·7선언이 굉장히 중요한 걸로 되어있습니다. 하지만 박정희 대통령 때에는 하긴 했어도, 실제 상대방이 아무 반응이 없었어요. 만나도 그냥 소가 뭐 보듯이 하거나 아니면 외면하는 게 일반적이었어요. 특히 중국의 경우는 더 그러했습니다. 소련만 해도 국제적인 룰을 지켰습니다. 그래서 신현확 씨가 수교하기 전에도 소련에서 열린 WHO 회의에 참가하고 그랬지만, 중국은 그런 것도 없고 그냥 외면하는 관계였었거든요.

중국 어뢰정 사건 처리와 한중 수교

그런 상황에서 변화의 계기가 시작된 것이, 중국하고 우리하고 지리적으로 가깝기 때문에 인적인 부딪침, 인카운터(encounter)가 생긴 게 83년 5월 5일 '민항기 사건'이고, 85년 3월 21일 '중국 어뢰정 사건'이에요. 이것은 기록상 어디에 나와 있습니다. 85년 3월 21일 '어뢰정 사건'이 있었는데, 당시 이 어뢰정을 대만으로 보내야 한다는 의견이 외무부를 비롯한 정부 내에서도 많았지만 저는 중국으로 보내야 한다고 주장했습니다. 저는 이 어뢰정은 군함이므로, 군함의 쥬리스딕션(jurisdiction)을 우리가 행사하지 않으면 군함의 국적국인 중국으로 넘겨야 한다고 강력히 주장했고, 전두환 대통령이 그걸 오케이 해서 중국으로 보냈단 말이에요. 이걸 보고 등소평이 우리 정부에 감동을 했거든요.

그래서 등소평이 사건이 난 지 1개월 후에 안나 셰놀트(Anna Chen Chennault,

김석우 차관

陳香梅라는 미국의 차이나 로비스트를 전두환 대통령한테 보내 고마움을 전했어요. 중국이 우리와는 외교 관계가 없었기 때문에 직접 못 했지만 비밀 미션을 통해 등소평이 고맙다는 얘기를 전두환 대통령한테 85년 4월 달에 전한 것입니다. 그것은 바로 등소평이 전기침에게 가이드라인을 준 때입니다. 당장은 아니더라도 남한과 관계를 맺으면 좋지 않겠느냐 하는 이 가이드라인을 주었던 것입니다. 그게 85년 아닙니까? 그래서 뒤에 이어지는 86년 아시안게임, 88년 올림픽이 쉽게 되었던 거예요. 우리는 전전긍긍했지만 이미 지도자인 등소평의 입장이 정립돼 있었기 때문에 그게 쉽게 됐던 겁니다. 나중에 중국과의 수교 이후 초대 한국 대사가 되는 장팅옌(張庭延, 장정연) 대사 부인인 탄징(譚靜)과 얘기한 적이 있어요. 탄징은 원래 조선과 한반도 담당관이었는데, 86년 아시안게임 전에 원자력 전문가라는 타이틀을 갖고서 한국을 관찰하러 왔던 일이 있었답니다.

당시 제 생각에 중국과는 원하든 원하지 않든 물리적인 관계가 일어날 수밖에 없는 사이라고 보았습니다. 거기에서 우리는 룰(rule)에 따라서 한다는 기본을 지켰기 때문에 중국이 봤을 때, 한국하고 얘기하면 얘기가 된다는 그 인식을 가졌다고 봅니다. 중요한 것은 만약에 그때 어뢰정을 대만에 보냈다면 등소평의 소위 개혁개방 정책이 굉장히 힘들었을 것이라는 생각이 듭니다. 왜냐하면 어뢰정 사건은 중국 사회가 느슨하게 이완 현상을 드러낸 것이라는 이유로 등소평이 궁지에 몰렸을 것입니다. 그래서 등소평이 우리에게 엄청나게 고맙게 생각했고, 그것이 우리가 북방정책을 실질적으로 추진하는 데 기여했다는 점을 참고로 말씀드립니다.

북방정책에 대한 반성과 향후 과제

김달중: 오늘 주제로 좀 들어오고 싶어요. 북방정책과 7·7선언이라고 하는 게 오늘 주제
가 되는데 거기에 대해서 전 마지막으로 한번 말씀을 드리도록 하겠습니다. 오
늘 오전에서부터 북방정책에 대한 핵심이 서로 남북 간 관계에서, 주변, 각자의
동맹국들과의 외교 관계 부재를 타파해 가자는 것 아니겠습니까. 다른 의미에서
교차승인이라는 얘기를 많이 하지 않았습니까. 제가 오전에 얘기했을 때 말이
죠. 헝가리와 수교의 의미도 바로 거기에 있는 거란 말이에요. 그걸 시작으로 해
서 교차승인들이 시작되지 않습니까. 그전까지는 완전히 서방, 친서방 국가들하
고 우리가 외교 관계를 맺고, 또 북한은 사회권, 공산권하고만 외교 관계를 맺
고, 이게 점차적으로 중립국들의 등장으로 해서 남북 간 동시수교라고 하는 그
런 것으로 발전이 돼 가지만 중소를 비롯해서 동구권에 있는 사회주의 국가에 대
해서는 우리와의 외교 관계가 부재한 상태였습니다. 그게 노태우 대통령의 집권
중반까지, 집권 초기가 그런 상태였습니다.

그때 제 기억으로 북한이 한 100나라 99나라와 수교하고, 우리가 조금 많았
어요. 우리가 한 128, 130개 정도 되고, 동시수교 하는 나라가 한 60여 나라,
60여 개였단 말이야. 그러나 동구라파, 중소를 비롯해서 동구라파 나라는 하나
도 우리하고 관계를 맺지 않은 것 아닙니까. 그래서 그때부터 우리도 북한의 동
맹국들, 사회주의 국가하고 수교를 하고, 또 북한도 우리 한국과 우방 관계에 있
는, 동맹 관계에 있는 나라들하고 수교하는 그 교차승인이라고 하는 거를 추진
했습니다. 그것의 목적은 여러 가지 북방외교 정책의 목적이 있지만도, 그게 한

반도의 안전과 평화를 위해서라든가, 또 그걸 바탕으로 한 남북한 간의 전체적인 협력 관계의 발전이라든가, 궁극적으로 통일로까지도 갈 수 있는 기본적인 세팅, 동북아시아에 있어서의 평화 안보를 관리하고, 경제 협력하고 하는 그런 하나의 프레임워크가 될 수 있도록 한다는 것이었습니다. 말하자면 동북아의 새로운 질서를 만들겠다고 하는 원대한 뜻이 있었단 말입니다.

그게 조금씩 발전해 온 것이겠습니다만, 박정희 대통령 이후부터 쭉 이어져 오면서 발전돼 오다가 제6공화국에서 특히 구체화되지 않았습니까. 그리고 그때 또 상당히 남북한 간에 정식으로 협력을 했었던 것 같아요. 지금은 다 날아간 얘기지만 말이야. 그런데 제6공화국의 북방정책과 7·7선언, 여러 가지 정책 가운데 7·7선언이 핵심정책 중에 하나란 말입니다. 그래서 북방외교 정책에 있어서는 제6공화국의 공헌이 크다는 것입니다. 여러 행정부를 통해서 했지만 유독 돋보이는 행정부였던 것은 틀림없던 것 같아요. 7·7선언 가운데서도 마지막 세 항목이 북한하고 한국 우방국가들이 경제협력 하는 걸 우리가 반대하지 않겠다는 거야. 그리고 국제사회에서 남북한이 서로가 협조들 하자는 얘기고. 그리고 일곱 번째 마지막 항목이 뭐냐면, 북한과 한국의 우방국가들 하고 관계 개선하고 수교하는 것 막지 않겠다는 얘기거든. 그러니까 말하자면 7·7선언의 핵심도 일곱 개 항목 가운데 세 항목이 교차승인입니다.

자, 그런데, 내가 지금 북방정책을 반성을 하고 특히 6공화국 정책에서 제일 성공적이었다고 얘기하는 이 북방정책을 조금 비판적인 시각에서 보고 싶습니다. 왜 그런 비판적인 시각이 저로선 필요하냐면 이것이 앞으로의 과제가 될 거라고 보기 때문에 그렇습니다. 일종의 미화 아니었나 생각하는 것입니다. 그런데 우리가 기록을 기억하겠습니다만 노태우 정부가 끝나갈 무렵에 92년쯤 됐나, 1992년 말에 그게 정확히 날짜를 기억하지 못하지만, 그때 제6공화국의 입장은, 특히 청와대의 입장은 북방정책을 그치려고 그랬어요. 말하자면 이제 성공적으

김달중 교수

로 끝났다는, 그런 입장을 취했습니다. 거기에는 지극히 정치적인 고려가 역할을 한 거라고 봅니다. 왜냐면 역대 대통령으로서 행정부가 있으면 자기의 공과가 있는 거거든요. 그래서 노태우의 제6공화국이 우리 한국 역사에서 말이야, 제일 공헌인 북방정책을 이뤘다는 것, 다시 얘기해서 구소련과 중국과 마지막 수교한 거 말이야, 물론 그전에 동구라파하고 많이들 했지만, 특히 소련과 중국하고 수교한 걸로 해서 이제 북방정책은 끝났다, 주요 목적은 끝났다고 본 겁니다.

이건 제 해석인데, 그러니까 한국 역사에서 6공에 대한 역사적인 평가는 외교 부분에서, 또 남북 간 관계에서 우리가 문제 삼는 중요한 분야에서, 그런 영역에서 북방정책을 성공적으로 끝냈다는 것을 공식화하면서 그것을 종료한 것입니다. 그날 청와대에서 열린 회의를 제가 잘 기억을 합니다. 옛날 박 대통령 때 수출진흥회의, 확대회의라는 걸 하지 않았어요? 청와대 이런 데서 말이야. 그거하고 유사한 거였습니다. 내가 외교안보연구원에 있을 때 청와대에서 열린 그 회의에 두어 번 참석한 적이 있거든요. 자료 관계 때문에 옆에서 외무부가 얘기하는 걸 좀 돕기 위해서 말입니다. 그걸 연상시키는 거였어요. 청와대에 우리나라의 각계 계층 사람들이 다 모인거야. 어쨌든, 6공 말기에 열린 회의에서 거기에 우리 유세희 박사하고 제가 같이 참석을 했습니다. 참석하라 그래 가지고. 기록에도 있을 거예요. 그 자리에서 북방정책에 대해서 연세대학교 동서문제연구원장이 보고를 하라는 거야. 그래서 거기에 이론적 측면의 것을 거기서 발표를 했어요.

그런데 거기서도 내가 얘기한 걸로 기억을 하고 있습니다. 뭐냐면, 오늘 여기에서 얘기하려고 하는 것의 핵심인데, 제가 이 모임을 위해서 말이에요. 6공화국이 북방정책을 성공적으로 끝냈다고 선언하는 마지막 회의를 하고 대단원을 내린 것이 참, 저는 그 당시에 정책을 맡고 있는 사람들의 실책이라고 봅니다. 어떻게 교차승인이 끝나지도 않았는데, 북방정책이 끝납니까? 대단원의 막을 내린 거야. 내 생각에 그거는 아니라고 봅니다. 최종적인 목표를 달성을 했었어야 옳다고 이게, 밀어붙였어야 옳다고 봅니다. 그러나 우리 한국의 정치 과정에서 불가능하니까 욕심을 좀 덜 내야 돼, 물론. 거기까지 북방정책을 성공적으로 한 것도 큰 성과라고 보긴 하지만, 그러나 북방정책을 닫을 필요는 없다고 보는 겁니다. 대단원을 내릴 필요가 없다 이 말이야. 그런데 그때 그 행사를 했습니다, 청와대에서. 아마 따지면 기록 나올 거예요.

　　그렇게 대단원의 막을 내림으로 해서 북한이 미국과 일본과 마지막 수교하는 찬스를 잃어버린 겁니다. 우리 스스로의 북방정책의 좋은 목표가, 그동안의 역대 정부를 통해서 노력했던 것들이 그때 와서 스톱이 돼버린 겁니다. 그러니까 저는 그게 남북한 관계나 대북 정책에 있어서도 평가 여하에 따라서 결정적인 하나의 터닝 포인트라고 봐요. 그게 상당히 아쉽다고 느낍니다. 그것은 한반도 상황에서 볼 때뿐만 아니라 세계사적인 흐름에서 봐서도 그건 아주 잘못된 결정입니다. 유럽이라고 하는 데서도 새로운 질서가 일어나고 있었습니다. 서방 유럽하고 동방 유럽의 국가들이 완전히 바르샤바하고 내통하는 시대가 되었습니다. 그래서 외교 정상화, 노멀리제이션(normalization)이 핵심이라고 보는 겁니다. 거기 유럽에 있는 두 진영 간 국가들 간에 외교 관계 수립이라고 하는 걸 바탕으로 해서 헬싱키 체제가 수립이 됩니다. 헬싱키 정신의 핵심이라고 하는 건 우리가 너무나 잘 알고 있는 것처럼 상호 주권 인정하고, 영토 인정하고, 내정 불간섭하고, 분쟁의 평화적 해결이라고 하는 기초 위에 그라데이션(gradation), 그 정신에 입각해서 이루어지는 거란 말이에요. 새로운 질서가 거기에서 이루어지는 거죠.

그런데 아시아에서도 유럽과 같은 그런 대 추세 전환의 트렌드가 있었어요. 월남전이 끝나고 난 바로 다음인 70년대 중반 이후부터입니다. 월남전을 완전히 끝내려면 아시아의 질서가 재편되어야 했어요. 그것은 결국 미국과 중국 간에, 그 당시는 중공(PRC: The People's Republic of China)이라고 했지만, 외교 관계를 정상화하는 거였습니다. 거기에 따라서 일본은 몇 달 안 돼 가지고 수교하지 않았습니까. 그러니까 아마 1972년 4월에, 상해에서 2월 달인가 상해 코뮤니케에 갔는데, 불과 2, 3개월 후에 일본은 아주 외교 관계를 수립해버리고 말았어요. 미국은 그것이 6년 더 걸려서 79년에 공식적으로 관계를 수립했습니다. 그 5, 6년 동안이라고 하는 것은 양측이 정상화를 하고, 외교 관계 수립한다는 전제하에 미국과 소련이, 아니 중국이 협력을 한 겁니다. 그걸 바탕으로 등소평이 개혁개방 정책을 시작한 거죠. 그것이 오늘날 중국을 만들어 놨습니다. 그게 어떻든 간에 요즘이야 갈등이 영원히 가지 못하지만, 그 후에 동아시아 질서를 지켜주고 있는 거란 말입니다. 또 앞으로도 그게 잘 되어서 협력 체제가 지속이 돼야 옳은 거라고 볼 수 있는 거죠. 그건 뭐냐면 유럽에서나 동아시아에서나 외교 정상화라고 하는 걸 바탕으로 월남전을 종결시킬 수 있었어요. 그 당시 월남전을 종결시키는 문제가 요즘 북한의 핵 문제 해결하는 것만큼이나 중요한 문제였었단 말이야. 그 문제 해결을, 거기에 관계되는 나라들하고 외교 관계 수립을 해서, 정상화를 함으로 해서, 그걸 바탕으로 협상을 통해 해결을 했던 겁니다. 그런데 그런 것을 우리가 그러한 국가 간의 정상화, 이것을 북방정책의 단원을 종결시킴으로 해서 그게 날아가 버린 것이라고 저는 봅니다.

그러니까 그때의 임시회의에서 왜 우리나라 정치 진영에서 그렇게 그걸 받아들였느냐, 6공화국의 북방정책의 대단원이 막을 내리는 걸 넘어갔느냐에 대한 의문들이 있습니다. 물론 그 후에 여러 정치적인 이유들이 있었습니다. 보수정

'북방정책과 7·7선언' 회의장 전경 6(2019. 11. 1(금) 2세션)

부의 대연합을 위해서라든가, 또 다른 정치, 국내적인 이유도 있었겠죠. 그리고 또 중요한 것은 뭐냐면 여기 퀘스천(question)에도 꽤나 나왔더구만. 왜 그때 전두환하고 노태우 대통령이 북방정책을 포기하느냐, 그걸 알았느냐, 뭐 여러 가지 질문이 있는데 다 묶어서 얘기한다고 하면 이렇게 말할 수도 있습니다. 당시 미국의 전략적인 판단이 달라졌을지도 모르죠. 북한하고 수교 안하는 게 오히려 낫다, 그 상태로 북한을 매니지(manage)하는 것이 좋다는 것이 미국 사람들의 생각이었을지도 모르죠. 일본도 마찬가지일 거고 말입니다. 북한도 원치 않았을지도 몰라요. 왜냐면 미국과 중국하고의 관계가 있기 때문입니다. 어찌 됐든 간에 제가 강조하고 싶은 얘기는 그 당시가 북한과 미국과 일본이 수교를 이룰 수 있는 유일한 기회였다는 점입니다. 당시 북한이 제일 어려웠고, 북한은 교차승인을 표면적으로는 많이 거절했죠. 강대국에 의한 분단국의 영속화라고 해서 항상 막고는 있었습니다만 그 당시에 소련이 우리하고 수교할 때 북한의 입장이라는 것이, 제가 알기에는 꼭 그렇지만은 않았단 말이에요.

제가 소련학자들 통해서 듣던 바에 의하면, 북한이 조금만 기다려 달라고 했고, 그러면 소련의 입장을 따라갈 수도 있다는 얘기였습니다. 그럼에도 불구하고 고르바초프하고 셰바르드나제가 밀어붙인 거란 말이야. 그런데 파노프 있잖아요? 필리핀 대사했던 양반, 나중에 주일 대사하고, 필리핀 대사였던 사람. 이 사람이 한국 대사도 했었고, 그전에. 그때 파노프가 셰바르드나제와 같이 평양에 가서 바로 그 수교 문제를 가지고 얘기를 했던 그 비화를 우리 학계에다가 다 전해줬습니다. 그런 걸 들어보면 말이야, 그때가 북한도 개방을 하면 아주 위험한 거지, 자기들이 그거 알지. 하지만 어쩔 수 없이 자기들도 미국하고 일본하고 수교할 수밖에 없다고 생각했지만, 그러려면 우선 북한 내부에서도 그 사람들이 국내적으로 준비가 돼야 할 것 아닙니까? 이런 상태였습니다. 다만 그 당시는, 우리가 밀어붙여 먼저 중국과 소련과 북한의 우방국하고 수교를 했다 하더라도 우리가 지속적으로 노력을 하고 우리가 워싱턴, 도쿄 설득을 하고, 또 북한도 설득하고 말이야. 그리고 소련, 러시아하고 중국하고 설득을 해서 북한으로 하여금 미국과 일본하고 수교할 수 있도록 설득하고 밀어붙일 수 있는 유일한 기회였단 말입니다. 그건 뭘로 증명할 수 있냐 할 것 같으면 우리가 알다시피 평양 방문해서 김일성 만나가지고 남북 정상, 그렇게 반대하던 정상회담도 하지 않았습니까. 그렇게 반대했던 UN 동시가입도 하고 말입니다. 북한이 먼저 어푸르브 해서 내지 않았어요? 그때. 그래서 북한 정책이라는 것이 안 변한다고 하는 거가 아니란 말이지. 결정적인 때가 되면 그 사람들도 변한단 말이야. 그래서 교차승인이라는 그렇게 중요한 것이 그때 제6공화국 끝나면서 그 동력을 잃어버린 거야, 그게 아쉬운 거죠.

그래서 말하자면 새로운 게임이 시작이 되는 겁니다. 그러면서 나오는 것이 핵무기 게임이 들어오는 거야. 그러니까 핵이라고 하는 것, 글쎄 뭐 거기까지 또 확대 해석해서 얘기할 시간은 없을 것 같고요. 결론적으로만 얘기를 드릴 것 같으면, 그게 우리 정부의 참 아쉬운 점이었단 말이야. 그러니까 북한이, 저는 북한이 그때까지 반대하고 표면적으로 반대하지만, 북한도 준비가 되어간다고 난 봤다고. 그러니까 우리가 어떻게 노력하느냐에 따라서 북한도 받아들일 수가 있었다고요. 미국하고 일본하고 수교하는 걸 갖다가. 그리고 워싱턴하고 도쿄를 또 설득을 해서 수교를 할 수 있게 했으면, 그렇게 해서 미국과 일본과 수교를 해서 돼 왔다면 말이에요, 한반도의 지금 상황은 아주 달라졌을 것이라고 봅니다. 그랬다면 북방정책이 애초부터 목표를 했던 지점보다 더 접근해 있지 않을까 하는 생각이 제 개인적으로 듭니다. 그래서 거기에 대한 일차적인 책임이 우리한테 있다고 봅니다.

외교라는 게 뭡니까? 상대방들을, 관련국들을 설득해서 우리가 원하는 정책 방향으로 끌고 가는 것 아니겠습니까? 그런 면에서 우리의 정부, 또 우리 정부

옆에서 그런 정책에 관여했던 양반들에 대해 내가 참 아쉬움을 느끼는 겁니다. 우리의 한국 외교사에서 6공의 북방정책을 성공이라 얘기도 하는데, 글쎄요 이렇게 다했기 때문에 반은 칭찬받을 만합니다. 그러나 결정적인 데 가서 북방정책의 가장 핵심 목표인 교차승인이라는 걸 밀어붙이지 않은 것은 어떻게 보면 큰, 말하자면 잘못을 저지른 겁니다. 그래서 앞으로의 과제는 뭐냐면, 나는 교차승인이 관건이라고 봅니다. 교차승인이라는 게 돼서 동북아 각 나라가 전부 다 정상화된 외교 관계를 갖고, 거기에 참여하는 국가들 간에 서로가 주권에 대한 위협을 받지 않고, 영토에 대한 위협을 받지 않고, 내정간섭 안하면서 신뢰를 바탕으로 지역의 평화라든가 여러 문제를 해결하고, 지역 문제, 남북한 문제도 협조도 받고, 경제도 서로 협력들 하고, 그렇게 해나가는 것이 앞으로 우리 한국 외교가 지향해야 할 방향이 아닌가 생각합니다. 북방정책이 지금까지 반은 성공한 거, 잘 해왔지만, 그러나 큰 과제를 지금 남기고 있단 말씀을 드립니다. 그래서 앞으로의 과제라고 하는 것은 우리 우방 국가가 북한하고 외교 관계를 수립하는 것인데, 이것이 쉬운 일은 아니라고 생각합니다. 그러나 다시 북방정책이라고 하는 그런 정신과 하나의 목표를 가지고 리바이탈라이즈(revitalize) 해서 북한이 미국과 일본과의 관계를 개선해 나가고 수교하는 방향으로 우리의 외교 역량을 발휘하고, 앞으로 정부에서 미래 정부에서는 이런 것들을 직결시켜야 되지 않을까, 시간이 얼마 걸리더라도, 짧으면 짧을수록 좋겠지만 말입니다. 그런 생각을 제가 하는 겁니다.

교차승인이 진척되지 못한 원인

엄구호: 제가 정리를 잘 하겠습니다. 지금 김달중 교수님이 저희한테 남아있는 두 가지 문제를 주셨고요, 저희가 그 두 가지 문제를 또 말씀을 들어야 되는 내용이 있습니다. 그래서 지금 다 말씀하실 줄 알고 있고요. 제가 순서대로 하나씩 여쭙고 시간에 딱 맞춰서 잘 끝나도록 하겠습니다.

지금 핵심 중에 하나가 7·7선언 5항에 교차승인 문제가 있었는데, 북방정책이 결과적으로는 북한을 오히려 압박하는 결과로 변질된 측면도 있다, 그래서 그 답변을 구본태 차관보님께서 통일부 입장에서 그 말씀을 하셔야 됩니다. 우선 말씀을 하시고, 아마 이동복 의원님은 그런 문제 제기 자체에 대한 의견이 있으실 것 같아요. 그래서 그 다음에 이동복 의원님 제가 시간을 많이 드리고 듣겠습니다. 그래서 구본태 실장님께서, 지금 문제는 두 개가 남아있는 겁니다. 뭐냐면 우리가 실제로 한소 수교나 한중 수교가 북한에 반발을 가져올 수도 있었는데, 그 반발에 대해서는 애초에 어떤 생각을 갖고 있었고, 어떤 관리를 할 생각이 있었냐, 그리고 실제로 노력을 했냐. 예를 들어서 김용순—켄터 미국 갔을 때, 우리 입장이 뭐였고, 나름 관리하려고 했냐, 그 문제가 하나 있고요. 또 하나는 교차승인이라는 게 7·7선언에 있었는데 실제로 우리가 북일 수교도 반대했거든요. 그래서 실제로는 그야말로 선언적인 조항이었다, 우리 정부 부처에는 그걸 원칙으로도 생각 안했다, 이럴 수도 있고, 그것을 하려고 했지만 여러 가지 어려움이 있어서 하지 못했다, 이런 의견이 있을 수 있으니까, 실무를 하셨으니까, 구본태 실장님께서 우선….

이동복: 제가 이 말씀은 꼭 드려야 되겠어서 발언권을 요청을 했는데요. 우리 김달중 교수가 말씀한 북방정책의 현주소랄까, 그 교차승인론에 대해서는 제가 의견을 달리합니다. 왜 달리하느냐면 북방정책에서 우리가 성공을 거둘 수 있었던 절대적

인 요인은 상대편의 체제 변화가 있었기 때문에 가능했던 거예요. 가령 소련이나 중국이 과거 냉전시대에 머물러 있었으면 북방정책은 절대로 성공을 못했어요. 그만큼 중국과 러시아가, 소련이 내부적으로 변화했기 때문에 북방정책이 여기까지 올 수 있었던 거예요. 그런데 제가 아까 저번에도 말씀드렸지만 우리 북방정책의 설계라고 할까 하는 것에 좀 무리가 있었다고 하는 것은 소련과 중국의 변화를 전제로 해서 북방정책이 추진되는 것은 북방정책으로서의 효율성이 있었지만, 문제는 북한에 필요하고 충분한 변화가 있느냐 없느냐에 대한 내용을 우리가 따지지 않아가지고는 그 북방정책을 북한으로 연장시키는 것이 원천적으로 불가능했다, 하는 걸 제가 말씀드리는 거예요.

북한은 과거 우리가 북방외교를 성공시킬 때의 시점에서도 그랬고, 지금 이 순간에도 여전히 남조선혁명 이론에 입각한 조국통일 노선을 견지하고 있어요. 지금 여러 가지로 외향적인 변화가 있는지 없는지 그건 보는 분에 따라 다르지만, 북한은 내용적으로는 여전히 혁명적 통일관에 입각한 대남 정책을 고수하고 있기 때문에, 거기에는 북방정책이 들어갈 틈이 없어요. 우리가 북방외교로 소련과 수교하고 중국과 수교하고 나서 바로 이어서 얼마 안 돼 가지고 김대중 씨의 평양 방문이 이루어지고 6·15선언이 나오지 않았어요? 6·15선언이 나왔을 시점에서 북한의 반응을 우리가 그때 지켜봤고, 봤어요. 북한은 말하자면 소련과 중국이 변절을 했고, 소련과 중국이 체제에 대한 내부 관리를 잘못해가지고 저들이 내부적으로 무너졌기 때문에 남조선에 대한 타협을 수용했는데, 우리는 절대로 그리 갈 수 없다, 해가지고 김대중 대통령이 말한 소위 선샤인(sunshine), 햇볕정책에 대해서도 격렬하게 반발했어요. 그러나 그 뒤에 여러 가지 이해관계 플러스 주변 정세 때문에 북한은 북한 본래의 정책을 수정하지 않는 테두리 안에서 우리의 햇볕정책을 수용했기 때문에 오늘날 전개되고 있는 남북관계 양상이 지속되고 있는 거예요.

그러니까 우리가 김달중 교수가 '외교만능론'을 말씀하시는데, '외교만능론'
은 역사를 통해서 성립된 적이 없어요. 외교를 해서 외교가 성공할 수 있었던 주
관적·객관적인 조건이 충족되는 상황이 있을 때만 외교는 성공할 수 있는 거예
요. 그런데 지금 한반도 현실이 외교를 통해서 북한을 변화시키거나 할 수 있는
조건이 되느냐, 이걸 우리가 먼저 따져야 돼요. 그런데 북한의 현실적인 상황은
북한이 여러 가지 어려움을 겪고 있어도 북한은 여전히 냉전시대의 생각과 가치
를 그대로 유지하고 있기 때문에 우리가 그동안에 성공적으로 추진했다는 북방
정책이 먹혀들어 갈 틈이 없는 거예요.

7·7선언이 나오기까지의 실무 과정

엄구호: 구본태 실장님 말씀 우선 듣겠습니다.

구본태: 7·7선언을 준비하며 실제 그것을 만들 때, 우리 강 대사님하고 둘이서 초안 작업
을 했습니다. 처음에는 제2의 6·23선언을 계획으로 날짜를 맞추려고 했지만 시
간이 되지 않았어요. 그래서 우리 강 대사가 그럼 뭐 뒤에 좋은 날 없을까 하고
따지더니 7월 7일 쯤 하면 좋겠다고 했습니다. 타이틀이 '민족자존과 통일번영
을 위한 대통령 특별선언'인데, 7·7선언이라 이름 붙이면 어떻겠냐고 하셔서 좋
겠다고 저도 좋다고 했습니다.

그리고 오늘 7·7선언에서 북방정책과 연관된 부분은 충분히 토론을 하셨는
데, 그러면 북방정책에 관한 부분만을 가지고 7·7선언을 평가할 수 있느냐 하는
것을 생각할 필요가 있습니다. 제가 보건대 7·7선언에는 세 가지 안을 포함하고
있었어요. 노태우 정부가 출범하고 나서 우리 부서의 연두보고를 하던 때, 우리
이동복 의원님도 같이 참가를 하셨을 텐데, 그때 우리 업무 보고에 제2의

구본태 실장

6·23선언을 만들면 좋겠는 것을 넣었었습니다. 제가 그런 아이디어를 얻은 것은 연초에 하영선 교수가 조선일보에 그와 관련된 칼럼을 기고한 것을 보고 나서였습니다. 그러니까 이 말씀은 7·7선언이라는 것 자체가 그냥 뚝 떨어진 것이 아니라, 그때 우리 사회에서 하나의 수요로, 정책 수요로서, 또 사회여론의 하나로서 그것이 부각되기 시작했다는 겁니다. 그런 기사가 나온 것도 그걸 반영한 것이라 생각합니다. 그래서 대통령 연두 통일부 업무 보고를 드린 것입니다. 그게 외교부에서 올라간 게 아니에요. 통일부에서 올라간 겁니다. 그러자 장관께서 어떤 지시를 받아내려 오셨느냐 하면 그것 괜찮은 생각이라는 반응을 받았고, 홍성철 대통령 비서실장님이 "그러면 그걸 좀 보완을 해봐라"고 지시를 한 겁니다. 그래서 제가 그 지시를 받고 제2의 6·23선언으로 될 정도로까지 다듬었죠. 외교 문제에 대해서는 깊이 못 다뤘지만 정리된 내용을 청와대의 홍성철 비서실장님한테 보냈습니다. 2월에 업무 보고를 하고 3월쯤 작업을 해서 올린 것으로 기억합니다.

　그때 4월, 5월, 6월 무렵 우리 사회가 아주 시끄러웠습니다. 전대협이 그때 출범을 했어요. 서울의 대학총학생회 회장단들이 북에다 6월 10일에 학생회담을 하자 그러고, 통일 문제가 막 부각되기 시작한 거예요. 그러니까 홍성철 비서실장님이 당시 우리 장관님께 전화를 해가지고, "이 장관, 전에 내가 이야기 한 번 했던 것 만들었어?" 이렇게 물어보셨나 봐요. 그러니까 이홍구 장관님이 "우리 보고해서 올리지 않았습니까?" 이렇게 대답하신 거죠. 그러더니 저를 불렀어요. 그때 제가 정책분야 실무를 맡고 있었는데, "그때 보고를 안 드렸냐?"고 물어서, 보고를 올렸다고 대답했죠. 아마도 그걸 홍성철 비서실장님이 받아가지고 책상에 넣어놓고, 미처 못 보신 거였죠. 그런데 바깥에서 그런 상황이 도래한 거예요. 그러고 나서 얼마 뒤인데 하루는 장관께서, "구본태, 너 가서 박철언 장관님 팀에서 새로운 정책을 구상하시는데 통일부 쪽에서 니가 참여해가지고 다듬어봐라" 하시는 거였어요. 그래서 합류하게 되어 갔더니 강 대사가 계셨고, 둘이서 재밌게 작업을 했습니다. 선언문 앞에 전문을 만들고, 1, 2, 3항에 대한 것은 우리 쪽 통일부에서 전에 만들어 올린 안을 기준으로 하고, 그 다음에 4, 5, 6항은 우리 강 대사께서 만들어서 그것들이 어우러진 형태로 만들어진 것입니다.

거기에 본질적으로 담겨있는 큰 3대 요소가 있는데, 그 중 하나가 처음으로 등장한 '민족공동체'라는 개념입니다. 민족공동체는 순수하게 우리 이홍구 교수님의 전매특허입니다. 코리안 커먼웰스(Korean Commonwealth)라는 것으로 지금은 많이 알려진 쉬운 개념입니다. 실은 이전에 통일방안 만든다고 해서 이동복 의원님께서 회담 사무국장으로 있을 때 '민족화합민주 통일방안'을 입안했어요. 그런 상황 속에서 학생들이 계속 데모를 하는 상황이 닥치니까, 기존의 통일 방안을 시급히 보완 발전시켜야 되겠다는 생각이 들었습니다. 그전부터 이홍구 교수님이 우리 세미나에 참여하여 처음 민족공동체 이야기를 하기 시작해서 그것을 다듬고 있었는데, 1988년 2월 25일 이홍구 교수님이 통일부 장관으로 부임하셨고, 마침 7·7선언이라는 그런 작업이 벌어진 거예요.

여러분이 7·7선언을 보시면 알겠지만 전문 말미에 "이것은 평화적 통일을 위한 새 정부의 정책이다", 이렇게 이야기를 하면서 남북 간의 민족공동체 이야기를 하고, 이걸 바탕으로 정치·사회 부문의 공동체가 나오는 거예요. 그리고 그 안에 자주, 평화, 민주, 복지라는 네 개 원칙을 제시했습니다. 그러다 보니까 7·7선언은 세 개의 안을 품은 거예요. 하나는 북방정책, 지금 우리가 쭉 얘기하는 내용입니다. 그리고 하나는 남북교류인데, 당시 학생들이 다 남북 간의 교류를 이야기하고, 판문점으로 가자는 이야기까지 막 나왔어요. 그러니까 정치인, 종교인, 학생의 교류의 개방 문제였습니다. 그 다음이 이산가족 문제, 이런 것들을 담았었습니다. 그 다음으로 남북 간의 교역을 민족 내부 교역으로 한다는 것인데, 이것은 국제 진영하고 같이 어울렸죠. 그러니까 그 조항이 3항, 4항으로 넘어가면 약간 같이 얽혀 들어갑니다. 어떻게 보면 대북 문제와 우리 북방정책이 물려 들어갑니다.

그래서 그 작업을 거기서 완성을 했습니다. 아까 이홍구 총리님이 오셔서 하는 이야기가, 그때 회의 때 참가했다고 그러는데 실은 그때 자세히 다 보고를 드렸습니다. 이홍구 총리님이 그런 이야기를 할 때, 윗분들 이야기하시기 바빠서 자기 이야기는 못하신 거예요. 내가 그래서 아까 그걸 질문을 받아가지고 기회를 얻어 말씀을 드리려고 했는데 못했네요. 그리고 7·7선언이 발표된 이후인 7월 10일 날 북한이 이를 거부했습니다. 북한이 거부한 뒤인 7월 16일 날, 당시 최광수 외무부 장관님께서 후속 조치를 발표 하셨습니다. 그래서 7·7선언과 북방정책이랑 그렇게 외교부 정책으로 터치다운(touch down) 합니다.

그리고 노태우 대통령께서 국회에 나가셔서가지고 무슨 말씀을 하시냐면 "내가 내년도까지 1년 이내에 통일 방안을 만들어 발표 하겠다"고 선언하셨어요. 그래서 그동안 작업을 해오던 '민족공동체 통일방안'을 완성해서 89년 국회 시정연설을 통해 발표를 하게 됩니다. 그 과정에서 이홍구 당시 통일부 장관께서 4김*과 새 통일방안에 대한 합의를 한 겁니다. 당시 제가 장관님을 모시고 국회에 갔는데, 국회 통일외무위에서 김대중 의원이 이홍구 장관께 질의를 했어요. "난, 잘 아시겠지만 공화국 연방제 그걸 주장하지 않았습니까. 그 이야기했는데, 그게 이 방안에 잘 반영이 됐습니까?" 이렇게 묻는 거였습니다. 그러니까 제가 보는데 별로 반영이 된 것은 없는 것 같은데 그래도 이홍구 장관께서 "아, 네." 이

---

* 김영삼 총재, 김대중 총재, 김종필 총재, 김재순 국회의장(구술자 추가)

'북방정책과 7·7선언' 회의장 전경 7(2019. 11. 1(금) 2세션)

렇게 이야기가 된 거죠. 그래서 3김하고 이홍구 장관님하고 네 분이 김재순 국회의장실에 올라가서 의장실에서 사진을 찰칵 찍었어요. 그런 과정을 통해서 '한민족공동체통일방안'이 국회에서 만장일치로 천명이 된 것입니다. 아까 국내적인 말씀하셨는데, 국내적으로 사실상 우리가 우리 이동복 의원님이 만드셨던 '민족화합민주 통일방안'이 있었는데, 그것보다도 훨씬 연방제가 많이 논하게 되지 않았습니까. 그래서 1980년 북한이 주장한 고려연방제 쪽으로 우리 통일의 여론이 자꾸 묶여 가고 있던 상황에서, 우리가 '한민족공동체 통일방안'을 천명함으로써 그걸 넘어설 수 있었습니다. 그리고 거기에 여러 가지 남북 간의 교류협력, 이런 대북 정책이 함께 담겨 있었어요.

두 번째는, 이 대북 정책이 우리 이동복 의원님께서 다 거기 관여하시고, 대표로도 활동하셨는데, 그게 '남북 기본합의서'로 연결되지 않았습니까. 그리고 한반도 비핵화 공동선언도 만들어진 것이고요. 그래서 7·7 선언이라는 구도 속에는 우리가 말하는, 외교부에서 하시는 북방정책이 큰 축을 이루고 있고, 또 하나는 처음으로 '한민족공동체 통일방안'이라는 개념을 정착시켜 우리의 명실상부한 대한민국 통일 방안으로, 여야가 다 합의하는, 만장일치로 합의하는 통일 방안이 만들어졌던 것이며, 이후 '남북 관계에서도 '남북 기본합의서'라는 걸 통해서 반영이 됩니다. 남북 기본합의서'가 여러분 그냥 간단하게 25개 조항으로 된 것 있지만 실제로는 12개의 합의서와 155개의 조항과 103개의 프로젝트가 포함되어 있습니다. 쉽게 말하면 그때 합의된 '남북 기본합의서'의 전체 내용들이 사실상 그 이후 남북 관계에서 진행되는 모든 회담에 사실상 이게 기본이 된 거죠. 일종의 룰이 된 거고, 프레임 오브 레퍼런스(frame of reference)가 된 거예요.

그리고 또 하나는 7·7선언이 나온 것과 연관해서 여러 회담이 열렸습니다. 남북 고위급회담 준비접촉, 체육 회담, 적십자 회담, 회담이란 회담은 다 열렸어요. 그때 저는 다행인지 불행인지 모르지만 그 회담을 기획하는 입장에 있었기 때문에 그때 우리 남북한의 교류와 협력에 대한 세부적인 것들을 다루게 되었어요. 예를 들어 구체적으로 체육 회담을 하면 어떻게 되는 건지, 이른바 소프트웨어가 개발된 겁니다. 그러니까 지금도 남북 회담을 열면 그때 소프트웨어를 참고를 해야 됩니다. 체육 회담에서 단일팀 문제가 제기되면, 깃발의 문제, 국호의 문제 등 이런 걸 다 만든 것입니다. 그리고 경제·사회·문화 교류협력에 관해서도 그때 자세하게 공동위원회에서 만들어 놓은 것이죠. 그리고 그보다 조금 뒤인 1994년에 열릴 예정이었던 YS하고 김일성의 정상회담에 대한 룰도 만들어진 것입니다. 경호는 어떻게 하고, 뭐 어떻게 하고 이러한 모든 소프트웨어들이 개발이 된 것이죠. 그래서 7·7선언이 북방정책, 북방외교라는 측면에서 있었던 여러 가지 정책의 가이드라인이 되었고, 또 그런 선도적 의미를 갖고 있는 동시에, 그리고 성공을 하지 못했습니다만 어쨌든 남북 관계*와 한반도 통일 문제**에 관해, 명실상부하게 통일로 향하는 이런 '3중 구도'를 완성한 계기가 됐다고 이렇게 보입니다.

연방제 통일방안을 넘는 새로운 통일방안을 만들라

이동복: 기록을 위해서 제가 조금만 보완을 하겠습니다. 1980년 10월에 북한이 노동당 5차 당대회인가, 6차 당대회인가에서 연방제 통일 방안을 내놨어요. 그런데 그때까지 남북한 공히 종합적인 일종의 통일 방안이 공개된 게 없었어요. 북한이 그동안에 여러 가지 통일 방안을 얘기했지만 그렇게 완성된 형태로 통일 방안이 나온 게 없는데, 우리는 더군다나 없죠. 우리는 마지막으로 있었던 게 6·23선언

---

* 남북 기본합의서 채택(구술자 추가)
** 한민족공동체 통일방안 천명(구술자 추가)

인데, 6·23선언이 통일 방안이 아니란 말이에요. 73년 6월이고, 통일 방안이 아니고, 통일 정책에 대한 콤프리헨시브(comprehensive)한 정부의 포지셔닝이 없는 상태인데, 1981년 9월 달, 8월 달인가 김경원 실장이 나한테 전화를 했어요. 좀 보자. 그래서 갔더니 "전두환 대통령이 당신한테 특별히 홈워크(homework)를 주신다. 우리 정부에 지금 '연방제 통일 방안'에 카운터할 수 있는 콤프리헨시브한 통일 방안이 없는데 이거를 정부 각 부처에다가 얘기를 하면 합의가 되질 않아서 작업이 되질 않는다. 그러니까 당신이 좀 하나 만들어 달라. 이런 대통령의 말씀이다." 그래서 이제 내가 작업을 한 게 민족화합민주, 원래 제목을 그렇게 붙인 게 아니죠. 그래서 아마 그 과정에서 내가 구본태 씨도 의견을 많이 물었고 그랬는데, 그거를 일단 완성을 해서 김경원 실장 얘기가 통일부에도 얘기하지 말고 당신이 만들어 달라, 그래가지고 완성을 시켜서 김경원 실장한테 보고를 했더니 완성된 걸 가지고 관계부처에 차관보들하고 정책 협의를 해 달라 그래가지고, 외무부에서 공로명 차관, 통일부에서 아마 이병용 차관인가, 해가지고 너덧 명이서 검토를 했는데, 원래 발표된 민족화합민주 통일 방안은 내가 처음에 잡은 것하고 달라요.

내가 통일 방안을 해보니까, 통일 방안에 두 가지 요소가 있단 말이야. 하나는 통일 정책 그 자체가 있고, 또 하나는 통일 이전에 남북 관계를 규제하는 내용이 있어야 되겠더라고요. 그래서 남북 관계를 규제하는 내용은 우리가 여러 차례 다뤘죠. 6·23선언도 그런 것이고. 그런데 이게 언제나 어느 장벽에 부딪치느냐면 두 장벽에 부딪치는데, 북한은 모든 걸 통일로 주장을 하는데, 우리는 통일 문제를 직접 어드레스(address)를 잘 못했어요. 그리고 국내에서는 또 통일 논의가 나와 가지고 우리가 통일에 대해서 정부가 소극적이라고 자꾸 그러니까, 나는 그걸 어떻게 생각하느냐면 통일 문제는 남북이 현 단계에서는 절대로 합의할 수 없는 거다 말이야. 그러니까 합의할 수 없는 교착 상태를 만들자. 교착 상태를. 교착 상태를 어떻게 만드느냐. 그건 남북 간에 민족평의회를 만들어가지고 우선 동수로 만들어서 거기서 통일 문제 논의하자. 그러면 통일 문제에 관해서 합의가 이루어지지 않으니까 합의가 이루어지지 않는 동안은 시간을 선용하기 위해서 남북 관계 개선하자. 그래서 통일 문제는 민족통일평의회에서 교착을 시켜놓고, 남북 당국 간에 관계를 개선하고 평화를 구축하기 위한 여러 가지 프로그램을 하는 것으로 해서 이렇게 두 기둥을 세워가지고 만들었던 거예요.

그랬더니 외무부가 반대하고, 이것을 따로 세우지 말고 합쳐서 소위 남북 관계 개선을 해가지고 통일로 가는 이런 다이아그램을 만들어야 된다고 자꾸 주장을 하시더라고요. 그런데 나는 그때 사실은 정부에서 나오려고 정리를 하고 있을 때였어요. 그때 삼성에서 자꾸 오라 그래서 나가야 되는데 이걸 가지고 매달리고 싶은 생각이 안 나서 도로 합쳐버렸어요. 합쳐버린 게 소위 '민족화합민주 통일 방안'이고, 그 민족화합민주 통일 방안은 이미 합치는 단계에서 효율은 없어진 하나의 방안이 됐는데, 다만 내가 생각한 것은, 적어도 이걸 가지고 '연방제 통일 방안'에 대해서 맞대응은 칠 수 있다. 그리고 통일 문제를 가지고 우리가 논의를 거부하는 것이 아니라 논의를 하겠다는 의지를 담아서 발표하는 것이 된다. 해가지고 그것을 81년 12월 31일 날 청와대에서 전 대통령에게 보고를 했고, 전 대통령이 아주 만족을 해서 그걸 이제 이듬해 2월 1일 날 손재식 장관이 발표를 한 것 아니에요?

구본태: 그 핵심 구도는 그대로 민족공동체 통일 방안에서 수용했습니다. 남북연합 등으로

이동복: 글쎄, 그것이 민족공동체 통일 방안의 뼈대가 됐는데, 그렇기 때문에 나는 통일 방안으로서는 결함이 있는 통일 방안이 되고 말았다 이렇게 생각하는 거예요. 기록상 말씀드립니다.

7 · 7선언에 대한 북의 반발

강근택: 아까 저도 학계에서 이야기하시는 것을 들으면서, 관과 학계의 의사소통이 없어 생각하는 갭이 좀 크다는 것을 느꼈습니다. 그래서 제가 그때 당시에 실무적인 것을 했기 때문에 상황을 좀 말씀드리면, 7·7선언을 할 때 북방정책과 통일정책을 연결시켜서 했습니다. 그리고 그 다음에 그때 대통령한테 어떻게 건의서를 올렸냐 하면, 이것을 하고 나서 우리의 새로운 통일 방안을 발표해야 된다는 내용을 넣었습니다. 그래서 이 작업이 끝나고 나면 다음 작업은 통일 방안을 다시하는 작업입니다, 이렇게 한 것입니다. 그래서 구본태 실장이 구체적으로 대통령이 알고 계신다는 게, 노 대통령이 그 보고서에 그런 식으로 작업 계획까지 다알려줬던 것이고, 그렇게 진행된 겁니다.

그 다음에 7·7 선언을 왜 빨리 하려고 노력했냐면 헝가리와 수교 교섭을 하는데, 공산권과의 수교 교섭을 하는 데 있어 이 사람들이 몇 십 년간 북한과 수교 관계를 유지했는데 남한과 수교를 하게 되면 북한과의 관계를 어떻게 정리해야되느냐 하는 점이 있었습니다. 다시 말해, 수교 교섭하면서 북한하고는 그대로가는 것이라고 이야기 하지만 나중에 한국에서 북한과 단교해라, 이렇게 할지도모른다는 겁니다. 그런데 이것을 우리가 대통령 선언으로 이런 교차승인 방식을넣어버리면, 이것은 대통령이 선언했고 우리의 정책으로 구체적으로 밝힌 것이기 때문에 의심의 여지가 없는 것이 된다 이겁니다. 그래서 대통령 선언으로 해서 넣은 게 그런 의미도 있었다는 것을 제가 말씀드립니다.

그 다음에 얘기할 것이, 7·7선언을 하고 나자 북한이 반발하고 나옵니다. 그런데 그때 무엇이 있었냐면, 과거 안기부의 박철언 특보가 있으면서 비밀 접촉을 계속 유지해왔고, 청와대에 오면서도 안기부에 있던 직통전화를 청와대 사무실로 가져와 계속 사용했습니다. 북한측과는 직통전화로 가끔통화를 하였는데 회담을 앞두고는 그렇게 한 시간 정도 통화한 경우도 있으며 그 다음에 실무 접촉을 이어 나갔는데, 그때 북한 측의 반응은 이 비밀 접촉 통로를 통해서 박철언이라는 사람이 실제로 북방정책을 관장하고 있으니까 그것을 탐문하려고 굉장히 노력했습니다. 그리고 자기들의 최우방인 소련이 우리와 수교를 해버리면 큰일 나니까 그걸 막으려고 상당히 노력을 했어요. 그래서 겉으로는 아주 태연한 척하면서 계속 그걸 주시했습니다. 제가 뭘 느꼈냐면, 그전에는 주로 판문점에서 통일각과 자유의 집을 오가면서 비밀 접촉을 가졌습니다. 그런데 이 사람들이 서울과 평양에서 방문 접촉을 하자 이겁니다. 그럼 보통 한 2박 3일, 3박 4일로 갑니다. 그래서 청와대에 있으면서도 서울-평양 교환 방문이 이루어집니다. 그러면서 이제 비공식으로 접촉하는 기회가 많았어요. 그때 자기들이 "일본하고, 미국하고 수교하면 어떻게 되느냐" 하는 얘기를 던지면서 우리측 반응을 살펴 보았습니다 그래서 "당신들은 우리 선언에 따라서 미국·일본과 수교 하면 되지 않느냐, 수교 어떻게 하는지 잘 모르면 우리가 노하우까지 알려줄 것이다", 이런 식으로 이야기를 했어요. 그러다가 갑자기 북측에서 무엇을 제안했냐면, 토의 시간을 충분히 갖기 위해서 제3국에서 접촉을 갖자고 했습니다. 그럼 어디서 갖냐?고 하자, 싱가포르에서 하자고 해서 저도 싱가포르에 3박 4일 갔고, 여러 논의를 했습니다.

엄구호: 몇 월 며칠인지 기억하시나요?

강근택: 제가 그때 당시에는 너무나 하는 일이 많아서 그런 기록을 일부러 안 적어놨어요. 어쨌든 싱가포르에서도 북측과 접촉을 했는데, 그때 우리 이동복 위원장님도 아시지만 우리가 소련과 수교하는 것에 대해 북한은 남북 고위급회담에서 굉장히 민감한 반응을 보였습니다. 그러던 중 어떤 일이 있었냐 하면, 그때 9월 달인가 8월 달인가 말이죠, 고위급회담을 계속하는데 고르바초프가 실각이 돼버렸어요.

엄구호: 91년 8월입니다.

이동복: 91년 2월에 4차 회담을 하게 돼있었는데, 갑자기 저쪽에서 연기하자는 통보가 왔어요. 이유가 뭐냐 그랬더니 자기네 쪽에 콜레라가 생겼다는 것이었어요. 그래서 몇 개월 연기가 됐죠. 그러다가 91년 9월 달에 다시 하자 그랬는데 합의가 되고 며칠 후에 좀 연기해야 되겠다는 통보가 왔어요. 뭔 일인지 알아보니 91년 9월에 소련에서 불발 쿠데타가 발생했어요.

엄구호: 91년 8월 19일.

북한의 태도를 변화시키지 못한 아쉬움

엄구호: 못하신 말씀 있으실 테니까 가급적 핵심만 짧게 하시면 좋겠습니다. 그럼 김석우 차관님부터.

김석우: 네, 아까 김달중 교수님께서 말씀하신 것에 대해서는 이동복 선생님께서 답변을 잘 했다고 생각을 합니다. 북방정책이 물론 크로스, 교차승인이 되면 가장 좋은데 북한이라는 상대방이 그게 말로 되는 상대방이 아니기 때문에 우리들에게 북방정책의 목표는 일단, 공산권 국가들하고 국제적 여건이 돼 있을 때 그걸 빨리 하는 게 우리의 목표다, 그걸 완성했다는 그런 의미로 생각을 합니다. 그래서 교차승인까지 하려면 그거 언제 될지도 모르는 거죠. 그런데 그중 하나는, 아까도 말씀을 드렸지만, 북한이 일본, 또는 미국과 관계를 맺는 것에 대해서 우리가 여유를 가지고 용인할 수 있다고 생각했어요. 그런데 그게 '랭군 사건'이라든지 '칼 (KAL)기 사건' 등이 발생하면서 UN 안보리에서 계속 국제적인 제재를 가했어요. 그래서 미국이나 일본이 북한하고 관계를 개선할 만한 기회가 되질 않았었거든요. 즉 북한 자체의 자충수에 의해서 지금 이런 결과가 됐다는 걸 저는 말씀드리

고 싶어요. 그리고 전반적으로 우리의 외교력이나 우리의 전체적인 여건을 보았을 때는 동구권의 급변에 적응해서 우리가 북방외교를 적극적으로 했다는 것에 대해서 나는 굉장히 평가를 해야 된다고 생각합니다. 그것에 비해서 조금 전에 얘기한 가운데, 남북 관계에서 마그나카르타 같은 걸 만들긴 했지만, 조금 전에 이동복 선생님 말씀하셨지만, 그때 김일성은 지킬 생각이 전혀 없었거든요. 위기를 면하려는 김일성이 평화공세로 속인거지요. 그 얘기는 그 당시에 우리가 북한 정보를 더 정확하게 파악했다면 아마도 북한에 더 압박을 가해서 개혁 개방의 길로 나가게 할 수 있지 않았을까 생각합니다. 그 기회를 저희들이 잃은 것은 우리가 반성을 해야 되지 않나 생각합니다.

남북 UN 동시가입 허용과 중국의 전략

염돈재: 우리의 구술 자문회의에서 반드시 규명해야 할 부분이 몇이 있는데 아직도 터치를 안 하신 것 같은데요, 중요한 거거든요. 뭔가 하니까 1988년도 10월 18일 날 노태우 대통령이 UN에서 연설할 적에 거기서 뭘 제안했냐면, '동북아 평화협의회'라는 걸 제시했습니다. 그런데 미국과 사전에 협의가 없어 상당히 문제가 생겼는데, 그게 어떻게 들어간 거냐면, 당초에 UN 연설문 초안을 김경원 대사가 태스크포스를 구성하여 외교부에서 만들어왔는데 노 대통령이 "나 이거 갖고 UN 연설 못 하겠다" 그랬어요. 그래서 이수정 공보수석, 박철언 보좌관, 최병렬 정무수석이 3일 간인가 합숙을 하면서 만들어낸 것이 바로 UN 연설이었어요. 그때 이 내용이 들어갔어요. 아무런 사전 협의도 검토도 없었어요. 내 생각에는 박철언 보좌관님이 이게 가지는 함축성을 이해하지 못한 가운데 UN에서 뭔가 한 방 터뜨릴 게 있어야 된다 해서 넣지 않았나 싶은데 그게 어떻게 된 건지, 유

일하게 알 수 있는 분이 최병렬 수석하고 박철언 장관입니다. 그 두 분의 구술을 통해서 반드시 규명하십시오. 이건 정책 결정 과정에서 매우 중요합니다.

강근택: 전두환 대통령 때고, 이수정 수석이 썼어요.

염돈재: 이수정 씨가 쓴 거고요. 그 콘텐츠는 박철언하고 최병렬이 중복. 그건 뭐 명확해요. 그리고 영사처 문제와 수교 교섭 문제에서 우리 내부적으로 이론이 있었다고 하는데 부분적으로는 맞는 말입니다. 그런데 대소 관계 개선에 있어서 분야마다, 경제는 경제인이 하는 식으로 여러 사람들이 중구난방이었는데, 이선기 코트라 사장이 덜컥 소련과 영사 관계 하자며 합의를 해놨어요. 상부에서 제대로 허락도 안 받고 합의를 한 것이라 이선기 코트라 사장이 노 대통령한테 불려와서 진짜 크게 야단맞았어요. 그럼 그 다음에 그걸 어떻게 하느냐 하는 것이 남았는데, 일단 우리 박철언 팀에서도 소련과의 수교가 금세 될 것이라고는 확신하지 않았어요. 그러니까 바람직하진 않지만 그렇게 합의를 해놓은 사정이 되었으니, 이거 그냥 이렇게 가자고 컴프로마이즈(compromise) 한 거지. 그리고 뭐 반드시 직접 수교하러 가야겠다는 쪽과 경제 관계, 영사 관계를 거쳐야 되겠다 하는 쪽의 어마어마한 논쟁이 있었던 건 아닙니다. 그래서 그냥 되는 대로 하는 거였고, 이선기 코트라 사장이 노 대통령한테 와서 심하게 야단맞아서 목이 금세 달아날 줄 알았는데 목은 안쳤어요. 많이 야단맞았어요. 그런 일이 있었습니다.

북한 UN 동시가입 동의와 중국의 전략

그리고 또 한 가지 북한의 UN 동시가입을 허용한 일은, 그건 우리 북방정책의 결과가 아닙니다. 중국이 북한에게, "UN에서 표 대결을 하면 우리도 이제 도저히 당신들을 지켜줄 수 없소, 동시가입안이 올라오면 우리도 찬성할 수밖에 없소, 우리도 힘이 없소, 그러니까 이걸 할 수밖에 없소" 하면서 북한을 설득했어요. 그러니까 북한이 따랐는데 거기에는 뭔가 중국의 원려(깊은 속셈)*가 내포돼 있는 거야. 뭔가 하니까 중국이 한국과 수교를 하려고 그러면, 자신들은 두 개의 중국을 인정 안 하는데 두 개의 한국을 인정할 수가 없지 않습니까. 북한으로서는 그게 한국을 인정하는 것이라고 항의를 하겠죠. 하지만 중국이 나중에 뭐라 그러냐면, 당신들은 두 개의 한국을 인정해서 UN에 동시에 같이 가입했고, 우리는 안 그렇지 않냐, 당신들과 우리와는 입장이 다르다, 그렇기 때문에 우리는 한국과 수교를 했다고 그러는 거야. 중국이 이걸 염두에 두고 북한에 대해서도 그렇게 해서 설득했던 거예요. 그걸 보면 참 중국 사람들 그런 것 잘했죠.

그 다음에 교차승인 문제는 뭐 남북 각각이 바람직한 방향이 좋지만, 교차승인 한다고 해서 북한이 변하고 평화 체제가 올 거라는 확신은 없었어요. 그러나 그것도 한번 가볼만 한 길이었어요. 그때 우리 국내적으로는 북방정책에 대한 반대가 엄청 많았어요. 예를 들어 강영훈 총리가 한번은 삼청동 공관에 전 장관들을 다 불러서 북방정책 규탄대회를 하려고 그랬어요, 진짜로. 그래서 벌떼 같이 일어나서 박철언을 공격하게 됐는데, 박철언이 그때 가게 되었고, 내가 밤새도록 50개 토픽을 준비해서 그걸 드렸어요. 그랬더니 그 다음날 갔다 왔는데 박 장관님 어떻게 됐냐니까 "우리가 이겼지 뭐" 그러시는 겁니다. 그래서 어떻게 이겼냐고 물으니, "내가 이 정책 결정 과정을 설명하는데 그 양반들이 뭐라 그래서 내가 반박을 하니까 재반박을 못했다"는 거였습니다. 장관회의라는 것은 돌들의 행진일 수도 있어요. 그분들이 북방정책을 잘 모르잖아요. 자신들의 부처에서 해준 것만을 갖고 표면적으로 알고 나오는데, 핵심을 찔러서 그걸 반박하면 그 다음에 다시 반박할 재간이 있나요? 그래서 박철언 혼자 가서 열 몇 개 장관을

---

* 깊은 속셈(구술자 추가)

이기고 왔어요. 그러니까 그만큼 국내의 반대가 심했다는 얘기를 하는 겁니다. 이래 가지고 또 그 다음에 노태우 대통령 때는 그걸 완전히 못했는데 김영삼 대통령이 그것 하려고 하지 않았습니까? 이인모 노인도 북으로 보내고, 취임사에서 어떤 동맹도 민족보다 나을 수 없다고 그랬잖아요. 적극적으로 하려고 그랬잖아요. 그런데 어떻게 됐습니까? 바로 북핵 문제가 제기됐죠. NPT 탈퇴하고 그렇게 됐던 거지. 그걸 무슨 우리가 노력이 부족해서 교차승인 그렇게 하지 못한 것 아니고 그랬었습니다. 그리고….

교차승인은 여전히 우리의 과제

김달중: 제가 아까 미완의 북방정책이라고 하는 중요한 이슈를 던졌습니다. 아울러 교차승인이라는 말을 얼마나 했습니까? 그리고 오전 세션에서부터 이범석 외무부장관서부터 시작해서 말이야. 북방외교 정책의 핵심이 교차승인이란 얘기를 누이 했다고. 그런데 지금 와선 교차승인 그건 우리가 재고할 여지가 있는 겁니다. 제 포인트는 뭐냐면 다들 북방정책 잘했다고 하는 쪽으로 얘기를 하지만, 내가 볼 땐 북방정책이 미완이라는 겁니다. 그리고 가장 중요한 시기에 북방정책을 이행했던 6공에서 대통령 임기 끝남과 함께 소련과 중국과 수교하는 걸로 북방정책의 대단원이 막을 내린 것, 이건 잘못한 것이다 하는 문제를 그때 참여한 사람 입장에서 제기를 한 거란 말이야. 그리고 앞으로 북방정책이란 건 아직도 과제가 남았단 말이야. 그런데 애초에 우리가 수립을 하고 추진해왔던 교차승인이라고 하는 것이, 그런 것이 앞으로의 과제다 라는 게 내 메시지입니다. 그리고…

그래가지고 말이야. 그래서 아마 교차승인이 어렵죠. 첫째 북한이 반대하는 입장이고, 그냥 할 수 없이 할 수밖에 없었던 때를 놓쳤단 얘기야 내 얘긴. 그때 우리가 반성을 하자는 얘기지. 그때 우리가 더 밀어제쳐서 능동적인 외교를 해서 교차승인까지 우리가 애초에 목표했던 대로 밀어붙였으면 오히려 지금과 같은 상황이 아닐 수도 있었다 이거지. 핵 문제도 없었고. 그리고 북한의 체제 변화라고 하는 것은 우리가 동구라파연구회에서 사회주의, 공산권연구회의 공헌은 그거라고 아까 얘기 많이 했지 않았습니까? 사회주의 국가의 체제 변혁이라고 하는 것은 개방 안하고는 안 돼. 그러니까 소련은 개방한 소련이었습니다. 냉전 때 완전히 서방하고 개방 관계를 유지하고 있었어요. 전부 다 외교 관계를 가지고서 그렇게 한 겁니다. 냉전 때 그렇게 험악한 안보상의 문제가, 전략적인 문제가 있었다 하더라도 그걸 미소가 매니지 할 수 있었던 것도, 두 나라의 외교 관계가 정상화 돼있기 때문에 그 당시에 전략무기를 매니지 할 수 있고, 안보 문제를 매니지할 수 있었던 거예요.

그리고 오늘날 미중 관계도 여러 가지 문제가 많지만도 이게 정상화 돼있는 상태이기 때문에 매니저블(manageable) 한 거라. 그러니까 북한의 핵 문제, 남북 간 문제 해결하는 데 있어서, 전부 다 동북아 안보 문제와 경제 협력 문제가 다 묶여 있는 것 아닙니까? 이것이 참여하는 국가들 간에 관계가 정상화 된 상황, 외교가 정상화된 상황에서 정상적으로 지역주의가 발전할 수 있는 것이고, 거기서 추구하는 안보 목표가 됐든 경제 목표가 됐든 그런 것을 달성할 수 있는 것 아닙니까? 거기 참여하고 있는 지역 국가 간에, 특정 국가 간에 적대 관계가 유지되고 있는 상황에서는, 그건 해결할 수가 없는 문제에요. 더구나 지금 북한의 전략무기들이 현실화되는 과정 속에선 별 도리 없습니다. 이건 정상화된 상태에서 서로 관리하고 서로 합의해서 그걸 줄이고 없애고 하는 것이 앞으로의 과제라고. 그래서 나는 그런 의미에서 북방외교 정책의 교차승인이라고 하는 것을 다시 한 번 리비짓(revisit)하는 것이 필요하지 않겠느냐 하는 것이지, 누구와 아규(argue) 해서 이기려고 하는 얘기하는 게 아닙니다. 그때의 학자 입장에서 사회주의 국가하고 접촉했고 북방외교 정책을 연구하고 그걸 또 한 학자의 입장에서, 반성적 입장에서 말이야, 이걸 미래의 과제로 던진 얘기에요. 그러니까 니가 옳다 내가 낫다, 북한 체제가 어떻다, 이런 게 아니야 이 자리라고 하는 건 말이야. 그런 의미로 제 의견을 받아주셨으면 감사하겠습니다.

허담 면담 및 남북 접촉에서 북에 대한 전두환의 경고

강근택: 그런데 이 기록을 여기 보니까, 전부 일반적인 이야기도 많이 하셨는데, 제가 보니까 이런 기록은 틀려서 말이죠. 제가 좀 바로잡아 말씀해드리려고…

엄구호: 네. 그것은 말씀해주십시오, 지금.

강근택: 왜 그러냐면 여기 질문서에 '전두환 대통령하고 허담하고 극비 회담해서 말이죠, 핵 문제를 거론한 걸로 안다, 월간 조선에 나왔다. 그래서 이게 핵 개발 의혹을 인지한 상태인가. 의제로 등장한 배경을 설명해 주십시오'라는 게 있는데, 이 문제는 허담 특사 왔을 때 제가 그 자리에서 혼자서 다 한 일이라 확실히 말할 수 있습니다. 외부에는 극비로 하고, 면담 자료 다 만들었습니다. 어디서 회담을 했냐면, 청와대에서 하지 않고 그때 청와대에서 좀 보안상 문제가 있다 해가지고 최원석 동아 회장, 동아건설 회장, 저기 어딥니까, 용인 지나서 기흥 그 별장에서 했습니다. 그래가지고 끝나고 나서 보고서도 제가 또 정리하고 했습니다. 이것 다른 사람은 잘 모릅니다. 박철언 장관하고 안기부장하고 저하고 대통령 정도 아십니다.

　이것이 어떻게 됐냐 하면 그때만 해도 핵 문제가 없었어요. 그래서 구체적으로 핵이 의제화 되지 않았습니다. 그리고 저는 전두환 대통령이 보기보다는 굉장히 머리가 좋으신 분이라고 생각하는데, 허담에 대해서 좀 벼르고 있었다고 생각됩니다. 왜 그러냐 하면 그때 북한 도발이 많았습니다. 랭군 사태에서 벌써 그런 걸 당하고, 이래 놓으니까 이번에 허담이 오면 김일성에 대해서, 도발을 하면 우리가 다음에 반드시 엄청난 보복을 할 것이다, 이래갖고 확 기를 꺾어야 되겠다, 이런 생각을 가지고 있었어요. 그래서 허담이 친서 전달하고 김일성 말씀이라고 해서 쫙 한 20분간 연설을 하고 나자, 전 대통령이 앉으라 해놓고 말씀하셨습니다. 다른 것보다도 남북 간에는 도발이, 전쟁이 없어야 된다는 점을 강조했습니다. 그러면서 "지금 무기 체계가 발달돼서 당신들이 도발하면 우리는 2, 3배로 보복할 것이다. 그러면 핵전쟁으로까지 이어질 것이다"라고 말씀하셨어요. 제가 그때 생각할 때, 우리가 군산에 전술핵무기를 가지고 있었고, 북한에서 계속 얘기했던 게 전술핵무기 철거였기 때문에 전 대통령이 일부러 그런 의도를 비쳤다고 봐요. 그러면서 뭐라고 이야기했냐면 "이제 전쟁이 일어나면 남북한에 풀 한 포기조차 살아남지 못할 것이다. 아주 버바팀(verbatim)으로 다 있습니다", 그런 이야기를 했어요. 그러자 허담이 깜짝 놀라면서 대답했어요. "우리는 김일성 주석도 그렇고 평화를 사랑합니다." 그때 완전히 허담의 기를 꺾어버렸습니다.

그리고 여기 밑에 또 하나 나오는 사항에서 '80년대 중반에 가서 전두환 대통령이 남북 대화에 의욕을 잃어버리고, 회담 이후에 장세동하고 상당히 회의적인 시각을 갖고 있다. 이거에 대해 과정을 설명을 해 주십시오' 라는 게 나왔는데, 그때 실무 접촉에서 벌어진 일을 하나 말씀드리겠습니다. 우리가 남북 간 비밀 접촉을 할 때 한 달에 한 번씩 자유의 집과 판문각을 오가면서 진행했습니다. 접촉 5일 전에는 대통령한테 이번 회의의 전략을 짜서 안기부장을 통해서 보고서를 올립니다. 그거 제가 다 작성했습니다. 그때에 보고서를 올렸는데, 보통 때는 그냥 아무 말씀이 없이 그냥 통과, 통과 했는데, 그날은 무엇을 적어 내려왔어요. 뭐냐면 "도저히 안 되겠다"는 메모였어요. 그때 무슨 일이 있었냐면, 거제도

입니까, 따뜻한 남쪽 나라 운운하면서 김만철 씨 일가족이 들어오고, 간첩단도 들어오고 그랬어요. 전두환 대통령이 생각할 때 뭐냐면 '아니 남북 간에 말이지, 밀사 접촉까지 다 해갖고, 회의를 얼마나 했는데 북한에서 말이지 이 짓을 하느냐. 이래서는 무슨 정상회담을 할 거냐 말이지, 이번 판문점 접촉에서 이 문제를 반드시 제기해가지고 안되면 깨버려라', 이래 버렸어요. 그래서 우리가 판문점 회의에 갔는데, 저쪽에서 보니 우리 대표단의 얼굴이 심각하게 돼 있으니까, '이게 뭐냐' 하게 된 겁니다. 그래서 "당신들이 말이지 회담 처음부터 왜 간첩단을 보내느냐?"고 따지니, 이 친구가 깜짝 놀래서 "무슨 소리냐?" 하면서 대들었단 말입니다. 그래서 협상이 그냥 막 거의 깨진 상태로 와버렸어요. 대통령이 깨라 했으니까. 그걸 보고 저는 뭘 느꼈냐면, 요새 이렇게 북한한테 한다면, 그렇다고 해서 협상이 깨지겠냐 하는 것입니다. 실제로 자기들이 필요로 하니까 더, 우리가 여기저기서 북방정책을 하고 그러니까 자기들이 그 다음에 연락이 와서 더 달라붙는 거였어요. 그래서 이것은 생생하게 여기 퀘스천에 대해 얼마든지 답해 줄 수 있는 그런 내용입니다.

부처 간 정보 공유가 긴밀했던 미국

강근택: 다른 사람은 모르겠지만 저는 그걸 알고 있습니다. 비밀접촉 회담이 완전히 끝나면 대략 저녁 7시, 판문점에서 정리해서 넘어오면 8시쯤 됩니다. 그러면 밤새도록 버바팀으로 만들고 요약해서 안기부장하고 대통령한테 새벽에 이 보고서가 가게 합니다. 궁금하실 테니까. 그와 동시에 미국과 일본 두 나라에 반드시 통보 자료를 만들어서 그 다음날 아침에 제가 직접 외교부 차관님께 이거 통보해주시라며 드렸습니다. 그리고 거기서 나오는 무슨 버바팀이라든지 이런 것 전부 다

제가 챙겼습니다. 저는 외교부 직원이었으니까, 외교부에 통보하고 88사업에 대해서는 미국과 일본에 아주 적기에 통보해주는 그런 시스템을 유지했습니다.

엄구호: 예, 내일도 회의를 하는데요. 물론 패널 성함이 써 있지만, 사실 원래 원칙상 다 모여서 하는 회의입니다. 그래서 혹시 내일도 시간이 되시면 이렇게 또 오셔서 오늘 못 다한 말씀도 더 하실 수 있을 것 같고요. 두 번째는 혹시 못 오시면 그 질문에 관련해서 강근택 대사님 말씀하신 것, 문서로 보내주셔도 도움이 될 것 같습니다. 사실은 시간에 비해서 말씀하실 분이 많기 때문에 아마 편안하게 말씀하실 기회가 충분치 못했을 텐데요. 시간 제약상 그렇게 된 것 같습니다. 오늘 하루 종일 좋은 말씀 많이 해주시고 너무 감사드리고요. 내일도 또 뵀으면 좋겠습니다. 그럼 오늘 회의는 이걸로 마치겠습니다.

III
북방정책
평가와 교훈

III. 북방정책 평가와 교훈

김종학: 오늘은 2회차 회의로서 북방정책과 7·7선언의 사후 정책, 사후 처리에 대해서 논의를 하겠습니다. 오늘도 어제와 마찬가지로 한양대학교 엄구호 교수님께서 사회를 맡아주시겠습니다.

엄구호: 오늘 참석해주신 공로명 장관님 감사드리고요, 그리고 또 계속 참석해주신 다른 참석자 선생님들께 감사 말씀 드립니다. 오늘 주제는 북방정책의 수교 이후 후속 조치에 관한 논의가 되겠습니다. 그렇지만 오늘도 의제 형성이나 수교 과정에 관련해서도 만약에 말씀이 있으시면 잘 연결해서 말씀을 하셔도 좋을 것 같습니다. 시작은 어제 매듭을 짓지 못한 한소 경협자금 문제를 조금 명확히 규명을 하고 후속 조치를 논의하도록 하겠습니다.

어제 말씀을 잠깐 요약하면, 경협자금 30억 달러는 소련 측의 요청이 없었는데 8월 달에 수교 교섭 단계에 가서 김종휘, 김종인 두 분의 제안과 결정으로 이루어졌다, 어제 그런 말씀이 있으셨습니다. 그 말씀은 이때까지 알려져 있는 것과 달리 우리가 수교 과정에서 경협자금을, 정확한 액수는 몰라도 제시를 했고, 소련에게는 그런 경협자금도 수교를 결정하는 하나의 요인으로 작용을 했다, 이렇게 저희는 생각을 했었습니다. 하지만 어제 말씀은 소련은 경협자금을 요청한 적이 없고 샌프란시스코 정상회담에서도 경협자금 얘기가 나왔을 때, 고르바초프가 오히려 불쾌해했다, 그런 증언이 있었습니다. 그래서 혹시 경협자금의 결정, 또 경협자금 결정 이후의 집행, 왜냐면 30억 달러가 다 집행이 되지 않았기 때문에, 그런 것과 관련해서 혹시 기억이 있으시면 말씀을 부탁드리겠습니다. 공로명 장관님께서 당시의 영사처장이셨고, 수교 과정의 일선에 계셨기 때문에 혹시 경협자금에 대해서 기억하시는 일이 있으신지 잘 모르겠습니다.

소련의 한국 경협자금 주목 여부

공로명: 이렇게 얘기하면 좋을는지 모르겠습니다. 왜냐면 저희들은 당시 소련과의 수교를 바랐고, 소련 측에서는 그때 잘 아시다시피 그러한 경제 사정이었기 때문에 경제 협력을 간절히 바랐거든요. 더군다나 예전의 서방세계에서는 온전히 생각할 수 없던 건데, 페레스트로이카(perestroika), 글라스노스트(glasnost) 이후, 새로운 소련의 고르바초프 등극 이후 그냥 경협의 길이 트이니까, 속된 얘기로 하면 소련 쪽에서는 한국의 경제 협력에 대해서도 상당히 눈독을 들였습니다. 그 단적인 예가, 샌프란시스코 페어몬트 호텔에서의 한소 정상회담이죠. 그 정상회담에 저는 배석은 안했지만 배석했던 최호중 장관을 통해 당시의 얘기를 들을 수 있었습니다. 여러 사람이 노태우 대통령에 관한 얘기를 회고한 기록이 있습니다. 아마 『노태우 대통령을 말한다』는 책을 받으신 분들도 꽤 계실 건데 저는 그 책 안에 있던 걸로 기억을 합니다만. 당시 노태우 대통령이 소련과의 국교를 바

공로명 장관

란다 하고 양국의 관계를 틈에 있어서 우선 수교를 원했거든요. 그랬더니 고르바초프 얘기가, 그럼 길이 여러 가지가 있는데, 우선은 자꾸 왔다 갔다 하면 길이 자연히 생긴다 하는 얘기를 했습니다. 그래서 우리가 듣기에는 경협이 우선이다 하는, 그런 인상을 받았습니다.

실제로 그 후에 나오는 한소 정상회담에 대한 신문 발표가 있었는데, 아마 6항쯤에 경제 사절단이 서로 왕래한다는 얘기가 들어있습니다. 그리고 실질적으로 바로 경제 부수상을 단장으로 하는 소련의 경제 사절단이 왔고요.

이런 과정을 통해서 소련은 우리의 경제 협력에 대해서 굉장히 깊은 관심을 표명하고 기대를 했던 건 사실입니다. 그러한 기대에 부응하기 위해서 결과적으로 나온 게 10억 불의 현금차관, 그 다음에 20억 불에 달하는 소위 상품차관이죠. 그래서 통틀어서 30억 불에 달하는 경제 협력이 결국 소련하고 이루어지는데, 당시에 국내에서는 여러 가지 이야기들과 말이 많았습니다. 이건 수교가 아니라 경제를 통한 관계 개설이 아니냐는 비판도 있었습니다. 그걸 어떻게 보느냐 하는 것은 우리 각각의 관점이 다르겠지만 결과적으로 그러한 30억불의 랜섬 (ransom) 경제 협력이 이루어졌다는 건 얘기할 수 있죠.

동구권과 수교할 때 경협은 패턴화된 형태

위성락: 제가 경협 부분에 대해서는 깊이 알고 있지는 못하고, 협상하지도 않았습니다만 그 시기에 한 자리에 있었고, 협상 자리에 따라 다녔습니다. 제가 협상은 안했지만 그런 데서 느낀 점을 말씀드리겠습니다. 우선 큰 콘텍스트에서 보면 그 당시에 우리가 동구권 국가, 소련까지 이런 나라들하고 수교를 하면서 경협을 준다는 것은 거의 패턴화 돼있었다고 생각합니다. 헝가리도 그랬고, 폴란드도 그랬습니다. 액수가 문제였지, 그렇게 돼 있었습니다. 소련도 거기서 예외는 아니었다는 말씀을 첫째로 드리고 싶고, 둘째는 소련하고 관계를 개척 할 때 비선들이 초기에 작동을 합니다. 박철언 씨도 있고 여러 교수들도 계시고, 많이 있었거든요. 거기서 무슨 얘기가 오갔는지 우리는 모르지만, 아마도 거기서 어느 누구도 경협을 배제하지 않았을 것이고, 또 얘기 했을 것이라 봅니다.

　나중에 소련 사람들하고 수교된 후에 후일담을 들어보면, 우리가 30억 불을 주기로 낙찰이 됐는데 그 수치는 자기들이 들어본 중에서 가장 적은 수치였다,

이렇게 얘기하는 사람들이 꽤 있었어요. 그러니까 언오피셜리(unofficially) 많은 액수 얘기가 오갔었다고 봐야 됩니다. 어찌 보면 약간 미끼일 수도 있지만 나중에 그런 저런 것들의 패턴과 우리가 비선에서 오간 이야기들을 뭉뚱그려 보면 경협을 준다는 것은 당연시 돼버린 게 아닌가 보고요. 액수가 그렇게 낙찰된 배경은 정확히 모르지만 김종인, 김종휘 팀하고 저희까지 해서 모스크바에 가서 첫번 회의를 한 기억이 있습니다. 러시아 측에서는 마슬류코프가 나왔던 것 같은데, 어떻게 진행했냐면 개막식을 큰 자리에서 하고 오프닝 스테이트먼트(opening statement)를 하고, 바로 정리하고 공식회의는 막을 내렸어요. 나머진 다 빼고. 극소수 인원이 막후 협의를 하였습니다. 그래서 저는 밖에서 보고 있었는데 액수에 대해서 저는 개인적으로 좀 많지 않느냐, 수교는 사실 영사처가 설치된 후에는 이제 시간문제인데 굳이 경협을 많이 할 필요가 있느냐 그런 생각 가진 게 사실입니다. 좀 지나치게 말하면 안 줘도 된다는 생각을 했습니다. 수교에 대해서는 이미 양측의 생각이 다 기울었고, 북한도 이 문제에 대해 포기했고, 소련도 수교 시기가 1년 후냐 2년 후냐 3년 후냐를 가늠하고 있다는 걸 알고 있었기 때문에 굳이 경협이 필요하냐는 생각은 했지만, 이미 그간 차례로 오간 이야기들이 있는 것 같았습니다.

또 하나는 좀 흥미로운 이야기에요. 제가 이것은 100프로 자신 있게 말은 못하지만, 경제부처 관료들을 보면 경협자금을 기를 쓰고 줄이려고는 하지 않는 관성도 있었습니다. 그건 왜 그런가 하면 상품차관으로 하면 결국 우리 기업이 돈을 받고 우리 상품들이 들어가기 때문에 그 비하인드에는 우리 기업들이 결국 그것을 수혜를 받는 거죠. 나중에 보면 5대 재벌이 그걸 일정한 비율로 나눴습니다. 예컨대 현대, 삼성. 엘지 등이 몇 대 몇 몇 대 몇, 2: 2: 1.5 이렇게 나눠 받았어요. 그러다 보니까 그쪽에서도 로비도 했을 것이고, 결과적으로 확 줄이기보다는 일정액을 주고 그 수혜를 우리 기업들이 상품을 보내는 걸로 받고, 그런 다이

나믹스(dynamics)도 좀 있었습니다. 결국 돌고 돌아서 30억 불이 됐고, 그것을 집행하다가 소련이 붕괴되는 상황을 맞아 상황이 극도로 악화되니까 상환에 의문이 생겨 15억 불까지 하고 줄이려 그랬죠. 그런데 사실은 그 30억 불을 만들어줄적에 우리가 가지고 있는 돈을 지불한 게 아닙니다. 우리에게 그런 돈, 여유 자금이 있지 않았습니다. 그래서 돈을 꿔왔었습니다. 외국에서 돈을 빌려와서 줬어요. 우리 돈도 보태고, 빌려온 돈도 보태고 그래서 줬죠. 우리도 이자 상환을해야 되는데, 저쪽이 붕괴되어서 이자 상환이 잘 안될 것 같으니까 급히 15억 불을 중단하고 그 후에는 이제 일부는 무기로 받고, 일부는 리스케줄(reschedule) 해가지고 지금에 이르렀고, 현재까지 잘 상환이 되고 있죠. 나중에 수교를 한 뒤한참 있다 보니까 또 어떤 역설이 작동했다고 생각 되냐면, 그때 줬던 상품차관, 처음에는 우리가 왜 30억불이나 하느냐 하는 생각이 있었지만 돌고 돌아서 보니까 그 상품들이 러시아 안에서 우리 상품의 인지도를 높여준 것이고 결국 그 후에우리가 가전제품이나 모든 면에서 러시아 시장에서 우위를 차지하게 된 역설적 배경도 있었다는 얘기를 말씀드리고 싶습니다.

정부의 일관된 입장은 선수교-후경협

공로명: 잠깐 추가로 말씀드리면. 경협이 먼저냐 수교가 먼저냐 하는 문제는 그때 내부적으로도 상당한 쟁점이 됐고, 국민의 눈에서도 쟁점이 됐었는데, 정부는 일관되게 선수교 후협력이라는 입장을 유지했습니다. 왜 그랬느냐면 우리가 1965년에한일 수교를 합니다마는 그 이전에 62년부터 김-오히라 메모 이후에 말이죠, 우리 국내에서는 수교가 이루어지기 전에 경제 협력이 되는 것, 즉 일본의 돈부터들어오느냐 하는 문제에 대해 아주 민감했고 국민적인 반대들이 심했어요. 그래

서 선수교 후협력이라고 하는 것은 우리에게는 원칙이 되었죠. 하나의 넘지 못하는 원칙, 넘어서는 안 되는 그러한 벽이었는데, 그런 의미에서 우리가 수교를 자꾸만 앞세웠거든요. 그래서 결국 소련 측에서 91년 1월 1일을 기해서 수교를 하자고 합의안을 가지고 우리한테 왔어요. 그런데 우리가 그걸 가지고 한소 정상회담이 이미 이루어지고 합의됐는데 자꾸만 그렇게 시간을 끌 필요가 뭐가 있느냐, 그래서 UN에서 한소 외무부장관 회담을 세트(set)하기 위해서 굉장히 노력을 했습니다. 그 후 한소 외무부장관 회담이 세트되고 9월 30일 뉴욕에서 만났는데, 다들 그 자리에서 수교가 합의됐어요. 그때도 소련 측은 계속 12월 31일, 1월 1일 이 안을 고집을 했거든요. 위 대사는 그때 과장 아니었어? 아니, 이수혁이가 과장이었다. 이수혁 대사가 동구 과장 때였는데, 그래서 실제로 저희 측에서도 처음에는 세 가지 안을 가지고 나가자고 얘기를 했습니다. 하나는 백지로, 날짜와 공간을 백지로 하고, 둘째는 91년 1월 1일로 하는 거고, 셋째는 9월 30일, 즉 외무부장관 회담에서 하는 안, 그렇게 세 개를 가지고 가자고 했어요. 그런데 막상 뉴욕에서 봤더니 이수혁 과장이 가지고 온 게 1월 1일이에요. 그래서 9월 30일로 합의하고 나서 셰바르드나제하고 최호중 장관이 그 자리에서 그 날짜는 지우고 9월 30일을 집어넣는 이런 일이 있습니다. 그러고 나서 여러분이 아시는 소련 측의 경제사절단도 한국으로 오고 말이죠. 그래가지고 91년에 결국, 제가 아까 말씀드린 랜섬 경제 합의가 이루어진 거죠. 그 점은 우리가 나름대로 우리의 대의명분을 살렸다고 얘기를 할 수 있는 거죠.

한일 국교정상화의 역사적 맥락에서 보는 경협과 수교

조동준 교수

조동준: 잠깐 질문을 드리고 싶은 게 있습니다. 1960년대 한일 국교정상화 회담 중에서 경협과 수교 중에 순서가 수교가 먼저 이루어져야 되고, 경협이 나중에 이루어져야 한다고 하는 어떤 합의, 어떤 마음 같은 게 만들어졌다 그러셨는데, 왜 1960년대에 그와 같은 생각을 국민들이 동의하게 됐는지, 혹은 그 정책 결정자 집단에서 수교가 먼저 이루어지고 그 이후에 경협이 이루어져야 된다는, 그런 생각을 공유하게 됐는지 좀 설명해주시기 바랍니다. 처음 듣는 얘기라가지고 개인적으로 궁금합니다.

공로명: 그건 제가 아까 말씀드렸잖아요. 우리가 65년에 한일 수교가 이루어지기 전에 이미 62년서부터 말이죠. 실질적으로 민주당 정부 때니까 4·19 이후부터 많은 일본 사람들이 한국을 오기 시작하고 경제 침투가 진행되기 시작합니다. 아마 생각들 나실 거예요. 그때에 국내에서 굉장히 많은 말들이 있었어요. 그때 당시 한국 정부로서는 그야말로 경제 협력 우선이었거든요. 국가 발전에 자금은 필요하고 말이죠. 이런 상황이었기 때문에, 소위 실용주의적 접근 측면에서 보자면 경제 협력을 받아들이자는 것이었지만, 아까 말씀드린 대로 한일 간의 특수한 정치 사정 때문에 우리 국민감정이 허용을 안 하니까, 그러한 우리가 트라우마를 하나 가지고 있었다는 겁니다. 그래서 소련과 한국의 수교에 있어서도 유사한 상황이 벌어진 거죠. 소련이 어떠한 나라입니까, 우리가 6·25 전쟁을 겪게 된

그 과정의 배후세력 아니에요? 따라서 소련하고의 수교에 있어서도 이러한 점에 우리가 굉장히 신경을 썼던 것은 사실입니다. 또 실질적으로 수교 후에도 말이죠, 왜 소련이 사과가 없느냐, 정상회담 외에 분명한 사과가, 유감 표시가 없느냐 하는 게 굉장히 꼬투리 잡을 쟁점도 되기도 하였죠. 이러한 민감한 문제가 배경에 있습니다.

폴란드에 대한 경협자금이 증액된 일화

최병효: 위성락 대사께서 좋은 말씀하셨는데, 말하자면 한소 경협자금 저는 그 돈을 안주고도 수교는 충분히 가능했다고 생각합니다. 시기 문제에서 우리가 1년이든 2년이든 기다리면 되는 건데 굳이 그걸 왜 줬냐면, 아까 여러 가지 다이나믹스 속에서 설명이 잘 된 것 같아요. 우리 측에서도 상품차관, 은행차관, 전대차관 등 여러 가지가 있는데 상품차관 같은 것은 우리 기업에 의미가 상당히 강했습니다. 그래서 그건 뭐 물건 수출하는 거니까, 우리 측에서 큰 거부감이 없었을 것이고, 문제가 되는 건 아마 은행차관하고 전대차관, 이런 게 문제가 되는 거였습니다.

제가 폴란드와 수교 교섭할 때에도 사실은 폴란드에서 수교 교섭대표가 왔습니다. 그래서 비밀리에 그 당시 홍순영 북방외교 본부장하고 저하고 가서 만났는데 우리가 재무부로부터 EDCF(Economic Development Cooperation Fund: 대외경제협력기금) 자금을 4,000만 불까지 제공할 수 있다는 이런 사전 허락을 받았어요. 그래서 4,000만 불 가지고 폴란드와 수교 교섭을 끝내라는 훈령을 받았어요. 그런데 폴란드 측에서는 10억 불을 처음에 얘기했더라고요. 그러니까 홍순영 그 당시 차관보가 "올림픽 금메달하고 은메달은 하늘과 땅이다"라고 얘기했어요. 그 사람들이 알아요, 헝가리에게 우리가 6억 2,500만 불 줬다는 것을. 그런데 폴란드는 큰 나라니까 10억 불 내놔라는 것이고, 우리 쪽에서는 금메달과 은메달은 하늘과 땅의 차이니 그건 안 된다는 것이었죠. 처음에 우리가 한 3,000만 불을 얘기했더니 터무니없다고 그때 그러더라고요. 그래서 훈령에 최대 4,000만 불이니까 4,000만 불로 하자, 그랬는데 훈령에 없는 걸 홍순영 차관보가 제안을 해버렸어요.

그전에 제가 홍순영 차관보를 모시고 재무부 경제협력국장님과 폴란드에 간 적이 있었는데, 그때도 이 사람들이 10억 불 얘기를 해서 그냥 돌아왔던 일이 있었습니다. 그때 이상하게 홍순영 차관보는 그런 감정을 가지고 있더라고요. "폴란드가 참 가난한 나라인데 우리가 도와줘야 된다"는 감정을요. 그래서 "제가 보기에는 우리나라보다 나은데요", 그랬죠. 당시 홍순영 차관보는 "유럽 국가하고 수교하는데 외교력도 모자라니까, 그래도 불쌍한 나라니까 도와줘야지", 이런 감정을 가지고 있었어요. 그런 바탕에서 서울에서 회담을 하게 되었습니다. 그때 4,000만 불이라는 것은 분명히 재무부에서 내려준 뤼튼(written) 훈령입니다. 그런데 그걸 초과해서 이 양반이 갑자기 즉흥적으로 5,500만 불로 합의를 하자 이러더라고요. 저쪽에서는 그냥 억셉트를 했어요. 그렇게 합의하고 돌아오니 이거 큰일이 난 거예요. 재무부 훈령이 이런데. 그래서 외무부의 장, 차관께 보고하니까 "니들 어떻게 하려고 그러냐, 당신이 해결하라. 난 책임 못 진다"고 하셨죠. 그런데 홍순영 차관보가 다행히 당시 재무부 차관을 잘 알고 있었어요. 그분을 찾아가서 "좀 살려 달라, 이건 우리 뜻이고, 우리가 잃어버릴 돈은 아니다, 결국은 찾을 수 있는 돈이다, 투자니까, 정부 경협자금이다", 이렇게 어렵사리 설득해서 추가로 승인을 받아낸 것이죠.

최병효: 재무부 이동우 차관이네요. 홍순영 차관보와 충청북도 고향 사람이라 잘 아는 사이였어요. 하여간 폴란드 문제는 홍순영 차관보가 총대를 메서 겨우 해결했는데, 그런 식으로 상대방의 요구에 조금 더 자꾸 부응하려고 하는, 그런 면이 우

리 측에 있었어요. 헝가리의 경우 은행차관을 갖다가 전대차관으로 해서 전보다 추가가 되었죠. 헝가리의 경우에는 나중에 회수가 되었습니다. 폴란드 경우에도 제가 그 후에 폴란드 대사관에 근무하면서 EDCF 자금을 집행했는데, 주로 삼성이 TDX 교신 시설을 입찰하여 성사되고, 그래서 회수하는 데는 문제가 없었어요. 전체적으로 볼 때 헝가리와 폴란드의 사례에서는 경협자금 제공이 우리 경제가 진출하는 데 있어 분명히 큰 도움이 됐습니다. 그러나 소련의 경우에는 그 후에 많은 후유증이 생겼잖아요. 우리가 30억 불 약속했지만 다 주지 않았고, 또 소련이라는 큰 나라인데도 이자조차 못내는 상황도 맞았습니다. 중국과 우리와의 수교 때는 중국 측에서 돈 달라는 것도 없었고 우리가 준 것도 없었습니다. 소련의 경우에는 경제가 어렵기 때문에 그쪽에서 요구했을 가능성이 있는데 그걸 우리가 굳이 그 큰 나라한테 도와준 것입니다. 상품차관 정도로 끝냈으면 좋았는데, 거기다가 현금이 들어가는 것은 상당히 문제가 있었고, 나중에 한소 관계의 진전에도 큰 장애물이 됐지 않나 전 그렇게 생각하고 있습니다.

비선 외교로 풀었던 공공차관, 그리고 브라운 각서

이동복: 이런 문제들을 생각하면서 우리가 관점의 하나로서 참고할 필요가 있는 일이 있습니다. 뭐냐면 1961년에 군사 혁명이 일어나서 군사정권이 들어서고, 박정희 체제가 들어서고 나서 경제건설을 위해서 한일 수교를 하고 그 다음에 월남 파병을 하고, 그리고 그 연장선상에서 북방외교가 추진되는 단계로 넘어가는데 그 당시에 우리 외교에서 굉장히 특징적인 현상 중의 하나가 비선외교입니다. 이 비선외교를 통해 많은 문제가 결정이 되고, 그 비선외교를 통해서 결정되는 사항 중에 상당 부분이 이런 이해관계를 가지고 외교 문제와 엮어서 어떤 조건을

만드는 일이 많이 이루어졌어요.

가령 한일 국교정상화 협상 때도 그런 문제가 있었습니다. 또 그것이 비단 외교뿐만 아니라 여러분이 기억하시는지 몰라도 장기영 씨가 경제 부총리가 된 뒤 여러 가지 건설 프로젝트를 시작하는데 자금이 없었어요. 자금은 없고 그때는 공공차관이 없을 때니까, 상업차관은 한국에 누가 줍니까? 그래서 국제 금융브로커인 아이젠버그와 접촉을 해가지고 아이젠버그의 소위 이블(evil) 차관이라는 것을 들여와 백 몇 개 프로젝트를 진행했습니다. 이것이 아주 굉장히 나쁜 차관이라서 그때 들어온 차관 중에서 성공적으로 착근한 것은 한 건인가 두 건 밖에 없었어요. 나머지 프로젝트는 다 실패했는데, 그 대신 이블 차관에 물려가지고 그 후에는 양질의 차관이 들어오기 시작해서 박정희 정권의 경제 건설이 불붙기 시작했습니다. 그것을 하면서 정말 자금의 결핍을 느끼고, 그것을 해결하기 위해서 한일 국교정상화가 이루어졌습니다. 거기에 이어서 박 대통령이 정말 우리가 생각할 수 없는 수를 뒀습니다. 워싱턴에 가서 존슨(Lyndon Baines Johnson) 대통령한테 미국에서 요청도 안했는데 우리 전투사단 2개 사단을 보내겠다고 했습니다. 그러니까 존슨이 그야말로 감격을 해가지고 브라운(Harold Brown) 행정부에다가 한국을 지원하는 여러 가지 방안을 협상하라 했습니다. 그 결과 나온 것이 브라운 각서 아니에요? 그 브라운 각서가 사실은 우리 경제 건설에 결정적인 도약대가 됐죠.

이런 것을 우리가 돌아보면서 비선외교 문제를 아울러 생각해 보면, 내가 보기에 비선외교를 둘러싸고 굉장히 많은 일들이 있었던 것 같습니다. 사실 남북관계에서도 비선외교의 일종의 후렴이 이어졌고, 비선외교로 인해 여러 가지로 어려운 상황도 많이 있었어요. 그러니까 그 당시에는 우리가 처했던 상황 속에서 비선외교가 불가피했던 점이 있고, 불가피했던 비선외교 때문에 과했던 부분도 있고 부족했던 부분도 있고, 그런 문제가 생겼다 하는 것을 좀 객관적으로 우리가 이해할 필요는 있겠다, 전 그런 생각을 합니다.

비선외교의 명암과 그 교훈

위성락: 좋은 말씀을 주셔서 저희가 논의를 하는데, 호라이즌(horizon) 하나를 새로 여신다는 느낌이 듭니다. 비선의 경우에는 명암이 있습니다. 우리 외교의 역사에서 대부분 그런 일이 있었습니다. 우리가 아쉽고 급하기 때문에 그렇게 길을 열기 위해서, 그러니까 우리가 협상의 상대방과 견주어보아 약세이니 그걸 시작하는 거죠. 그래서 비선을 열죠. 거기에는 명(明)이 있습니다. 분명히 거기서 오는 플러스 요인이 있지만 당연히 또 암(暗)이 있습니다. 그러니까 오늘 같은 자리도 사실 우리가 그것들을 짚어보는 노력이라 생각합니다. 거기에 플러스적인 내용은 뭐였고 한계는 뭐였는지, 또 어떤 것이 더 나은 건지 돌아보는 겁니다. 결국은 비선으로 시작하더라도 어느 시점에서 비선은 내려놓고 공적인 오피셜한, 정식 외교로 넘어가야 합니다. 문제는 그게 언제 나타나느냐, 그 전환 포인트가 언제냐, 또 비선과 공식 간 배합률은 어떠했나, 어느 정도로 섞어야 되나, 이런 등등이 언제나 문제가 됩니다. 그건 정답이 없는 겁니다.

그런데 이렇게 우리가 히스토리를 돌아볼 때에는 이게 배합률이 맞았는지, 암은 뭐였는지를 짚어보고 가야 한다고 생각합니다. 경협 얘기를 지금 하고 있는데, 경협의 경우에도 초기에 비선에서 여러 사람들이 움직이면서 경협을 제공하겠다는 얘기가 오갔을 것입니다. 박철언 씨가 활동하던 애초에도 그랬을 것이고 그런 일이 많이 있었습니다. 예컨대 그러다 보니까 우리가 뿌리 칠 수 없게 되는 족쇄가 되는 점도 있고요. 다른 예를 하나 들자면, 서울에 러시아 공사관이 있지 않습니까. 터가 있죠. 그 터는 사실 공화당 때 도심 계획이나 매각 등에 의해 다 없어졌습니다. 현재는 있지 않아요. 사적지 하나만 조그맣게 남아 있어요. 종탑만 있습니다. 그런데 그것도 나중에 보니까 어떻게 된 건지 러시아 측에다가 거의 다 돌려준다고 말하는 사람이 비선 접촉 과정에서 있는 겁니다. 비선 간에는 그렇게 알고 있는 거예요. 그런 것도 또 하나의 예가 되고, 경협도 다른 예일 것이고, 이렇게 되짚어 보면서 그런 과거를 어떻게 좀 짚어서 레슨(lesson)을 얻는 것도 좋겠다 싶습니다.

중국은 경제 발전과 기술 습득을 위해 수교에 적극적

염돈재: 아까 공로명 장관님께서 선수교 후경협, 그걸 할 것이냐 하는 원칙이 있었느냐, 대강은 한일 관계에 비추어서 원칙을 가져가서 이렇게 됐다고 얘기하셨습니다. 그런데 제가 실질적인 북방정책을 추진하던 실무자의 입장에서, 그리고 박철언 장관님 입장도 마찬가지고요, 그런 원칙은 사실 없었습니다. 왜 그런가 하면, 선수교라는 것이 우리에게 가장 바람직한 것이지만, 상대방이 선수교를 원치 않았거든요. 먼저 경제적인 대가를 받고 그렇게 하길 원했던 겁니다.

그리고 또 한 가지, 중국에 대해서는 우리가 선수교 후경협이 가능하지 않다고 봤어요. 왜냐하면 그때만 해도 중국이 두 개의 중국을 용인하지 않는 것과 마찬가지로 한반도에서 두 개의 한국을 용인하려 하지 않았습니다. 그것은 바로 두 개의 중국을 용인하는 것 같은 딜레마가 있었기 때문입니다. 그래서 어제 말씀드린 대로, 그 딜레마가 풀린 것은 바로 남북이 UN에 동시가입(1991. 9)한 후에, 중국이 그렇게 만든 후에 우리와 수교를 했던 겁니다.(1992. 8) 그전까지는 청와대에서도 중국과는 경제 관계만 돼도 좋다, 정치 관계는 자연히 온다고 생각했습니다. 그리고 어제 말씀드렸지만, 그때 당시 국제정치학 이론을 풍미한 것

'북방정책과 7·7선언' 회의 전경 8(2019. 11. 2(토) 3세션)

이 바로 기능주의적인 접근이었습니다. 사람이 왕래하고 물자가 왕래하면 자연스럽게 관계가 이루어진다는 것이었습니다. 고르바초프가 맨 처음에 얘기한 것도, 수교 전제로 왕래가 있어 그런 것에 기초하여 서로 이해를 넓히기 위한다는 것이었습니다. 우리가 사실 북방정책을 공격적으로 추진하면서 6·23선언 이후 나름 여러 노력을 했지만 그때 곧 바로 수교를 한 것은 아니거든요. 어떻게 하면 인적 교류를 늘리고 경제 교류를 늘리느냐, 그래서 수교 여건을 개척하느냐 그런 것이었습니다. 그래서 선수교 후경협이라는 그런 확고한 원칙은 존재하지 않았다고 말씀드릴 수 있습니다.

그 대신 소련과 우리가 어떻게 해야 하겠습니까? 우리야 처음에는 수교를 빨리 하기를 원했죠. 그런데 소련에서는 맨 처음에 한소 정상회담에서 경제 협력 문제에 대해 고르바초프가 그건 자신의 관심사항이 아니라고 얘기를 했거든요. 그랬는데 우리 측에서는 경협 문제와 관련하여, 헝가리의 사례도 있어 경협의 중요성에 대해 점점 언론에서 보도하기 시작했고, 소련 관계자들도 그때 경제가 어려우니까 한국 측에서 이런 용의가 상당히 있으니 우리가 이용해야 될 것 아니냐는 생각을 하며 적극적으로 나섰던 것이라고 봅니다.

중국과는 만약 92년에 수교가 되지 않았다면 경제 관계를 넓혀 갔을 것입니다. 그런데 수교와 경제 교류 사이에는 밀접한 상관관계가 있어요. 예를 들어 대규모 투자를 하려면 양국 간에 협정이 있어야 해요. 이중과세 방지 협정, 투자 보호 협정 같은 것이 있어야 합니다. 헝가리 같은 나라에 6억 불 넘게 주는데 이게 결국에는 양국의 수교가 없이는 할 수 없는 거잖아요. 그러니까 그런 것들이 딱 맞물려 있던 상황이었던 거예요. 그렇기 때문에 중국도 우리하고 수교를 빨리 해야만, 자기들이 원하는 한국의 기술 습득과 여러 교역 관계를 진행할 수 있고, 그것을 빨리 촉진하기 위해서는 양국의 관계 정상화가 되는 것이 완전히 편한 것이라 판단한 것이죠.

중국의 경우 그때 가장 눈독을 들인 것이 바로 포철입니다. 등소평이 포철의 기술을 어떻게 한번 얻기 위해서, 우리와 수교 교섭에 이르기 훨씬 전부터 포철과의 관계를 잘 만들려고 상당한 노력을 했습니다. 포철에 이대공 상무라는 분이 있었는데 박철언 장관님의 친구였어요. 이대공 상무가 와서 포철과 중국과의 경제 관계를 빨리 하자, 투자를 하는 것이니 포철에도 이익이 되는 것 아니냐고 했습니다. 그때 박철언 장관님도 빨리 하는 게 좋지 않냐 했고 무엇보다 등소평이 워낙 바라는 거였어요. 그래서 제가 강력히 말씀드렸어요. "우리나라도 내거는 것이 있어야지 그렇게 쉽게 그냥 경제적인 관점만 볼 수 없다. 이대공 상무가 지금 너무 빨리 가고 있다. 우리가 선점하고 있을 때, 경협과 수교가 맞물려 가도록 해야 한다"고 했죠. 헝가리와 교섭할 때도 그렇게 많은 돈이 아니었다면, 아마 수교 관계는 없이 경제 관계를 먼저 확대했을 겁니다. 헝가리와 마찬가지로 동유럽 국가들과도 수교하기 전에 교역을 중심으로 경제 협력 관계가 상당히 이루어졌거든요. 그러니까 반드시 그런 원칙 하에서 한 것이라기 보다는 그때 노태우 대통령께서는 정책에 의미도 있고 하니까, 어떻게 하든지 관계를 개선하는 것에 중점을 뒀다, 그렇게 보시면 될 겁니다.

정태익: 소련은 막대한 재정 위기에 봉착하자 한·소 수교를 위해 30억 달러를 요구했고, 우리가 동의해 합의가 이뤄졌지요. 하지만 실질적으로 집행된 액수는 15억 달러였어요. 수교 후 바로 소련이 해체되는 바람에 실질적으로 우리 차관이 들어간 것은 15억 달러였어요. 그중 절반은 현금 절반은 현물로 이행되었어요. 현물로 들어간 물품이 전자제품이라서 소련 소비자들에게 엄청난 인기를 끌어 의외의 정치적·외교적 효과를 거둔 결과를 가져왔습니다. 소련의 지도자뿐만 아니라 일반 국민들도 한국의 전자제품에 대한 호감도가 최고조였지요. 그러한 것들이 우리의 북방정책 추진에 좋은 영향을 미쳤습니다. 그러한 배경에는 우리의 경제력이 큰 역할을 했다고 생각합니다. 북방정책의 성공은 북한에게는 역사상 가장

큰 악몽이었을 것입니다. 한·소 수교로 북한은 생존의 위협을 받게 되었고, 더욱이 소련은 서방과의 경쟁 실패로 해체되기에 이릅니다. 한국 정부는 냉전 종식 기회를 잘 살려 정부 수립 이래 오랜 꿈인 대동구원 진출이라는 최대의 외교적 성과를 이룬 것이 북방정책 성공결과라고 생각합니다.

북방정책을 통해서 우리가 소련과 수교 결실을 맺은 것은 북한에게 건국 이래 최대 위기로 인식되었습니다. 그 위기의식의 발로에서 나온 것이 남한과 타협이고, 핵개발 음모였을 것입니다. 자신이 약할 때 타협하는 것은 오래된 공산주의 특유의 전술입니다. 남북 관계사에서 가장 중요한 의미를 지닌 이 위기를 어떻게 대처하느냐 해서 나온 것이 바로 남한에 대한 접근이었어요. 그래서 그 접근 결과로 나온 것이 남북 기본합의서 채택과 미군의 핵반출과 남한의 핵무장을 막기 위한 한반도 비핵화 공동선언 채택이었습니다. 이러한 문서들이 채택된 배경에는 한마디로 소련의 해체라는 국제정세 변화는 물론이고 바로 우리의 획기적 경제 발전과 긴밀히 연결되어 있습니다. 즉, 자유진영의 축적된 힘의 발현과 시대 변화를 통찰하고 대비한 우리 외교정책의 성과물이었던 것입니다.

북방정책과 남북관계의 연계

엄구호: 네, 기왕에 북방외교 평가에 대해서 말씀을 하셨기 때문에 이제 각론으로 쪼개서 차근차근하게 논의를 해야 될 것 같습니다. 북방정책의 특징, 특히 7·7선언의 특징이라고 하면 북방외교하고 대북 통일정책을 결합시킨 것이다, 저희가 보통 그렇게 평가를 하고 있습니다. 그런데 결과적으로 북방정책이 좋은 성과만을 거뒀느냐, 또는 원래 7·7선언의 취지에 맞춰서 북방정책이 집행이 되었느냐, 그런 측면에 대해서는 논란의 여지도 있을 수는 있습니다.

엄구호: 그럼 조동준 교수님 먼저 질문하시죠.

조동준: 지금 북방정책에 관여하여 그 안에 기획하신 분들이 구본태 선생님하고 염돈재 선생님, 강근택 선생님 계시니까요, 이 세 분께는 아주 짧게 질문을 한번 드려보는 게 좋을 것 같습니다. 어제 김석우 차관님께서는 X, Y, Z라는 것을 가지고서 소련, 그 다음에 중국, 맨 마지막 Z가 북한이다, 이렇게 표현하셨거든요. 그러면 처음에 북방정책을 기획하셨을 때 맨 마지막 Z, 즉 북한이 어떤 상태로 되는 것이 목표였는지 그 얘기를 하셔야지만 그 후에 평가가 이루어질 수 있을 것 같아요. 그래서 저는 세 분 선생님께서 과연 북방정책을 기획할 당시에, 북한에 대해 우리가 여기까지는 가겠다 하는 지점이 있었는지 그걸 좀 알려주시면 고맙겠습니다.

강근택: 제가 이야기 할까요? 지난번에 말씀드린 대로 북방정책 할 때, 대북정책과 같이 연결해서 했습니다. 그래서 이것을 하고 나면 바로 우리 통일 방안을 새로 마련한다고 생각했습니다. 그런데 통일 방안을 보면, 그때 이홍구 통일원 장관님과도 쭉 상의하고 구본태 실장하고도 다 했는데, 그때의 통일 방안은 그 앞의 민족화합민주 통일 방안과는 달라서 잠정 여지를… 아, 잠정 기간을 두는 걸로 잡았습니다. 그게 이제 경제 공동체, 사회문화 공동체, 최종적으로는 정치 공동체로 해서 통합을 이룬다는 겁니다. 그러면 이것은 투 코리아를 상정하는 겁니다. 그래서 내부적으로는 잠정기간이 상당히 걸린다는 것을 생각했던 것입니다. 이홍구 총리께서도 사회경제 공동체까지 가는데도 한 10년이 걸리며 간다, 그 다음에 사회, 문화 통합책은 굉장히 어렵고, 더 시간이 걸려 20년 정도 걸린다. 특히 마지막에 정치 통합체로 가는 데까지는 엄청난 기간이 걸린다고 하셨습니다. 그렇게 우리가 다 긴 시간을 상정했습니다. 그러니까 이것은 우선 남북 간에 평화 공존을 해야 하며, 투 코리아로 상당기간 가지않으면 안된다는 것이었습니다. 이게 기본이었습니다. 결국은 원대하게 통일을 이룬다는 것, 이걸 레토릭

(rhetoric)으로는 쓰지만, 그건 국민한테 레토릭으로 쓰지만, 기본 바탕은 투 코리아로 간다는 것이었습니다. 여기에 또 흡수통일 문제가 나올 때, 흡수통일이야 대놓고 내세워 추진은 안하지만, 독일처럼 말이죠 하루아침에 어디서 무너지면 우리는 통합을 이뤄야 될 것 아닙니까? 그것에 대해서는 옛날부터 비상대책이 다 있고, 그 계획이 있었다 이거에요. 그래서 아시다시피 동독이 망하고 했을 때, 전 부처가 비상계획을 다시 고치고 그때 다 새로운 정세에 맞춰서 준비했다 이겁니다. 특히 우선의 방안은 투 코리아로 나가는 것이었습니다. 왜 그러냐면 그때, 지금 정부에서는 임기를 고려하지 않은 채 몇 십 년 앞인 2032년 올림픽 공동 주최 이런 것까지 상정하는데, 그때는 5년 단임이기 때문에 5년 단임 안에 할 일을 우리가 해야 된다, 이게 기본이었습니다.

통일 방안의 모색과 민족공동체론 부각

구본태: 외무부에서 생각하시는 것과 통일부가 생각하는 것은 좀 차이가 있는 것 같습니다. 실은 통일 방안 입안 부분에 제가 거의 처음부터 끝까지, 중간에 우리 이동복 국장님도 모시고 했지만, 관여를 한 사람 중에 하나입니다. 우선 1980년 북한이 6차 노동당 대회에서 고려연방제 방안을 던진 것이 그 이후에 등장한 어떤 정부에도 큰 부담이었습니다. 그때 이범석 장관께서 통일부 장관하셨어요. 6차 노동당대회가 열린다 그러니까 그때 제가 정치외교 담당관을 했었는데, "6차 노동당대회 열리면 통일 문제에 관한 이야기가 좀 나올까?" 그러시더라고요. "안 나오겠습니까?" 그러자, "그럼 말이지, 보고를 해야 되겠으니까 2시까지 정리를 해서 나한테 좀 갖다다오"라고 하셨어요. 10시에 노동당 대회가 열렸는데 김일성이 거의 30분 이상 고려연방제 방안을 내뿜었어요. 제가 들어도 감탄했다고

하면 거짓말이고 놀랐습니다. 고려라는 국호에다 10대 시정 방침에다가 우리가 통일부에 있으면서 생각했던 것보다는 상당히 많은 생각을 한 말이 쏟아졌어요. 그래서 이를 정리해서 드렸더니 장관께서 올라갔다가 내려오셨더라고요. 그래서 보고 잘하셨는지, 대통령께서 어떤 지침을 내리셨는지 물어보니, 대통령께서는 "고려연방제인가 뭔가 그보다 더 좋은 통일 방안을 만들어라", 이렇게 지시를 했다는 거예요.

그때부터 이 부분이 우리 통일부에는 중요한 과제가 됐습니다. 우리 사회에서는 문익환 목사가 나와 가지고 연방제 방안 내 걸었죠. 그리고 여러분도 잘 아시다시피 대학생들은 남북한 교류를 외치는 그런 국내적 상황이 계속되었습니다. 그런데 12월에 전두환 정권이 들어서고 난 이후부터 '아웅산 사건'이 생기지 않나 '수해물자 사건'이 생기지 않나, 계속해서 '칼(KAL)기 사건'이 생기지 않나 여러 사건들이 이어지면서, 대북 관계에 대해 국민들에게, 정부로서 뭘 하나 멋진 걸 보여줘야 된다는 그런 그게 제일 컸습니다.

도대체 7·7선언이 어디로 가느냐는 그런 질문을 해주셨는데, 저희 실무자들에게 당시 제일 큰일은 통일 방안이었어요. 도대체 고려연방제를 능가할 수 있는 통일 방안을 내놓을 수 있는지가 고민이었어요. 이동복 대표께서 그 당시 남북회담 사무국장으로 계시면서 '민족화합민주통일방안'을 내놓으셨는데, 이 약발이 잘 안 먹히는 거예요. 죄송합니다. 그리고 그런 식으로 해서 계속 가고 있는데 북에서는 연방제 공세를 하였고, 김대중 씨는 공화국 연방제를 제시했습니다. 그리고 연고대에서 봄에 하는 행사 있지 않습니까. 그 행사에 가면 조국 연방제 통일 방안을 묶어세우자는 주제를 가지고 이야기 하는거죠. 제가 통일정책실장을 맡았을 때 한번은 토론하러 나오라고 해서, 거기서 토론도 하고 했습니다. 그런 과정 속에서 통일부에서는 통일 방안에 대한 뭘 하나를 만들어야겠다는 기대와 부담이 있었습니다.

그러던 중 포럼을 하고 있다가 이홍구 당시 서울대 교수님께서 코리안 커먼웰스, 민족공동체라는 개념을 전해주셨습니다. 그래서 그걸 토대로 다듬고 있는 중에 7·7선언이라는 특별 작업에 참여하게 돼서 그 부분이 우리 7·7선언 내에 많이 반영됐습니다. 민족공동체 이야기가 7·7선언에 처음으로 나오는 겁니다. 그리고 그런 7·7선언을 만들다 보니까 외교부에서는 미국이나 관계 국가하고 그런 부분을 사전에 협의를 하게 되는데, 국내 인사나 단체에 대한 사전 협의에 관한 일은 통일부가 하라고 그랬어요.

그 즈음 국내에서는 이돈명, 문익환, 박형규, 계훈제 등 열두 분의 재야인사들이 시국성명을 냈어요. 당시 분위기는 재야인사들이 여론을 선도하고 있었고, 우리 정권은 국민들의 지지를 크게 받지 못하고 있었기 때문에 신경이 많이 쓰이던 상황이었어요. 장관님이 저를 불러, 이분들에게 가서 설명을 해야 되지 않겠냐고 해서 제가 이돈명 씨께 전화를 했어요. 우리 장관님께서 앞으로의 정책 관련해서 설명을 드리고 오라고 했다며, 7·7선언 초안을 갖고 가겠다고 말씀드리고 찾아뵙겠다고 했습니다. 제 전화를 듣더니 이돈명 씨가 "그런 거는 나 혼자만 들어서는 안 되지" 하면서 다른 재야인사들을 불러 회의를 소집했어요. 계훈제 씨를 포함해서 여러 분들이 오셨습니다.

실은 내가 그때 강 대사한테 말씀을 못 드렸는데, 이런 일이 당시의 여론을 다 모아서 반영하겠다는 의미에서 내용이 괜찮았습니다. 당시의 상황을 보면 서울의 대학교 총학생회들이 나서서 전대협을 만들고 북한 측에 6월 10일 날 판문점에서 만나자는 이런 이야기가 나오고 소요가 이어지던 때였어요. 그런 소요 속에서 7·7선언이라는 작업의 필요성과 당위성 같은 게 있었기 때문에, 재야인사들도 제가 찾아오겠다는 것에 긍정적으로 받아들였습니다. 그렇게 찾아 간 자리에서 제가 들고 간 7·7선언 초안을 딱 보여드리고 설명을 드렸습니다. 그분들이 보시더니 우리가 좀 이야기를 해도 좋겠냐고 해서 하시라고 했어요. 그때 기억나실지 모르겠는데, 그래서 그분들의 의견을 받아들여 몇 군데 문구를 고쳤어요. 쉽게 말씀드리면 우리 7·7선언은 적어도 국민적 합의문으로서, 국민의 내부적인 수요에 부응하는 것에 초점이 있었고, 북에 대해서 어디로 갈 것인가는 나중에 문제고 우선 내부적으로 이게 과연 국민적 여론으로 수렴할 수 있는 정권으로서의 정책이 될 수 있느냐 하는 것이 제일 큰 관심사였어요.

그리고 또 하나는 7·7선언의 정신을 담고 거기에 따라 '한민족공동체 통일방안'을 만든 일이었습니다. 그 방안의 모색은 실제로 따지면, 북한에서 고려연방제를 내세운 이후 이범석 장관이 통일방안 만든 그때부터 시작된 것이죠. 그때 이후를 헤아려보니까 관련 세미나만 214차례를 한 거예요 그게. 그러니까 우리 대한민국에 있는 정치학자들은 거기에 한 번씩은 어떤 형식으로든 초대해서 얘기했습니다. 그렇게 참여한 우리 학자들이 족히 1,000명 정도는 되는 거였어요. 그리고 평통 여론조사도 다수 진행했습니다. 이런 과정을 통해서 가급적 많은 여론을 수렴해가지고 우리 국내적인 통일 논의에 중심점을 좀 찾아야 되겠다는 게 가장 큰 생각이었습니다. 또 이홍구 총리께서 그 당시 통일부 장관으로 계실 때 개인적으로 YS와도 친하고 DJ와도 친하고 JP와도 다들 친하셨어요. 그리고 존경받는 입장이셨기 때문에 국회에서의 동의도 순조롭게 진행될 수 있었습니다. 대한민국의 정부 정책을 국회에서 만장일치로 통과시킨 일이 있을 수 있겠습니까. 그런데 그게 실현된 거예요. 그렇기 때문에 그게 생명력이 길어요.

그 이후에 YS 정권 들어섰고, DJ정권이 들어섰습니다. 현 시점에서 볼 때, 한민족공동체 통일 방안에 대해서는 손을 많이 봐야 됩니다. 그렇죠? 그 당시는 독일이 통일되기 전이었고, 통일에 대한 모델도 없었어요. 그래서 도대체 통일 국가 수립을 어떻게 해야 되고, 통일 이후에 민족사회 통합을 어떻게 해야 한다는 구상을 할 수도 없었고 제대로 안 되었습니다. 그런 내용들을 담을 수 없었던 겁니다. 그런데 독일 통일도 되고 이래서 많은 여러 가지 선례가 생겼기 때문에 이제는 다시 다듬고 보완해야 함에도 불구하고 이게 지금 그 당시처럼 국회에서 만장일치로 통과되는 그런 방안을 만들 수 있느냐에 대해서는 다들 회의적입니다. 우리 정치 상황으로 볼 때 어려운 겁니다.

다시 그때 얘기로 돌아가자면, 당시에 저는 이 방안이 어디로 가고 뭘 담아 설명할지를 떠나 고려연방제를 이길 수 있는 방안에 대해서만 고심했습니다. 이 통일 방안의 처음 명칭은 '한겨레공동체 통일방안'으로 준비했습니다. 그런데 그걸 만들고 준비를 하고 있는데 마침 한겨레신문이 창간됐어요. 그러니 한겨레신문이 창간되었는데 이걸 '한겨레공동체'로 발표할 수 있겠습니까? 그래서 명칭을 '한민족공동체 통일방안'으로 바꿨는데, 그것도 저희가 결정한 것이 아닙니다. 결국 대통령 재가시 이홍구 장관님의 건의*로 노태우 대통령께서 직접 낙점한 것입니다.

한민족공동체 통일방안이 나오기까지

구본태: 좌우간 여러 곳에서 여러 식의 통일 방안 명칭이 나왔는데 한 열 개 정도 됐어요. 그때 청와대에서 결재를 받으려면 외무부장관, 국방부장관, 안기부장, 통일부장관, 그 다음에 국무총리까지 받고 대통령 결재로 올라가게 되어 있었는데, 대통령재가를 준비하기 위해 이홍구 장관께서 회담사무국에서 오셨어요. 그래서 저희가 이렇게 의논을 했습니다. "장관님, 이것 잘못하면 큰일 나는 건데 이렇게 한 페이지에 여러 군데서 제시한 통일 방안명칭을 다 이렇게 나란히 적었어요. 종이 한 장에다가. 그러니 종이 가운데에 '한민족공동체 통일방안'이라는 것을 넣고, 명칭만큼은 대통령께서 직접 정하여 결재 하도록 해주십시오. 말로 하지

---

* 9개의 명칭을 건의했음(구술자 추가)

마시고 반드시 동그라미를 쳐가지고 내려오십시오. 그래야 앞으로 문제가 안 생깁니다." 그래서 이걸 들고 올라가셨어요. 노태우 대통령께서 대한민국 통일방안의 명칭으로 '한민족공동체 통일방안'을 선택하신 겁니다. 이홍구 장관께서 그렇게 동그라미를 친 문서를 가져오셔서 "잘 보관하라"고 하셨어요. 제가 그걸 결재문서와 함께 문서에다 사이에 끼워가지고 봉함을 했습니다.

그러니까 제가 말씀드리고 싶은 것은 그 시대로서는 좌우간 할 수 있는 아이디어를 모으고 엮어서 우리 북방정책을 추진했습니다. 또 그런 정책 수요가 있었기 때문에 7·7선언에 대해 그런 북방정책의 구도 속에서 보는 측면도 있고, 대북 정책이라는 측면의 구도도 있었습니다. 그건 학생들의 요청이었죠, 우리 사회에서 연방제를 논의한다는 것. 그리고 가장 중요한 것은 적어도 국민들에게 설득력을 가질 수 있는, 누가 봐도 그럴 만하다고 인정받을 수 있는, 대한민국의 통일 방안을 하나 창출해 나가는 그런 준비 단계에 있었다, 이렇게 말씀드릴 수 있습니다. 목표에 관해서는 제가 말씀을 드릴 수 없습니다.

구본태: 조금 추가해서 말씀드리겠습니다. 왜냐면 제가 통일 방안 입안의 실무를 담당했기 때문에 조금 회상하는 겁니다.* 세부 내용들을 다 만들어 놓고 마지막에 통일부의 이홍구 장관님께서 이 통일 방안의 명칭을 민족공동체를 넣어 '민족공동체 통일방안'으로 하자고 하셨습니다. 그런데 민족공동체라 하니까 자꾸 생물학적인 측면이 연상된다 이거예요. 민족공동체라는 것은 하나의 유기체 적인데 그게 어떻게 통일 방안이 되냐, 연방제 통일 방안은 이름이 확 들어오는데 민족공동체는 생물학적이고 유기체적인 것이 먼저 떠오르는 거였어요. 이런 이유로 몇 군데서 이의를 제기한 적이 있었습니다. 우리가 무슨 민족, 민족을 내세우는 것은 앞의 5공화국 정부의 통일 방안이고, 그래서 다른 나라의 연방제에 맞는 이름

---

* 전두환 정부 출범 시 남북회담사무국이 정보부에서 통일부로 이관되면서 통일정책실이 폐지되고 통일정책 수립 기능을 남북회담사무국 정책연구부가 맡아오고 있었음(구술자 추가)

을 붙여 보기도 하는 등 굉장히 고심하며 며칠이 걸렸습니다. 몇 가지를 고민했던 것은 맞아요. 결국 통일부에서 '민족공동체 통일방안'에서 한민족의 '한'을 앞에 넣어가지고 명칭의 하나로 제안하게 되었고 노태우 대통령께서 낙점하여 '한민족공동체 통일방안'으로 확정이 되었습니다.

신종대: 원장님, 말씀하시기 전에 제가 질문 드리는 것이 좋을 것 같습니다. 어제 기억하시는 대로 김달중 교수님께서 북방정책을 얘기하시면서 제일 아쉽다고 한 대목이 교차승인 미완, 북미·북일 수교가 안 된 것이다, 이렇게 평가를 하셨습니다. 제 질문은, 북방정책을 처음에 입안하고 추진하시면서 교차승인에 대해서 리얼 인텐션(real intentions)이 있었는지, 아니면 처음에는 그런 생각이 있었는데, 나중에 북한의 핵 개발, 이런 것이 나옴으로써 그런 것이 사라졌는지, 아니면 처음부터 그런 것에 대한 생각이 없었는지, 이게 첫 번째 질문입니다.

그 다음에 이제 저희들 학계의 평가는, 당시 북방정책을 입안하고 추진하는 분들의 생각이 북한에 대해서 압박 수위를 높이는 것이 결국 협상에서 성공하는 지름길이다, 또 당장 노태우 대통령 회고록에 보면 밀어붙였기 때문에 UN 동시가입, 남북기본합의서, 한반도 비핵화 공동선언, 이런 것이 가능했다 이렇게 말씀을 하고 계시거든요. 그런데 그것을 수용한다고 하더라도, 바로 그렇기 때문에 북방정책의 중요한 목표 중의 하나였던 북한의 개방을 유도하고 통일 환경 조성에 이른다는 그런 목적은 달성하지 못한 것이 아니냐는 평가에 대해서 어떻게 말씀하실지….

신종대 교수

염돈재: 사실 여러분들이 많은 말씀을 하셨지

만, 그래서 그런 것을 염두에 두면서 지금 질문에 답하는 형식으로 말씀드리겠습니다. 우선 북방정책의 최종 목표가 뭐였었냐, 거기에 통일이라는 게 있었느냐 하는 것들에 대해 말한다면, 명확하게 있었습니다. 그러나 국가의 정책이라는 것, 정책 목표라는 것은 항상 공식적인 목표가 있고, 내면적인 목표가 있습니다. 내면적 목표라는 것은 실현 가능성을 염두에 두고 세우는 목표거든요. 그런 의미에서 북방정책이 추구하는 목표 네 가지를, 박철언 장관님이 언론에서 얘기하던 것들을 다 종합해서, 제가 네 가지 목표를 설정 했거든요. 그때 제일 먼저 나온 것이 한반도의 평화 정착과 통일 여건의 조성이었습니다. 통일 달성이 아니라 통일 여건을 조성하고, 평화 정착을 이룬 뒤 통일을 지향하자는 것이었습니다. 그때 많은 분들의 가슴속에 머릿속에 들어있던 것은 바로 독일의 사례였어요. 우리가 독일만큼만 되면 참 좋겠다고 하는 생각을 많이 갖고 있었어요.

교차승인은 북방정책 초기부터 확고한 목표

염돈재: 그래서 그 정도만 해도 상당히 좋다고 이렇게 느꼈어요. 명확하게 목표가 있었습니다. 그런데 저는 7·7선언이 어떻게 준비되는지 몰랐어요. 같은 박철언 팀에 있었지만 7·7선언하는 팀하고 우리 북방정책 팀이 달랐기 때문입니다. 저는 어제, 오늘 얘기에서 7·7선언을 위해 20회 넘게 회의를 했다 그러는데 전 회의가 있는지 몰랐어요. 하여튼 7·7선언이 나왔는데 거기에 보면 우리 우방국에게 북한과의 관계 개선을 돕는다는 대목이 있습니다. 순간 든 생각이 교차승인 한다는 것이었어요. 그걸 보면서 저는 김대중 대통령이 옛날에 얘기했던 '4대국 보장'이란 것이 떠올랐어요. 이게 북한이 변하지 않는데 과연 가능한 건지 의문이 들었습니다. 4대국 보장하고 그런 교차승인 체제를 한다고 그러면, 우선 문제가 생기는 것이 우리의 반공 교육, 북한에 대한 경계심, 국민에 대한 그걸 어떻게

할 것이냐, 그런 문제라고 생각해요. 그 다음 두 번째는 앞으로 이렇게 된다 그럴 것 같으면 한미동맹은 어떻게 될 거냐, 4대국 보장하게 되면 동맹은 없어야 될 것 아니냐, 미군 철수해야 될 것 아니냐, 그래서 한반도에 과연 평화가 올 수 있을 것이냐, 그러한 상당히 심각한 의문이 들었어요. 그래서 박철언 장관님한테 "진짜로 교차승인 하는 것 이걸 염두에 두고 하시는 겁니까?" 여쭤봤습니다. "그야 뭐 목표에 있는데 그렇게 해야지, 그렇게 가야될 길이 아니냐", 이렇게 말씀하셨어요. 그래서 "그게 가능하다고 생각하십니까?"고 묻자 박 장관님이 "글쎄, 그런 건 나중에 못 하더라도 목표는 그렇게 정해야지"라고 답하셨습니다. 그게 바로, 그 대화가 바로, 그때 북방정책의 목표와 관련된 가장 핵심적인 내용이 아닌가 이렇게 생각이 됩니다.

통일 방안보다는 실질적 통일 여건 조성 중요

그래서 아까 구본태 실장님께서 '한민족공동체 통일방안'에 대해서 얘기하셨는데, 저는 우리의 여러 가지 대북 통일 정책 중에서 가장 잘못된 것이 바로 통일 정책을 제시한 것이라고 생각합니다. 저는 독일에 근무하러 가서 독일 통일에 대해 연구를 한 일이 있습니다. 독일은 통일 정책을 제시하지 않았어요. 기본법 전문에 독일 국민은 자유로운 의사결정을 통해 통일과 자유를 달성한다, 이렇게 돼 있거든요. 거기에 자유로운 의사결정을 통해 하는 것은 바로 통일의 방법이거든요. 통일을 지향하는 목표는 바로 헌법적 가치 실현이고, 당면 목표는 바로 통일과 평화를 달성하는 것이거든요. 그러니까 독일은 통일 방안을 만드는 데 절대 관심을 갖지 않고, 통일 여건을 만드는 데 치중했어요. 그런데 우리는 통일 방안 만드는 데 주력하다 보니까 여건 생각 안하고 우리가 할 수 있는 능력 생각 안하고 그냥 목표를 세우니까 아직까지도 통일 방안이 정말로 파행을 겪고 왔거든요. 전 참 앞으로도 조심해야 될 부분이라고 생각합니다.

그럼 통일 방안은 어떻게 해야 되는가에 대해 그때는 입 밖에 낼 수 없는 입장이었습니다. 독일 사람들은 통일에 도움이 될 것은 하나라도 더하고, 통일에 장애가 될 것은 하나라도 제거하는 이런 노력을 하면서 통일을 이루었습니다. 그런데 우리는 통일 방안 작성하는 일에만 주력하여 정권 바뀔 때마다 민족공동체 했다가 한민족 넣었다가 이렇게 용어도 바꿔가면서 차별화하려고 노력을 했습니다. 결국 그것은 아까 강근택 대사님 얘기하신대로 북한의 고려연방제 통일이라는 명확한 목표, 이런 알기 쉬운 목표가 있으니까 거기에 대항하기 위해 하다가 그렇게 된 것 아닙니까. 사실 고려연방제라는 것은 말도 안 되는 통일 방안 아닙니까? 북한이 내는 연방제 방안은 컨페더레이션(confederation)이지 연방국가가 아니거든요. 페더레이션(federation)이 아니라 컨페더레이션이거든. 두 개의 주권 국가가 같이 하는 영역만, 커먼네스(commonness) 같은 그런 것 아닙니까. 그런 말도 안 되는 정책인데 그게 국민들한테 주는 인상, 이런 것들이 중요하니까 우리가 그걸 오버라이드(override: 압도)할 수 있는 정책을 만들다 보니까, 사람들이 통일 여건을 조성하는 데 치중하는 게 아니고, 통일 방안 만드는 데 치중했다는 이게 참….

북한의 핵사찰 거부가 교차승인을 가로막아

강근택: 교차승인 문제는 앞에서도 이야기했지만 옛날부터 외교부에서 아주 본질적으로 우리가 이렇게 나가야 된다는 방침으로 갖고 있었던 겁니다. 왜 그러냐면 북방 삼각관계를 깨서 우리가 UN에 들어가고 말이죠. 이게 다 그거에요. 그래서 북방정책을 만들 때, 7·7선언 만들 때 외교부에서 낸 핵심적 안이 교차승인안이에

요, 교차승인. 저거를 해야 우리 외교의 지평도 넓어지면서 전방위 외교를 할 수 있고 공산권과 외교를 하고, 우리가 UN에도 가입하고 또 다른 얘기를 할 수 있다 그거예요. 그런데 그것을 저는 이해를 못하는 게, 그럼 우리가 소련하고 수교하는데 북한이 일본하고 수교한다고 하면 우리가 시간을 줘서 무조건 기다려줘야 됩니까? 그건 아니란 말입니다. 그런데 결과적으로 북한이 핵을 개발해서 테러하기도 했고, 중간에 가다가 IAEA, NPT 가입하고서 6개월 만에 IAEA 사찰받아야 되는데 그거 안 받고 계속 미루고, 계속 그랬다고요. 그러니까 미국에서 수교를 하려 해도 할 수가 없었어요. 우리는 7·7선언에서 하라고 그랬는데 미국, 일본에서 안 된다 이거예요. 핵 문제가 해결돼야 한다는 거죠.

그때 우리 외교부에서 두 가지 조건을, 그러면 우리 청와대하고 같이 협의해 가지고 두 가지, 다른 나라하고 수교하는 데 두 가지 조건이 있어야 된다고 했어요. 하나는 남북 대화에 의미 있는 진전이 하나 있어야 한다. 두 번째는 핵 문제의 해결, 우방국에서 물어올 때에 우리는 이것을 제시했습니다. 남북 대화의 의미 있는 진전이란 뭐냐, 남북 간에 하고 있는 지금 고위급회담에서 의미 있는 생산을 내라, 기본합의서 채택으로 가라는 것입니다. 두 번째 핵 문제의 해결은 비핵화 선언 플러스, 그때는 비핵화 선언이 되기 전인데 비핵화 선언 플러스 IAEA와 핵안전 조치협정을 체결하고, 너희 최고인민위원회에서 그것을 비준해서 사찰을 받아라, IAEA의 정기적인 사찰, 그게 조건이었습니다. 그런데 그렇게 하다가 북한에서 사찰을 받기로 하는데 사찰결과 북한이 신고한 플루토늄 양이 차이가 엄청 나서 IAEA에서 특별 사찰하러 나오니까 거기에 반대해서, NPT 탈퇴하는 문제까지 생겨서 결국 그쪽에서는 수교문제가 성립이 되지 못했죠. 그래서 저도 학계에서 왜 북방정책을 하는데 북한과 같이 못하고 우리만 했느냐는 비판에 대해, 이것은 논의의 대상이 안 된다고 생각합니다. 이게 어떻게 논의의 대상이 됩니까?

북방정책의 시초는 1970년 8·15경축사

이동복: 그런데 이런 문제가 생겨납니다. 1980년 10월 달에 노동당 6차당 대회에서 연방제 통일 방안이 나왔단 말이에요. 그때 내가 받는 느낌은 연방제 통일 방안은 통일 정책인 동시에 통일 방안이다 말이야. 왜 통일 정책이냐면, 북한이 달성하고자 하는 최종 종착지의 그림과 거기에 가기 위한 방법론이 다 실려 있어요. 그러나 그것은 사실은 실현 가능성이 없었어요. 실현 가능성이 없는 대신 선전, 선동 면에서 북한이 굉장히 이익을 볼 수 있는 모든 요소와 구색을 갖추고 있었어요. 이것은 선전, 선동에서 우리를 압도할 수 있는 그런 내용이라 당혹감을 사실 느꼈는데, 우린 지금도, 현재 지금 우리가 논의하는 데서도 통일 정책과 통일 방안을 구분하지 않고 얘기를 하는 데 문제가 있습니다. 앞으로 이 문제를 논의를 할 때는 통일 정책과 통일 방안을 엄격하게 구분해서 생각하고 논의하는 훈련을 시작해야 된다고 생각합니다. 그런데 그게 벌써 71년부터 느꼈는데, 그동안 몇 년이 흘렀습니까. 거의 50년 가까운 세월이 흘렀는데 똑같은 상황이 지속되고 있다고 하는 데 대해서 굉장히 부담을 느껴요.

　　또 하나는, 북방정책의 목표가 뭐였느냐, 이거 가지고 오늘 논의하잖아요? 북방정책은 내가 보기에는 1988년 올림픽을 앞두고 노 대통령이 취임사에서 북방정책을, 북방외교를 얘기했을 때부터 북방정책의 본편은 시작됐습니다. 그러나 그 전편은 1970년 8월 15일 박정희 대통령의 8·15경축사 연설이에요. 거기서 우리가 평화통일 기반 조성 구상 선언이라고 얘기를 하는데, 거기에서 박 대통령이 앞으로 남북 관계를 그전 남북 관계의 기조를 바꾸기 위한 하나의 구상을 내놨단 말이에요. 그런데 그때 상황은 어땠느냐면, 우리가 몇 가지 생각해야 될 사항이 있어요. 그 시점에서도 1970년의 시점에서도 남은 북에 대해서 열세에 있었어요. 경제라든지 여러 가지 면에서 그랬습니다. 경제도 우리가 실제로는

60년대 말부터 달라지기 시작한 걸로 지금은 생각되지만 70년 8·15 구상 선언의 시점에서도 우리는 경제적으로 북에 대해서 밀리고 있었어요. 또 심리적으로 밀리고 있었기 때문에 1970년대 초에 박 대통령이 소위 통일을 금기시하는 정책을 했잖아요? '선건설 후통일' 해가지고. 그 선건설 후통일 기조가 계속되는 상황 속에서 8·15 구상이 나왔단 말이에요. 그러니까 여기서는 통일까지는 생각을 못한 거예요.

독일의 통일 이후에 대한 준비

그런데 독일 모델에 대해서 또 우리가, 많은 분들이 오해하고 있는 게 있어요. 아까 염 형도 그 문제에 대해서 내가 납득하기 어려운 말씀을 하는데, 독일 사람들이 말이죠, 굉장히 합리적인 사람들이에요. 합리적인 사람들이기 때문에 양독 관계를 보는 데 있어서 사실은 서독을 건국할 때부터 그 문제를 생각했어요. 그렇기 때문에 통일을 염두에 뒀고, 통일은 반드시 서독의 자유민주주의 체제 하에서 이뤄지는 통일이어야 되기 때문에 헌법에 자유민주주의 이념을 밝혔고, 그 다음에 헌법에 23조와 146조를 둬 가지고 나중에 어떻게 해서든지 동독이 변해서 서독에 편입되거나 또 그렇지 않고 동독이 서독에 편입되는 형식으로 통일 문제가 해결될 경우에는 국민적 통합이 완성이 안 될 수가 있다고 보았어요. 국민적 통합이 어려움이 있을 것을 우려해서 146조를 설치했단 말이에요. 146조의 내용은 독일 민족이 원하면 양쪽 체제를 허물고, 새로운 헌법을 만든다는 것으로, 일종의 통일헌법에 대한 준비를 해둔 것이죠. 그리고 나서 '전독성(全獨省)'이라는 부서를 둬가지고 통일 문제를 전담시켰단 말이에요. 그랬더니 동독에서 콤플레인(complain)이 들어왔어요. 동독과 서독은 별개의 민족이고 별개의 국가인데 통일이 무슨 말이냐 '전독성'이 뭐냐. 그러니까 서독 정부가 '전독성'을 '내독관계성'으로 바꿉니다. '내독관계성'으로 바꿔서 '내독관계성'은 오로지 통일 문제만 연구하는 거예요. 통일 문제를 학문적으로 연구하고 정책적으로 연구하고 그 다음에 앞으로 통일이 이루어진 뒤에 이루어질 상황에 대해서 어떠한 준비가 필요하고 거기까지 무슨 과정으로 가야되느냐 하는 연구만 하는 거예요. 그리고 교육하고, 홍보하고. 그러면 양독 관계는 어떻게 했느냐, 70년부터 어떻게 했느냐 하면, 수상실에다 무임소 국무위원을 하나 둬가지고 대독 교섭담당을 시킨단 말이죠. 담당을 시켜서 그때그때 사안별로 관계부처에서 팀을 봐가지고 태스크포스를 만들어서 동독하고 협상을 했어요. 그 협상한 결과를 그대로 주관 부처로 토스를 시켜주면 주관 부처가 동독의 상대 부처하고 쌍무적으로 이행하는 문제를 협의해서 굉장히 합리적으로 이걸 처리했어요. 그러니까 통일 문제와 대화 문제를 분리시킨단 말이죠. 왜 분리시키느냐면, 통일 문제와 대화 문제를 섞으면 통일 문제가 죽어버립니다. 왜냐면 통일 문제는 아주 비활성화 된 토픽이고 대화는 다이내믹하잖아요. 그러니까 이것을 막기 위해서 통일 문제는 내독관계성 인사들에게 떼 가지고 전담을 시켰단 말이에요.

그래서 아까 북방정책과 통일 정책, 북방정책의 목표로서 통일이라는 게 있었느냐 없었느냐 하는 질문에 대해 그걸 지금 너무 진지하게 다루는 것은 큰 의미가 없지 않나 생각을 합니다. 북방정책을 생각할 때 모든 사람들이 잠재적으로 통일을 염두에 두고 있었지만, 그 염두에 두고 있는 통일이란 것은 북한을 변화시켜서 우리한테 우리 체제로 이룩하는 통일인데 그걸 표현을 할 수가 없었어요. 왜냐면 통일 방안이라는 것은 내놓고 공개적으로 시시비비를 다뤄야 되는 것인데, 북한은 선전 선동에 능해서 예를 들어 공산화 통일을 얘기하더라도 굉장히 이상하게 포장을 해서 우리 사회를 교란시키게 될 것입니다. 그런데 우리는 그런 식으로 하지 못해요. 우리는 일종의 정직한 사고구조를 갖고 있어서, 그

'북방정책과 7·7선언' 회의장 전경 9(2019. 11. 2(토) 3세션)

런 이중적인 언어 사용을 못하니까 그런 걸 극복하지 못해서 우리가 생각하는 통일 정책을 내놓지 못한 상태로 지금까지 와 있거든요. 하지만 내가 보기에 지금은 통일 정책에 대한 진지한 논의가 있어야 되는 때입니다.

구본태: 기록에 문제가 있어서 제가 한 말씀 올리면, 헌법 바꾸지 않았습니까? 87년에 그때. 그때 헌법 4조에다가 대한민국은 통일을 지향하며 자유민주적 질서에 입각한 평화통일 정책을 수립하고 이를 추진한다, 그렇게 명시가 돼있죠. 굳이 통일 정책의 최대 목표를 잡는다면 자유민주적 질서에 입각한 평화통일 정책을 수립하고 이를 추진한다 이렇게 돼있는 것이죠.

엄구호: 대사님 말씀하시고, 다음에. 정태익 대사님.

정태익: 오늘 이 자리가 북방정책을 점검하는 자리입니다. 점검을 통해 교훈을 얻어야 합니다. 북방정책은 평양으로 가는 모든 길은 서울을 통해서 가야 한다는 인식하에 남한 주도의 비대칭 외교 정책입니다. 당시 상황에서 가장 현실적인 정책이었기에 우리가 성공을 거두었습니다. 북한은 위기극복책으로 비대칭 핵무기 추진으로 나왔단 말이에요. 그래서 앞으로 큰 틀에서 우리가 교차승인해주고, 북한이 핵을 포기하는 장기적인 틀로 가는 방안도 점검하는 의미가 있습니다. 교차승인이 되지 않은데 반발하여 북한이 핵무장으로 나오니까 새로운 창의적 구상이 필요한 시점입니다.

북한의 위기감과 김용순-켄터의 뉴욕 회동

위성락: 우리가 이제 북방외교 성과와 관련해서 7·7선언과 그 이후 진행, 북방외교와 대비를 해보는 시간인데 얘기가 다 너무 많이 갔습니다. 저는 원래 주제로 돌아가고 싶습니다. 7·7선언에 있는 내용대로 북방외교와 이어졌으면 좀 다른 상황이

왔을 거라고 우리가 다 받아들이고 있는 것이죠. 그런데 우리나라에서 남북 관계와 대미 관계, 선언들이 많이 있는데, 대부분의 선언들을 우리가 인 리트로스펙트(in retrospect) 평가할 때, 선언 자체만 들여다보면 안 된다고 봅니다. 선언은 선언이고, 선언적이고, 또 대단한 정치적 레토릭이고 정치적 의도를 가지고 만들어진 것입니다. 중요한 것은 그 이후에 그게 이행됐느냐 안됐느냐, 현실 속에서 어떻게 다뤄졌느냐 하는 건데, 아주 좋은 내용을 담고 있지만 현실 속에서는 이런저런 이유로, 북한 때문이기도 하고, 뭐 때문이기도 하고 결국 대부분 이행이 안 됐습니다. 그러므로 선언에 너무 의미를 두면 안 된다고 봅니다. 북한은 7·7선언이 나오고, 한국의 북방외교가 성과를 내고 하니까 상당한 위기를 느끼지 않았겠습니까. 어떻게 대응할까 고심했을 겁니다. 그런데 북한이 초기에는 그런 구조 속에서 사귀고 대화하고 화해하는 쪽으로 접근한 거죠. 남북 간에도 기본합의서 만들고 비핵화 선언 만들고 꽤 한 거죠. 그럼 북한은 그런 행보를 확보하여 7·7선언에 있는 내용처럼 미국과 일본과 서구 국가들과 밀착할 수 있지 않을까 기대했을 수도 있어요. 그 스타팅 포인트는 남측하고 관계 개선이 되어야 한다 그렇게 생각했겠죠. 그런데 그 길이 결국에는 잘 안됐습니다. 결국은 북한은 미국 일본과 관계개선 못했어요. 북한 때문일 수도 있지만 미국 때문일 수도 있고, 한국 때문일 수도 있고 여러 가지 이유겠죠.

단적인 예가, 그 언저리, 89년, 90년, 91년, 92년 그 짧은 기간입니다. 그때 미국도 북한과 관계 개선하려고 했죠. 제가 어제 잠깐 소개했지만, 관계 개선 노력을 했고, 북한도 기대했습니다. 극적인 점이 김용순-켄터의 뉴욕 회동입니다. 그게 휴전협정 이래 미북 간의 최고위급 만남으로 가장 중요합니다. 김용순이 뉴욕에 갔어요. 지금도 북한의 유명한 사람이, 높은 사람이 미국에 가면 이슈인데 90년대 초에 그런 일이 벌어졌기 때문에 북한은 엄청나게 기대를 가진 거죠. 그런데 그때 우리가 어떻게 했느냐면, 한국 정부가 그걸 반대를 했어요, 그 회동을. 계속 반대하다가 반대를 완전히 하기 어렵게 되니까, 어떻게 됐냐면 딱 한번만 하고, 더 이상은 하지 말라고 했고, 미국이 결국 그것을 들어줍니다. 그런데 실제 상황이 어땠는지 돌아보면, 물론 7·7선언을 프로모트하고 만들어낸 분들은 다른 생각을 가지고 있겠지만, 저는 지금 와서 보면 그 시대에, 88년, 89년, 90년, 91년 그 언저리에 한국 사회가 미북 수교를 받아들일 수 있었을 것인가에 대해서는 좀 회의적입니다. 그 때 미북 관계 개선을 반대하지 않는다는 그런 주장을 하는 분들이 있죠. 개혁가일 수도 있고, 선구자일 수도 있고, 시대를 앞서가는 인싸이트풀(insightful)한 사람일 수도 있지만, 대한민국 정부 전체가, 사회 전체가 그렇게 할 상황이 안 됐었다고 봅니다. 결국 안 되는 얘기였던 거고, 반대가 많았기 때문에 그래서 안 된 거예요.

미국에서도 이런저런 이유로 사실은 정부 내에서 모디스트 이니셔티브를 밀고 가는 사람들은 소수였어요. 국무부와 백악관의 일부 전략적인 사람들이죠. 의회에는 어떤 기류가 강했냐면, 냉전에서 미국이 이겼다는 거죠. 소련을 이기고, 중국도 변하고. 그런 국제적인 구조가 미국에게 유리한 쪽으로 돌아가는 국면에서 동북아의 조그만 나라를 그렇게 중시하지 않았어요. 냉전에 대한 승리주의가 워싱턴에 미만(彌滿)했기 때문입니다. 그래서 미국 의회에서도 지지가 없는 상황에서 한국도 반대하자 모디스트 이니셔티브의 추진자들이 생각을 접습니다. 그런데 김용순이 계속 거기서 다음 회담을 약속 받아내려고 합니다. 그것이 안 되니까 합의 문서를 내자고 합니다. 뭐 성과를 내려고. 미국이 응하지 않아서 다 안 되었죠. 그 후로 돌아오는 게 92년이죠. 92년 초. 그리고 그 해 팀스피릿(Team Spirit) 훈련이 재개되고. 북한은 이제 아무런 가망이 없다고 보고 NPT 탈퇴를 선언합니다. 미국과의 관계가 전방위적인 대립 상태로 들어갑니다. 핵문제의 시작이지요.

우리 사회는 교차승인을 실제 수용할 준비가 안됐다

그래서 이제 저는 돌이켜보면 7·7 선언의 좋은 내용에도 불구하고 한국 사회가 그것을 수용하여 진행할 수 있는 정도였는지 의문입니다. 사실 정부는 박 대통령, 전두환 대통령, 그 다음 노태우 대통령 모두 기본적으로 군사정부 성격이 강하고, 아주 보수적이고, 북한에 대한 강력한 의구심도 있었고, 그래서 한국 사회에서 그렇게 할 수 있었겠느냐는 생각이 듭니다. 사실 그 문제, 교차승인은 김영삼 정부를 거쳐서, 김대중 정부로 넘어왔습니다. 저는 김영삼 청와대에 있다가 김대중 청와대에 남아있었습니다. 그런데 김대중 대통령이 왔는데 어떤 입장을 취하느냐면 미북 수교에 대해서 바로 지지하지 않았어요. DJ 자신이 예전에는 교차승인 주창자입니다. 그런 분이 집권했고, 그때 임동원 수석이 있었는데, 그럼 이제 미북 수교를 우리가 지지하느냐 하면 아니에요. 어떤 지침을 주느냐면 북한하고 다른 나라 다 수교하는 것 우리가 환영하는데, 주변 주요 국가인 미국, 일본과는 예외라는 거예요. 그 스탠스가 근 1년 가까이 갔습니다. 그래서 저 개인적으로는 그런 스탠스에 약간 회의적이었고 의아해 하기도 했습니다. DJ정부가 당시에 그런 정책을 취했어요. 한반도 안보 구도에 관련되기 때문에 선뜻 허용할 수 없다는 겁니다. 돌이켜보면 DJ 때 와서도 그랬는데 노태우 정부가 그걸 할 수 있었겠느냐. 저는 어려웠다고 봅니다. 실현 과정에서 그렇게 안 됐기 때문에 결과적으로는 안 됐고, 그것 때문만은 아니지만 그런 이유, 저런 이유로 북한 입장에서 볼 때는 다른 방법, 핵무장도 써봐야 되겠다는 판단을 하게 된 점이 있다는 거죠.

'북방정책과 7·7선언' 회의장 전경 10(2019. 11. 2(토) 3세션)

호주의 북한 승인과 6·23 선언의 관계

공로명: 아까 신 교수께서 북방정책에 대해 결국 북한의 고립을 가져올 것 같으니까 UN 동시가입으로 연결이 되는 것 아니냐 하는 그런 취지의 질문이 있었죠? 그래서 제가 생각이 났는데, 우리의 북방정책이 물론 굉장히 진취적이고 공격적인 것은 사실인데 북방정책의 오리진은 말이죠, 6·23선언에 있습니다. 그럼 6·23선언은 73년인데, 왜 우리가 6·23선언을 하게 되느냐면 우리가 UN에서 할슈타인 독트린(Hallstein Doctrine)을 더 이상 유지할 수 없었어요. 왜냐하면, 50년대 후반에 50여 개의 아프리카 신생국가들이 UN에 가입을 해서 제3세계 세력이란게 방대한 힘을 가지기 시작했고, 그게 북한이 제3세계 국가들과 곁들여서 만만찮은 세력을 가지고 있었거든요.

　그런 가운데 자유우방 속에서도 북한과 관계를 가지겠다는 생각들이 나왔습니다. 제일 먼저 북한에 발을 디뎌놓은 게 호주입니다, 오스트레일리아. 그게 우리에겐 굉장한 충격을 줬습니다. 오스트레일리아가 어떤 나라입니까, 참전 16개국 중 하나였어요. 참전 16개국이라는 것은 우리 외교에 가장 기본적인 베이스로 이루어지는 우방국인데, 그 사람들이 노동당이 집권을 하자마자, 스위치보드에 플러그를 하나 꽂을 데가 남았는데, 꽂아야겠다. 그게 북한이라는 겁니다. 거기서부터 6·23선언이 나왔습니다. 이것이 6·23선언의 뭐랄까, 배경이라고 말씀 드릴 수 있습니다. 호주가 그렇게 북한을 승인하겠다고 나서니까 말이죠, 우리가 급해졌습니다. 그래서 당시에 제가 그때 호주에 가 있을 때인데 호주를 설득하기 위해서 김용식 장관이 오셨어요. 그런데 분위기가 그런 분위기가 아니니까 결국은 김용식 장관이 굉장히 고민을 하면서 서울로 돌아갔어요. 서울에 돌아와서 바로 나온 게 6·23선언입니다.

　그러니까 북방정책의 초기에는 말이죠, 우리가 할슈타인 독트린 유지가 안 되니까 거기서부터 우리가 새로운 길을 찾기 위해서 6·23선언이 나옵니다. 6·23선언이 뭡니까? 우리에게 적대하지 않은 모든 국가와 국교를 가지겠다, 관계를 가지겠다는 얘기 아닙니까? 그게 이제 진전이 돼가지고 10년 후에 국방대학에서 이범석 장관이 북방외교에 관한 얘기를 하시는데, 그때는 사실 외교부는 관여를 하지 않았어요. 북방외교의 안이라는 것은 청와대에서 나왔습니다.

북방정책은 북의 세력 확대 대응 전략

공로명: 그때 북방정책 성안을 할 때 참여한 분이 한승주 장관하고 몇몇 학자들 계셨어요. 그래가지고 그 원고를 청와대에서 작성했습니다. 그걸 가지고 이범석 장관이 하신 거거든요. 그래서 북방정책이 사실 시작은 북한의 세력이 점차 확대되기 때문에 거기에 대한 대응책으로 우리가 준비한 하나의 디펜시브(defensive)한 택틱스(tactics)가 북방정책이었습니다. 그것이 제가 지적하고 싶은 것이고요. 말씀들 하세요.

김석우: 공로명 장관님 명의로 이범석 장관한테, 그 당시에 공 장관님이 차관보이실 때입니다. 5월 5일 날 중공 민항기가 와가지고 신라호텔에서 1주일 동안 수습하셨잖아요? 잘 마치고 나니까 이범석 장관이 공로명 차관보한테 어떤 지시를 내렸냐 하면, 남북한과 미·일·중·소의 관계를 계량적으로 분석을 하고 그것에 대한 정책 대안을 제시하라고 지시를 내리셨습니다. 그래서 제가 수석과장이기 때문에 외교부 과장들 열 댓 명, 각 국의 수석과장하고 국제기구 관련자들을 모았습니다. 당시만 해도 계량적인 그런 게 없었기 때문에 각 국(局) 과(課)에서 밤을 새가면서 파일함 속에 있는 걸 찾아봤어요. 한소 관계에 해당되는 게 뭐가 있느냐 했더니 예를 들어 신현확이 WHO에 가고 이런 것들이 나오는 거예요. 제가 약 2주

일 걸려서 그런 것들을 종합해 보았습니다. 그래서 차관보 명의로 이범석 장관한테 제출한 보고서에 그 계량적 분석의 결과를 담아놓은 것이죠. 그래서 앞으로 우리의 정책 대안으로는 '남북한과 미·일·중·소가 점진적으로 교차 접근을 하고 교차승인을 해서 최종적으로 통일로 가야 됩니다' 하는 내용의 보고서를 제출했습니다. 아마도 그 보고서를 이범석 장관님이 당시 이장춘 국제기구 조약국장에게 준 것으로 생각됩니다. 그래서 국방대학원 연설을 6월 29일 날 이범석 장관이 하게 되거든요. 그래서 지금 공로명 장관님께서 기억하시는 것은 청와대에서 온 것이 아니라, 이범석 장관이 공로명 차관보의 보고서를 받아서 이장춘한테 준 것을, 스피치(speech) 라이트(write)에 썼던 걸로 저는 기억을 하고 있습니다.

공로명: 그것은 이장춘 대사의 얘기를 들으면 정확한 경위를 알 수 있습니다. 마산 출신의 우병규 박사가 있었고 그 밑에 이장춘이 있었어요. 이범석 장관이 갑자기 북방외교 운운하기에 내가 "갑자기 웬일입니까?" 그랬더니 장관께서 "말하지 마라", "청와대에서 지시 받아 회의에 가서 연설 했다"는 겁니다. 그게 사실이에요. 그런데 외교 북방정책이라는 용어를 우리가 왜 썼냐면, 대공산권 정책이라 그러면 어감이 좋지 않잖아요. 공산권 국가들의 위신을 고려하여 생각해낸 게 북방이라고 하는 걸 이범석 장관님이 그 연설에서도 설명을 합니다. 다시 말하면 북방정책은 처음부터 공세적인 것은 아니었고, 그런 아이디어를 가지기 시작하는 것은, 우리가 수세에 몰린 이 상황을 어떻게 뚫고 나가냐는 것에서부터 발전된 게 북방정책이죠. 그런데 다행히 당시 국제적으로 여러 가지 환경이, 우리가 소련에 접근할 수 있는 기회가 주어져 이루어진 겁니다.

염돈재: 아까 중요한 부분에 답을 안 한 게 있는데 뭔가 하니까 북방정책이 오히려 북한에 위기감을 조성해서 현재의 평화 정착과 통일이라고 하는 그 길에서 멀어진 게 아니냐, 부작용이 있는 것 아니냐, 그 말씀을 아까 하셨는데 거기에 대한 답변

드리겠습니다. 우선, 북방정책 하면서 교차승인이라는 것을 냈던 것은 우리가 공산권하고 접촉을 하면서 명분이 있어야할 것 아닙니까, 그래서 교차승인이라는 얘기를 같이 만들었고요. 궁극적으로 또 국제사회는 단순한 네트워크가 아니지 않습니까? 북한의 안보 위기의식을 좀 완화시키도록 교류 협력을 하고, 북한을 국제사회에 끌어내면 국제 기본에 합당한 행동을 하는 그런 나라를 만들 수 있다, 그렇게 되면 대남 적화전략도 포기할 수 있게 된다, 그런 것들이 있었습니다. 그런 것 때문에 사실은 어찌 보면 그때 당시 교차승인이라는 개념이 조금 레토릭에 속할 것 같지만, 궁극적인 목표는 그런 것이었습니다. 초기에는 기본적으로 북한에 대해 압박이 되지 않겠느냐 이렇게 생각을 했는데, 명확하게 압박이 되리라고 봤습니다. 북한이 대남 적화전략을 포기하고 개혁개방으로 나가기 위해서는 뭔가 외부 충격이 있어야 된다고 생각했죠. 그러니까 일시적으로는 불가피하다 이렇게 봤고, 우리가 쓴 레토릭은 아니다, 이렇게 말씀드릴 수 있습니다.

교차승인 대신 북한 압박으로 전환

최병효: 지금 교차승인 문제니까 이 문제를 조금 정리하고 가는 게 좋을 것 같네요. 88년 서울 올림픽이 끝나고 헝가리와 수교 관계를 맺을 당시에 북한은 굉장한 위기의식을 느꼈고, 북한이 멸망할 거라는 시각이 주변에 상당히 팽배해 있었습니다. 제가 89년 말에 서울에 있는 미국 대사관이 준 극비보고서라는 것을 받아 본 적이 있었어요. 북한 문제를 전문적으로 다루던 주한미군의 문관으로 추정되는 분의 평가 보고서였는데, 거기에 보면 북한 체제는 망한다, 그렇게 돼있어요. 미국의 시각에서 볼 때 북한은 곧 망하는 나라인데 굳이 그 상황에서 미국이 북한을 승인할 필요가 있느냐 하는 분위기가 팽배했던 것 같아요. 88년, 89년, 90년,

91년이 그랬습니다. 그러다 나중에 92, 3년부터는 핵 문제와 IAEA 문제 등이 나오다 보니까 북한 승인 문제는 물 건너간 겁니다.

결국 88년부터 91년까지 이때가 미국이 북한을 승인할 수 있는 기회였는데, 그 당시 미국의 평가는 북한은 망하는 나라다, 이런 게 상당히 역할을 했을 것 같습니다. 제가 89년 말에 폴란드에 부임하고 나서 한 일주일도 안됐을 때였습니다. 대사관에 저 혼자 있을 때인데, 어떤 리셉션에 가니까 북한 대사가 먼저 저에게 접근을 해오더라고요. 그러면서 처음 하는 소리가 "흡수통일하지 마라", 그래서 깜짝 놀랐어요. 흡수통일이란 말을 별로 들어본 적이 없는데, 먼저 와서 너희들 우리를 흡수통일 할 생각하지 마라는 얘기를 들은 거예요. 북한 정부로부터의 지시를 받은 거죠. 폴란드에 새로 한국 대사관이 생겼으니까, 거기에 부임한 사람에게 그 얘기를 하라고 분명히 지시했던 거죠. 제가 그 얘기를 들으면서 북한이 우리가 생각하는 것보다 굉장한 위기의식을 느끼고 있구나 하는 생각을 했습니다. 미국 입장에서도 그런 평가를 한 게 교차승인 문제에 영향을 미치지 않았을까, 그렇게 생각할 수 있는지 모르겠습니다.

염돈재: 사실 미국이 그렇게 평가한 게 맞습니다. 89년도 말인가, 90년도 초인가 미국 CIA 동아태 담당 차관보 정도 되는 사람이 한국을 방문했을 때입니다. 안응모 차장님이 국내 담당 차장으로 가서 미국 CIA 그 담당관과 면담을 하게 됐는데, 그 사람이 하는 말이 앞으로 김일성이 죽고 유고가 생기면 북한은 길어야 6개월 빠르면 3개월 내에 망한다 그랬어요. 미 CIA가 그렇게 판단했으니까, 우리 최병효 대사님이 얘기한 대로 미국이 그런 북한과 수교할 필요가 있느냐고 생각했을 것입니다. 또 한 가지 아까 얘기 나온 것 중에, 북방정책이 오히려 북한을 압박하고 경계심을 일으키려고 교차승인이란 얘기를 내놓은 게 아니냐 하는 말씀도 있었는데, 사실 그 후에 소련이 무너지고 나니까 우리 정부도 마음이 좀 바뀐 겁니다. 굳이 교차승인 안 해도 우리가 이제 승리할 수 있겠구나 하니까 교차승인

쪽으로 가는 것보다는 북한 압박 쪽으로 갔던 게 사실이죠. 그것은 어찌 보면 상황의 변동에 따라서 우리 정부가 올바른 정책을 한 것 아니냐 그렇게 생각이 듭니다.

엄구호: 대사님.

북미 수교 조건, 그 현실적인 갭

정태익: 당시의 국제정세를 살펴보고 접근을 해야 되는데 말씀드린 대로 그때는 북한의 배후 세력인 소련이 무너진 때였습니다. 국제정세는 극히 불안했지만 반면 우리는 경제적으로 발전을 하고 있었습니다. 북방정책도 그러한 배경에서 추진되었던 것입니다. 원칙적으로 교차승인을 천명했지만, 실질적으로 북한이 미국과 국교정상화를 할 조건을 충족치 못한 상황에서 현실적인 대안이 아니라는 점을 인식해야 합니다. 우리가 원칙적으로 천명했지만 북한의 대미수교 여건이 여전히 조성이 되어있지 않았어요. 원칙적으로는 교차승인이 필요합니다. 강근택 대사가 얘기한 대로 한반도가 '투 코리아'로 가서 일단 통합 과정을 거쳐서 통일로 가야 되는 것이기 때문에 통합 과정으로 가려면 북미 수교가 필요합니다. 김대중 대통령도 그랬고, 역대 대통령이 교차승인이 필요하다는 점을 천명했어요.

위성락 대사가 얘기한 대로 우리 사회는 아직 미·북 수교를 받아들이지 않는 형편이고, 아직도 엄청난 인식의 갭이 있어요. 미국과 북한이 수교하려면 협상이 필요한데, 미국 측이 제시하는 조건을 충족해야 합니다. 남북 관계 개선, 군사 전진 배치 이동, 핵계획 포기, IAEA 사찰 복귀 등 미국이 협상을 통해 제시하는 조건이 충족이 돼야만 가능하다는 것입니다. 지금도 미·북수교 원칙을 계속 일관되게 유지하는 만큼 수교 자체를 반대하는 것이 아니에요. 조건을 충족

정태익 대사

하라는 얘기인데, 조건 충족이 쉽게 안 되는 것입니다. 더욱이 조건 충족 여부를 판단하는 것이 미국이기 때문에 수교는 사실상 어려운 것이었습니다.

우리 한국 여론도 참 이상해요. 남북평화접근을 위해 북한에 대한 정책 등을 완화하는 모습을 보이면 반대 여론이 비등해집니다. 지금도 그렇잖아요. 남남갈등 문제가 심각합니다. 보수 진보 세력이 상호 반대하는 사회 메커니즘이 있어요. 이 갈등을 풀어야만 앞으로 나갈 수 있을 것입니다. 북방정책으로 추진할 때는 우리가 자신감 있게 추진했기 때문에 교차승인 정책을 했다는 기록만 가지고 성과를 거둔 거예요. 현 정부는 교차승인을 원하고 있죠. 하지만 북핵 문제로 수교문제가 전혀 진행되지 못하는 것입니다. 수교 조건과 국내 여론 갈등 때문에 안 되고 있는 것입니다. 현 정부는 교차승인을 원하고 있죠. 하지만 북핵 문제로 안 되고 있는 점을 인식해야 합니다. 돌아보면 노태우 대통령도 한반도에 평화가 정착되고 진정한 의미의 대화가 지속되려면 교차승인이 성사돼야 한다는 생각을 하신 것입니다. 남북 유엔동시가입을 성사시킨 것이 그 증거입니다.

냉전 종식 후 남북관계는 여전히 제자리걸음

위성락: 냉전이 끝났을 때 미국과 소련의 관계가 어떻게 되었느냐에 대해 지금도 역사를 공부하는 많은 사람들이 돌이켜보고 교훈을 얻으려 합니다. 저는 그것과 한반

도 상황을 비교해서 얘기를 하고 싶은데, 서방측의 우월적인 입장에서 냉전이 끝나게 됐죠. 그런데 러시아에서도 새로운 정부가 들어서서 처음에는 서방측에 조금 호응하는 기류가 있었지 않습니까. 그렇지만 결국은 한 10여년 지나면서 러시아 내에서 분위기가 완전히 바뀌었죠. 러시아가 어떻게 인식하냐면 탈냉전 상황을 서방이 지속적으로 활용하여 러시아를 약화시키는, 언더마이닝 (undermining)하는 정책으로 일관하고 있다는 거죠. 러시아가 그렇게 이해하게 된 거죠. 그래서 미러 관계가 이제 저렇게 됐어요. 서방에서는 여러 이론들이 있지만 많은 사람들이, 많은 학자들이 그 당시 냉전 시기에 미국 측이 승리주의에 도취된 결과 허울만 좋았을 뿐 러시아에 대한 대접이 소홀했다고 생각하는 사람들이 더 많죠. 그걸 한반도 상황으로 가져와 보면 사실 80년대 후반, 90년대 초반에 벌어진 일은 한반도에서 정말 히스토릭한 일이고 엄청난 기회라고 볼 수 있었죠. 탈냉전이 있었고, 탈냉전은 우리한테 유리한 것이고, 우리가 그걸 활용해서 북한의 배후 세력하고 관계를 맺고, 북한은 고립될 수 있었습니다. 그런 역사적 상황을 맞아서 많은 업적을 낸 것도 있지만 결국 그 오퍼레이션(operation)의 결과가 그땐 뭐 여러 가지 인터렉션(interaction)이 있는데, 최종 성과를 살펴본다면 우리가 북한의 두 우방국인 소련, 중국과 수교라는 과제를 해결했다는 건 사실인 거죠. 그러나 북한은 미국, 일본과 관계개선하지 못하고 고립되었죠. 그래서 핵 개발의 길로 나가게 되죠. 이걸 우리가 어떻게 해석해야 하느냐의 문제인데, 결국 우리 북방외교에 한계가 있었다고 생각합니다. 큰 공이 있었고, 많은 업적이 있었지만 한계 또한 노정되어 있었고, 그것은 상당 부분 우리 쪽의 승리주의에서 비롯된 것이 아닌가 생각합니다. 왜냐면 잘되고 있었고 우리는 압도적으로 유리했으므로, 밀고 들어가면 북한이 물러선다고 보았겠죠. 북한이 반대하던 UN 동시가입도 이루어지자 우리가 이겼다는 분위기가 더 생겼습니다. 그러니까 결국 정치에서나 인간사회적 역학 관계에서도 묘한 패러독스라고 할까. 계속

되는 승리가 결국은 최종 승리로 이어지지 못하고 더 큰 다른 문제를 야기하는 그런 아이러니가 생겨났습니다. 북방외교가 그런 예 중의 하나가 아닐까 생각합니다.

북방정책으로 인한 국내 여론 진정

구본태: 이제 마지막 판이 되니까 저도 궁금했던 부분이자 한번 같이 논의하고 싶은 것이 우리 7·7선언을 한번 정리를 할 필요가 있다는 것입니다. 7·7선언은 물론 북방정책에 대한 꾸준한 준비와 연구 과정, 또 통일 방안의 연구 과정, 그리고 대북정책이 모여가지고 어떤 그 시점에 특정한 상황에 맞게 조합된 그러한 정책이라고 봅니다. 저는 북방정책이라는 용어를 말이죠, 7·7선언은 곧 북방정책인데 북방정책하고 북방외교하고 헷갈려 쓰이는 것이 아닌가 하는 생각이 듭니다. 그 당시 최광수 외교부 장관께서 7·7선언이 나온 뒤인 7월 16일에 4항, 5항, 6항에 대한 7·7선언 후속조치를 발표하면서도 북방정책이란 용어를 쓰고 계시더라고요. 그래서 7·7선언은 북방외교 정책이면서 또 대북 정책이면서 또 우리 통일 방안의 비전을 제시하는 통일 정책이었단 말이죠. 각각의 목표가 어떻든 간에 7·7선언이 지향했던 개념의 하나는 북방외교 대북 정책, 그 다음에 우리의 통일 방안이라는 부분이 한 데 어울려야 하는 그런 것이었다고 봅니다. 그래서 "7·7선언=북방정책", 그렇게 봐줘야 되지 않은가 하는 그런 생각이 하나 있습니다. 두 번째 포인트는 그 당시 북방외교 정책을 해서 결국 중국, 소련과 국교를 수립하고 그 이후 남북이 UN에 동시 가입하고, 통일 방안도 나름대로 성공했어요. 그리고 난 다음에 고려연방제 이야기가 쑥 들어가 버렸습니다. 그런 점에서 우리 국민 여론을 진정시키는 데 나름 도움도 됐고, 또 외부로 내놓았을 때, 북

한이 봐도 특별히 '한민족공동체 통일방안'에 반대할 만한 내용이 없어요. 오히려 공동체란 개념 자체가 약간의 사회주의적 개념이잖아요. 다만 이홍구라는 당시 유명한 분이, 권위 있는 분이 말을 했기 때문에 그런 반발이 안 나오고 그랬지, 공동체 개념에는 사회주의적인 것도 약간 들어있으니까 북한이 반대할 이유가 없어요.

7·7선언의 영향이 1994년에서 멈춰서

그런데 제가 아쉽게 생각했던 것 중 하나는 그러한 노태우 대통령의 7·7선언의 그 영향이 저는 1994년까지 갔다고 봅니다. 그때 어떤 일이 있었냐면 여러분 잘 아시다시피 카터가 평양에 가서 김일성을 만나고 돌아오는 과정 속에서 제가 그 당시 이홍구 부총리님의 이야기를 자세히 들은 부분이 있어 몇 개 참고로 말씀드립니다. 그때 실은 7월 8일 날, 그러니까 카터가 북한에서* 돌아온 게 6월 18일이에요. 그 20째일 되는 날이 7월 8일인데 7월 8일 12시에 김일성이가 죽은 것으로 보도되었어요. 이 보도는 통일부가 안기부보다 먼저 했습니다. 그런 일이 있었는데, 그때 카터는 이북에 가서 김일성을 만나고 돌아와 그날 김영삼 대통령한테 보고를 같이 만나서 이야기를 했습니다. 저녁에는 카터와 레이니(James T. Laney) 대사, 우리 이홍구 당시 부총리하고 세분이서 저녁을 하셨어요. 그 자리에서 이홍구 부총리가 카터에게 정말 북한이 정상회담 할 용의가 있느냐고 물어봤다는 겁니다. 여러 가지 대화 가운데 나왔던 얘기지요. 그 세 분이 다 에모리(Emory) 대학 동창이에요. 그러니까 상당히 조합이 참 좋았어요.

그때 카터가 갔다 온 뒤 남북 정상회담을 준비할 때, 제가 통일정책실장을 하

---

* 북한이 맞음(구술자 추가)

면서 부총리하고 방이 가까우니까 자주자주 이야기를 하게 됐고, 거기에 대한 자료도 만들고 했습니다. 그때 우리 정부의 팀이 아주 드림팀이었습니다. 부총리는 이홍구, 외무부장관은 한승주, 안기부장은 김덕, 외교안보수석은 정종욱 이랬어요. 제가 자료를 만들어가지고 드리면 3시간이면 답이 나왔어요. 다들 좋은 관계니까 편하게 설명하고 나면 3시간 만에 나왔어요. 예를 들어 북한에 편지를 보내기 위해 편지 초안을 한두 장 만들어 드리면 그분들이 차 마시기 위해 전화해서 모이는 거예요. 다섯 명이 모이면 바로 답이 나왔어요. 그런 관계들이 아니었다면 우리들이 여러 자료를 만드는 등의 과정을 거쳐야 하니 복잡하지 않습니까.

그리고 우리 대표를 어떻게 정하는 게 좋을까 상의를 하시길래, 부총리가 수석대표가 되셔야 되지 않겠습니까라고 했습니다. 또 통일부, 외교부, 안기부에서 참여하는 걸로 건의했습니다. 그러니까 대략 구성되는 멤버가 이홍구 부총리에다 안기부의 김덕, 그 다음에 외교부는 남북 문제니까 직접 참여하는 게 안 되고, 정종욱 안보수석이 참여하는 걸로 됐단 말이에요. 그리고 윤여준 씨가 참여를 하였죠. 그런 뒤 이 부총리께서 저에게 두 가지 질문을 하셨어요. 하나는, 우리가 대표면 저쪽에서 누가 나올까 하는 거죠. 그래서 그때 말씀을 드렸어요. "아마 김용순이 정도가 나온다면 확실히 정상회담 하겠다는 신호로 읽을 수 있습니다." 두 번째는 회담장에서 어떻게 할지에 대한 거였어요, 이 세 분이 다 회담에 대한 경험이 없는 거예요. 그래서 회담장에서 벌어지는 상황을 대처하도록 "수행원들을 튼튼한 사람으로 쓰십시오. 통상 우리가 수행할 때 연락관들이 4급, 좋아야 3급 정도 가는데 그 수준을 1급으로 올리시면 어떨까요?" 라고 말씀드렸죠. 그래서 이홍구 부총리는 제가 수행을 하고, 안기부는 엄익준 그 당시 실장이 수행을 하고 정종욱 수석은 그때 미주국장인 장재룡 씨가 맡기로 했어요. 이런 내용들을 전화로 다 연락해가지고 그렇게 구성을 했습니다. 그러니까 제가 볼 땐 드림팀이에요. 다 경험들과 이런 부분에서 좋은 상황에서 준비를 해가지고 남북 간에 북한 김용순 대표단과 만나가지고 첫날에 합의를 했어요.

첫날 합의할 때 김영삼 대통령께서 큰 역할을 했습니다. 우리는 각각 서울–평양교환 회담 입장에 묶여있었기 때문에 상부와 협의를 하려면 최소한 왕래를 해야 되지 않습니까. 그날 현장에 있는데 청와대에서 판문점 회담장으로 전화가 왔어요.. "김일성이를 서울로 초대하는 문제는 나한테 맡겨라. 내가 알아서 한다." 그렇게 되니까 평양 가는 문제만 얘기하면 되지 않겠습니까. 그러니까 그렇게 합의를 했습니다. 그리고 그 다음날 실무 접촉에서 윤여준 씨가 수석대표 하고 저하고 엄익준 씨가 배석하여 같이 대표로 참여를 했는데, 윤여준 씨가 전혀 회담 경험이 없는 사람인데 회담을 너무 잘하는 거예요. 그래서 참 신통하다 생각했어요. 본인한테도 그런 말씀을 드렸죠. 그런 과정을 거쳐가지고 이제 정상회담에 필요한 경호부터 모든 회담들이 벌어져 합의가 빨리빨리 됐는데 정말 잘 갔습니다. 저는 트웬티 데이스 크라이시스(twenty days crisis) 이런 개념이 있는데, 20일 만에 그러니까 7월 7일에 평양정상회담을 위한 거의 모든 준비가 갖춰진 거예요. 상당히 어려운 게 많지 않습니까. 그리고 7월 7일 저녁에 김일성이 묘향산 쪽으로 여행을 가서 현지시찰하고 돌아오다가, 7월 25일의 정상회담에 대한 회담 대책에 서명을 했어요. 판문점에 들어가면 김일성이 서명한 그걸 비석으로 만들어서 설치해 놓았어요.

김일성 사후 무산된 남북 간 미해결 과제

그래서 제가 지금 말씀드리고 싶은 것은 아까 여러 가지 걱정하신 것, 북방정책, 북방외교 정책하고 남북 관계의 언밸런스 또는 충돌, 이런 문제들이 한번 해결할 수 있는 좋은 기회가 그때 있었다는 생각이 드는 거예요. 물론, 7월 7일 전 당시 자료는 잘 보지 못했지만 그리고 25년 세월이 흘러버렸습니다. 그 사이에 17년 동안에 김정일을 중심으로 선군정치가 있고 그랬는데, 지금도 가끔 그런 생각이 들어요. 앞으로 제2의 7·7선언을 한번 생각해 볼 수가 있지 않느냐. 그 당시 우리가 생각했던 것 중에서 생각하지 못했던 부분, 어떤 것이 있었는지 교훈을 찾아서 제2의 7·7선언을 구상할 시점이 되고, 혹시 이 모임이 그러한 문제 제기를 할 수 있는 기회가 됐으면 좋겠다는 생각이 들어서 한 말씀 올렸습니다.

이동복: 1994년 7월 21일, 22일, 23일로 평양 정상회담 날짜가 받아졌죠. 그런데 7월 5일 날 김영삼 대통령으로부터 갑자기 연락이 왔어요. 점심식사를 같이하자 해서 들어갔더니 정홍진, 나, 누구 한 사람 더 있었는데, 강인덕이네요. 김일성이하고 만나게 돼서 세 사람과 칼국수 한 그릇 하며 의견을 좀 듣고 싶어서 오라고 그랬다는 겁니다. 그런데 그날따라 강인덕 씨하고 정홍진 씨가 말을 아끼더라고요. 나는 그전에 어떤 일이 있었냐면, 1989년에 내가 국회의장 비서실장을 할 때 8월에 브란트(Willy Brandt) 전 수상이 동아일보 초청으로 한국에 온 적이 있어요. 와가지고 김재순 의장을 좀 보고 싶다고 해서 국회에 와서 한두 시간 동안 우리가 얘기를 나눈 적이 있는데, 그때 브란트 수상이 한 얘기 몇 가지가 생각이 나는 게 있더라고요. 하나는, 브란트가 그때 무슨 얘기를 하느냐면 자기가 70년에 우선 저쪽의 슈토프(Willi Stoph)하고 만나게 됐는데, 하부에서 이슈에 대해 아무런 클리어링이 안 된 상태에서 덜컥 만나게 됐다는 거예요. 그래서 그 회담 장소를 정하는데 자기가 개입을 해서 에어프루트와 카셀로 결정을 했답니다. 왜 그러냐면 너무 언론이 몰려들 것 같아서, 그것을 톤 다운(tone down) 시키기 위해서 국경의 소도시를 선정을 해가지고 에어프루트하고 카셀로 정해서 만난 것이죠. 에어프루트에서 만날 때, 자기 생각에는 그냥 주고받기 식으로 얘기를 하다가는 중요한 이슈가 빠질 수도 있고, 또 중요한 이슈가 빠지면 여러 가지 사회 문제가 있을 것 같기 때문에 한 시간 반짜리 읽을 것을 준비해가지고 와서 한 시간 반을 읽

었다는 겁니다. 그랬더니 슈토프도 똑같이 하더라는 겁니다. 그래서 세 시간, 한 네 시간 만났는데, 거의 대화는 없었고 읽고 말았던 것이죠. 그리고 그 다음에 카셀에서 두 번째 회담 만났을 때도 비슷한 상황이 돼가지고 네고시에이션 같은 것이 없었는데, 그 뒤에 자기는 굉장히 어려움을 느꼈다고 했어요. 왜냐면 그때 서로 의견의 차이가 있는 부분을 확인하는 자리가 됐기 때문에 그 다음에 양독 간에 실무자들이 얘기를 하는데 많은 제약을 준 그런 결과가 됐다, 그래서 앞으로 남북 간에 정상회담이 논의된다면 반드시 사전에 실무적으로 상당한 논의를 해서 합의할 수 있는 것을 골라서 가서 합의를 해놓고 나머지 문제를 토론하도록 하는 것이 상당히 생산적일 것이다. 그런 얘기를 했어요.

그래서 내가 그 얘기를 김 대통령한테 그대로 했어요. 그리고 내 생각에도 "저도 북한 사람들하고 여러 번 얘길 해봤는데 제가 경험한 바로는 북한 대표들이 항상 평양에서 발언문을 만들어 가죠. 발언문을 다 낭독하고 갑니다. 그러니까 이게 서로 주고받고 대화를 해가지고 하는 대화식은 좀 여러 가지로 경계할 점이 있으니까 대통령께서도 가급적이면 써서 가지고 가서 읽으시고 안 그러면 토킹 포인트(talking point)를 만들어가지고 가서 짚어야 될 건 다 짚어놓으실 필요가 있겠습니다"라고 했어요. 그랬더니 김 대통령이 엉뚱한 얘기를 하더라고요. "여보, 이동복 씨, 이 내가 평생을 정치 생활을 하는 동안에 1:1로 만나서 내 뜻을 관철하고 설득을 못시킨 적이 없는데 이번에 김일성이 만나서도 한반도의 현안 문제에 대해서 충분히 설득할 자신이 있는데, 그러려면 두 번 만나서 안 된단 말이야. 한 네 번을 만나야 되는데 이홍구가 2박 3일로 합의해가지고 왔기 때문에 두 번밖에 못 만나겠다." 두 번, 왜 그러냐 했더니 아주 이상한 얘기를 하더라고요. "김일성이 건강 상태로 봐서 매일 만나서 얘기할 수는 없을 것이다"는 겁니다. 그런데 우리는 사전에 김일성의 건강에 대한 네거티브한 아무런 정보가 없었거든요. 엉뚱한 얘기를 하는구나 생각했죠. 그러면서 "내가 평양에 가면 제일 먼저 해야 될 일이 이홍구가 합의한 것을 뒤집는 것이다. 4박 5일 내지 5박 6일 정도 연장을 해가지고 최소한도 평양에서 내가 네 번을 만나고 돌아오겠다." 이러더라고요. 나는 굉장한 충격을 받았어요. 4박 5일 동안에 나라를 들어먹고 오는 건 아닌가 말이야. 그래가지고 그런 생각을 가지고 나왔는데, 사흘 뒤에 김일성이 죽었단 말이에요. 난 속으로 쾌재를 불렀어요. 이건 참 우리가 큰일이 날 뻔한 일을 겪지 않게 됐다. 그런 비화가 있었습니다.

YS 정부에서 북방정책이 약화된 이유

엄구호: 제가 질문을 우선 드린 후 말씀을 하도록 하겠습니다. YS 정부 말씀을 하셨기 때문에 노태우 정부 말기에 북방정책이 상당히 성공적으로 종료됐다, 이런 평가를 하고 YS 정부로 넘어가게 됐는데, 저희가 이제 와서 뒤돌아서 보니까 YS가 한소 수교에도 상당한 기여를 했고, 러시아에 대한 상당한 관심을 가지고 있으리라고 생각은 했는데, 실제 YS 정부가 시작되고 나니까 북방정책은 조금 약화되었습니다. 예를 들면 러시아가 4자회담에 들어가지 못하고 KEDO(Korean Peninsula Energy Development Organization: 한반도에너지개발기구) 이사국에도 빠지고, 그래서 한러 관계가 YS 시기에 들어가서 좀 정체되는 그런 상황에 들어가게 됐습니다. YS 정부 때의 한러 관계를 조금 평가해봐야 되는데 그중에 4자회담 문제도 있고 KEDO 이사국 문제도 있지만 장관님 말씀도 계시겠고, 또 대사님들도 계시니까, YS 시절에 북방외교가 약화되게 된 배경, YS 정부의 분위기, 아까 드림팀이라고 말씀은 하셨지만, 한러 관계에서 보면 그렇게 드림팀이 또 아닐 수도 있었거든요. 그래서 YS 시기 때 논의를 해보겠습니다. 일단 장관님 말씀 듣고, 대사님들 말씀 듣고 그렇게 하겠습니다.

4자회담에서 제외된 러시아의 불만

공로명: 4자회담과 관련한 얘기는 하나 말씀드릴 수 있습니다. 우리가 4자회담을 얘기를 했을 적에 러시아가 빠진 데 대해서 굉장히 큰 불만을 표명을 했습니다. 제가 러시아를 설득하기 위해서 이태리 공식 방문한 후에 러시아 방문을 했어요. 거기 대사관에 있다가 장관으로 가니까 말하자면 금의환향한 격인데, 저쪽에서도 말은 그렇게 하면서 상당히 환영을 해줬는데, 프리마코프 외상이 점심을 내면서 얘기를 했어요. 4자회담에 왜 러시아가 빠졌느냐, 한국은 벌써 6·25전쟁이 일어난 것을 잊어버렸느냐, 6·25전쟁이 왜 일어났느냐 등의 얘기를 해요. 이 얘기는 다시 말하면 푸틴 정부도 지금 말은 안 하지만 그 생각이 계속 있다는 뜻입니다. 다시 말하자면 동아시아에서 러시아가 자기들이 역할을 할 수 있다고 생각하고 동아시아의 하나의 멤버인데 러시아에 대한 상당한 배려 없는 데 대해서는 굉장한 섭섭한 생각을 한다는 걸 우리가 항상 염두에 둘 필요가 있을 것 같아요. 그리고 지금 러시아에 대한 경협에 대해서는 제가 그 후에 정부 떠난 지도 20년이 넘어서 그건 위성락 대사가 더 잘 아실는지 모르죠. 제가 알고 있기에는 결국은 물품 상환으로 디폴트(default) 후에 나왔고, 다 상환했다는 얘기는 못 들었어요. 한 6, 7억 남아있다고 하는 얘기는 내가 마지막으로 들었는데, 다 상환이 안됐죠 아직?

위성락: 상환 중입니다.

공로명: 그런데 이제 러시아의 경협에 대해서는 여러 가지 이야기가 있지만 저는 그렇게 생각해요. 베를린 벽이 무너지니까 가만히 앉아도 우리가 러시아하고 수교를 할 수 있었을 텐데 왜 우리가 그렇게 비싼 대가를 치렀느냐 하는데, 그것은 배나무 밑에 가서 배 떨어지기를 기다리는 거나 마찬가지가 아니겠느냐 말이에요. 정책 업무에서는 그러한 정책이 성립이 될 수는 없을 것이고, 역시 적극적으로 뭔가

를 태클하는 게 정도가 아니냐, 이렇게 생각이 됩니다.

정태익: 공로명 장관님께서 지적하셨지만, 김영삼 대통령도 북방정책의 지속을 원했지만, 사정이 바뀌었습니다. 김영삼 대통령께서 외무부 장관에 한승주, 안기부장은 김덕, 통일부 장관은 한완상, 그리고 외교안보수석은 정종욱 등 외교라인을 모두 학자로 임명하자 노태우 정부의 마지막 외무장관인 이상옥 장관이 코멘트한 것이 생각납니다. 그때 이상옥 장관이 "외교라인에 적어도 관료 출신이 한 명은 있어야 외교정책의 일관성이 유지되고, 제대로 밸런스를 가질 터인데 참 아쉽다"고 했지요. 외교 정책은 현실적인 문제를 다뤄야 하므로 배합이 잘 된 인사 정책이 필요합니다. 오늘은 우리가 점검하는 자리니까, 실무와 정책 조화가 중요한 일이라고 생각합니다.

러시아를 배제한 후폭풍은 푸틴 등장 이후 지속

김영삼 대통령 때의 외교정책 역점이 4자회담이었는데, 그 정책이 애당초부터 문제를 안고 있었다고 생각해요. 한반도 문제의 가장 중요한 두 당사국이 빠졌다는 것입니다. 말씀하신 대로 러시아가 한반도 운명에 중요한 영향을 미쳤고, 일본의 경우 한반도 분단의 원인을 제공한 만큼 우리 안보에 중요한 나라들입니다. 이들 국가를 배제해버린 것에 근본적인 잘못이 있었던 것이 아닌가 생각합니다. 공 장관님 재직 시 제가 차관보로 있었을 때의 일입니다. 쿠나제 주한 러시아 대사가 "러시아가 4자 회담에서 빠졌다"는 비난을 외교채널을 통해 항의하는 게 아니라, 동아일보를 비롯하여 우리나라 온갖 언론에 접촉을 해서 러시아를 한반도 문제에서 빠트렸다고 공개적으로 비난을 퍼부은 적이 있습니다. 장관님이 쿠나제 대사를 혼 좀 내주라고 말씀하셔서 제가 대사를 불러 외교부에 할 얘기가 있으면 직접 하지 않고 왜 외부에다 불평을 하느냐고 경고를 줬지요. 러시아 입장에서 그만큼 자국이 배제된 것에 대한 불만이 컸던 것입니다. 결론적으로 4자 회담은 결실을 맺지 못하고 사라졌습니다.

러시아 외교에서 중요한 문제는 러시아가 한국과 일본의 투자를 간절히 원하고 있다는 점입니다. 우리와 수교할 때, 일본과는 북방 섬 문제로 다툼이 있었기 때문에 우리에 대한 기대가 컸습니다. 한국이 러시아에 투자하면 일본이 자극을 받아 일본도 호응할 것이라는 생각으로 우리와의 수교에 기대를 많이 걸었던 것입니다. 한·러 수교 10년 뒤 2000년에 푸틴이 대통령이 됐어요. 러시아가 우리한테 기대한 만큼 우리의 투자가 이뤄지지 않은 것은 사실입니다. 투자 저조에는 우리 잘못도 있지만 러시아의 법률제도 미비와 러시아의 부패한 관료주의도 문제가 됐기 때문에 진전이 안 된 것입니다. 여하튼 우리가 러시아의 기대에 부응하지 못했고, 그래서 푸틴 시대에 들어와 정책 대전환이 이루어진 것입니다. 푸틴이 취임하자마자 제일 먼저 방문한 곳이 평양이에요. 이와 관련해 '주러 한국 공사 추방' 사건도 일어났습니다. 그 배경에는 우리가 그들의 기대에 부응하지 못한 것에 대한 반발이 있었던 것이지요. 러시아가 북한과 관계 복원을 통해서 등거리 외교로 돌아가 이익을 도모하는 계기가 된 것입니다.

또 한 가지 지적하고 싶은 것이 있습니다. 북방정책이 잘 되기 위해서 러시아의 가스와 석유를 가져오는 자원외교가 중요하다는 것은 누구나 아는 사실입니다. 엄구호 교수도 기대를 많이 했지요. 러시아와 북방외교를 하려면 실질적인 경제 협력으로 돌파구를 마련하는 것이 북방정책의 성공 요인이라고 봅니다. 하지만 우리가 근본적으로 알아야 할 중요한 점이 있어요. 결론적으로 가스관과 송유관이 오지 못하는 가장 큰 걸림돌이 DMZ(Demilitarized Zone: 비무장지대)입니다. DMZ 관리를 누가 하고 있습니까. UN과 미국이 관여하고 있습니다. 그러니까 우리 북방정책의 시작은 물론, 한반도 평화구조는 유엔과 함께 해야 하는 숙명을 가지고 있습니다. 노태우 대통령의 북방외교도 미국과 긴밀한 협의하에 이루어진 것입니다.

샌프란시스코에서 노태우·고르바쵸프 회담 시 미국이 각종 외교 편익을 지원하여 북방정책도 수립하고, 북방외교도 실행됐던 것입니다. 노태우 대통령과 고르바초프 서기장의 샌프란시스코 회담은 물론 북방정책의 배경은 모두 미국의 대소 정책과 긴밀한 연대 속에서 이루어졌다는 것을 우리가 절대로 간과해서는 안 됩니다. 미국은 서방 진영과의 긴밀한 경제협력을 통해 소련을 해체한다는 대전략이 있었던 것입니다. 문재인 정부의 북방정책인 '나인브리지(9 Bridge+ɑ)' 프로젝트 모두가 미국의 협력이 없으면 안 되는 거예요. 공로명 장관님의 지론인 한미동맹을 기초로 해서 우리가 외교 정책을 펴야 한다는 말씀이 올바른 것입니다. 현실적으로 우리가 이것을 받아들여야 합니다. 미국과의 동맹관계없이는 지금의 장밋빛 대북 프로젝트는 실현이 어렵습니다. 물론 러시아 쪽에 잘못된 점이 있고 여러 가지 관료주의니, 법률 불비 등 안정성이 결여된 많은 요소가 있지만 핵심은 미국과의 협조입니다. 오늘 점검하는 과정에서 우리 외교가 북방외교에서 배울 교훈은 한미동맹을 통해서 자주적 지평을 열어가야 하는 것을 말씀 드립니다.

북미관계 개선에 대한 YS 정부의 시각

위성락: 4자회담 얘기가 잠깐 나왔으니까 제가 그것에 대해 한 가지만 간략하게 코멘트를 하겠습니다. 북방외교 이슈는 아니지만 그 다음부터 나온 거니까.

엄구호: 혹시 YS 시절에 러시아가 경시되게 된 배경에 대해 아시면 그것도 좀 같이.

위성락: 사실 4자회담이 이니시에이트(initiate)된 배경에는 아까 우리 논의했던 미북 관계

개선이 연루돼 있습니다. 핵 문제가 터졌고, 어그리드 프레임워크(agreed framework)가 만들어졌죠. 미국이 교섭을 해서 만들어졌죠. 우리가 사실 협상장에 참여하지 못한 데 대한 불만이 당연히 있을 것이고, 파이널 아웃컴에 대해서 YS 정부가 마땅치 않게 생각한 것도 사실이죠. 거기에 보면 경수로 비용 등 우리에게 부담되는 것도 많이 있죠. 더 중요한 것은 어그리드 프레임워크에 따라서 그 다음 액션은 미북 관계 개선이었습니다. 경수로 봉인해놓고, 핵문제 일단 봉인돼 있고, 그 다음에는 관계 개선이죠. 연락사무소 설치하고, 관계 정상화를 추진한다고 선언이 됐습니다. 그 협상을 앞으로 미북 양자 간에 할 판이에요. 우리가 배제된 것하고, 미북이 따로 관계 개선하려고 하는 것에 대한 반대 기제가 생겨난 거죠. 그래서 아이디어가 나온 게 4자회담을 재개해서 우리도 끼어들어가고, 미북이 둘이서 하는 걸 어떻게 견제해야 된다 이렇게 한 거죠. 처음부터 진전되기 어려운 구도였고, 처음부터 의도가 달리 있었던 겁니다.

그런데 그 당시에 러시아까지는 생각하지 못했던 거고, 당연히 한반도 평화구도니까 한국전쟁에 관련된 한국, 미국, 북한, 중국. 이렇게만 생각한 거죠. 4자가 된 것은 비교적 쉽게 된 건데, 러시아가 당연히 반발을 했고요. 러시아가 나중에 그 전후하여 어느 때인데 6자 비슷한 안을 냈습니다. 공식 제안을 한 적이 있죠. 당연히 미국 측하고 모두 다 디스어그리(disagree) 해버렸습니다. 러시아가 처음에 낸 안은 6개국 플러스 UN하고 IAEA에요. 그래서 여덟 관계자가 됩니다. 일리는 있는 얘기죠. 그때 러시아가 지속적으로 주장한 것은 이것은 경수로로 해결될 일이 아니다. 결국 안전보장으로 해결되는 것이다. 그런데 안전보장하려면 러시아 당연히, 그리고 검증하고 체크하려면 IAEA, 그 다음에 UN, 그러니까 여덟 파트너가 필요하다. 그렇게 안을 냈죠. 그러나 아무도 거기에 관심 두지 않았어요. 제가 그 당시에 현장에 근무하면서 러측 제안 등이 있었던 일을 서울에 보고도 하고 그랬습니다. 그러다가 돌고 돌아서 나중에 6자회담이 성사 되니까 러시아가 어떤 성명을 냈냐면 자기들이 오래 전에 제기한 그 아이디어가 드디어 실현된 것을 환영한다. 이렇게 낸 적이 있습니다. 러시아는 그전 기간 동안 4자 때부터 심지어는 어그리드 프레임워크 때부터 자신들이 배제된 것을 뒤집을 그런 책략을 갖고 있었어요. 그런데 6자회담이 실현된 때는 환영을 했지만 다시 지금 제대로 안 돌아가니까 소외감을 느끼고 중국하고 연대를 하고 있죠. 다시 맨 처음으로 돌아가면, 4자회담이 제기된 백그라운드에도 미북 관계 개선에 대한 한국 정부 내의 경계심이 있었다는 겁니다. 그 정도로 우리가 계속적으로 안고 있는 문제였다는 거죠.

YS 정부시기 대북정책과 북한의 태도 변화

염돈재: 여기 질문 리스트에 있는 것 중에서 답이 안 된 것들이 몇 개가 있어서 말씀드리겠습니다. 어떻게 헝가리하고 수교 협상할 때에 6억 5천만 달러, 그거 할 때에 경제장관들이 회의를 해야 되는데 보안상 회의를 못했거든요. 그래서 박철언 장관님이 장관들한테 가서 사인을 받았습니다. 그럴 때 각 장관님들이 이구동성으로 했던 얘기는, 수교만 된다면 그건 어렵지 않다고 했던 겁니다. 그런 분위기가 있었다는 것 말씀드리고요. 두 번째는 8페이지에 보면 YS하고 92년도 '페놀 사건'으로 박철언 장관이 정계에 배제됐다는 것이 있는데, 그건 아니고, YS와의 갈등 때문에 그렇게 됐다는 것입니다. 그 다음에 박철언 장관이 배제됨에 따라서 김영삼 후보 세력들이 정국을 주도하게 되는데, 북방정책에 영향을 미쳤다는 대목이 있는데 전혀 그때 그렇지 않았습니다. 그 다음에 단지 박철언이 퇴조함으로써 바로 공식 라인이 더 전면에서 중요한 역할을 했다, 특히 외교부가 중요한 역할을 하기 시작했다, 그렇게 정리할 수 있을 거고요. 그 다음 네 번째는 아까

김영삼 대통령 때 대북정책이 지그재그로 했는데 왜 철학이 문제냐 그랬는데, 그건 철학때문이 아니고, 북한의 태도 변화 때문입니다. 우리가 다 해줬는데 핵 개발하고 이러기 때문에 안 된 거지 무슨 철학의 변화입니까. 전혀 아니었습니다.

일본– 가네마루 신의 방북

김석우: 설문 전에 남북관계 진전이 대미 대일 관계에서 어떤 의미를 부여했나, 이 관계와 관련된 걸 조금 말씀드리겠습니다. 어제도 잠깐 말씀드렸는데 80년대 초 83년 이때까지 일본과 북한의 교역이 5억 불 정도 계속됐고, 연간 1,000명 이상의 교류가 있었습니다. 당시에는 한국과 소련이나 한국과 중국의 교류가 거의 없었고, 물론 중국은 약간 시작되는 단계였지만, 미국과 북한과의 관계도 없었어요. 그래서 북한과의 교류는 일본이 가장 앞서가고 있었습니다. 당시 남북한에 대한 일본의 한반도 정책은 '남북 등거리정책'이라고 저는 봅니다. 그게 바뀌어 일본이 소위 자유 진영의 일원으로 확실하게 된 것은 나카소네(中曽根康弘) 총리가 한국을 방문하고, 레이건을 만나 '론–야스 관계'가 되면서 소위 일본이 자유 민주주의의 일원이 되기로 확인한 때라고 저는 봅니다. 그럼에도 불구하고 일본은 가급적이면 자기들 독자적으로 하고 싶은 욕심이 있었어요.

그래서 제가 일본에 정치담당 참사관을 하고 있던 89년 이때 일본의 사회당 국제국장이 저한테 와가지고 자기네가 비공식으로 한국을 방문하고 싶다는 얘기를 하는 거예요. 그런데 일본 외무성과 관계를 갖고 있던 저희들은, 사회당이 한국에 오면 자민당이 북쪽으로 가는 것은 너무나 당연한 수순으로 봤거든요. 그래서 저희가 그때 조건을 내걸었습니다. 사회당이 오는 것은 좋은데 그렇게 살짝 하지 말고 한일회담과 한국 정부를 인정해라, 인정하고 사회당이 오는 건 우리가 받아들이겠지만 그렇지 않고 그냥 슬쩍 오는 것을 우리는 원하지 않는다 해서 끌었습니다. 그래서 우리가 시간을 끄는 동안에 한국에 오지 못했습니다. 그러다가 90년 9월인가 그때 가네마루 신(金丸信)이 자민당 부총재였는데, 다나베(田邊誠) 사회당 부위원장과 함께 초당파적인 방북단을 이끌고 북한에 가서 김용순하고 일본과 북한의 관계 정상화를 지지하는 발표를 하는 거죠. 일본으로서는 북한과 관계를 계속 추진하겠다는 생각을 가졌던 것입니다.

그런 과정에서 우리는 일본이 북한에 대해 룰을 지킬 것을 요구했어요. 그러니까 룰을 안 지키는 북한과 무작정으로 관계를 맺는 것은 받아들일 수 없다는 것이었죠. 그렇지만 우리에게는 인도주의적 문제가 있었습니다. 과거 65년 당시에는 조총련 소속이면 일본 내 법적 지위가 굉장히 불리했고 70, 80년대에도 그러했습니다. 민단 소속이면 법적지위가 괜찮았었는데, 이런 문제에 대해 일본 내에서 관련법을 개정하는 과정에서 우리가 굉장히 오픈 마인드를 가지고 조총련도 민단과 같이 혜택을 받아도 괜찮다는 입장을 취했습니다. 그건 91년에 재일교포 3세 문제에서도 확실하게 우리가 얘기를 했습니다. 3세 문제가 91년 1월까지 해결이 돼야 하는데 그것에 대한 우리의 입장은 조총련 소속이든 민단 소속이든 상관없이 그런 소수민족으로서 권리를 인정을 받아야 된다는 기본적인 생각을 가지고 있었어요. 그런 의미에서는 우리가 굉장히 오픈마인드였지만, 북한이 테러 행위를 한다든지 룰을 지키지 않는 상태에서 일본이 마음대로 하는 것에 대해 우리는 좋지 않다고 보았습니다. 가네마루 신 일행이 갔었는데도 불구하고, 결국 일본인 납북자 문제가 완전히 정리되지 못하고 해서 지금까지 온 거죠. 그 관계만 일단 기록으로 남깁니다.

그리고 어제 잠깐 나왔지만 30억 불 관계에 관해서는 저쪽이 달래든지 우리가 준다든지 이런 구체적인 것은 없었지만 그 당시에 고르바초프가 개혁개방 정책을 했음에도 불구하고 무지무지하게 힘들었거든요. 그 당시에 소련에 회의차 참석했을 때 자기네들 힘들다는 얘기를 계속해서 했고, 또 그것은 대처(Margaret Hilda Thatcher)가 고르바초프에게 가서 독일 통일 시키지 말라고 했을 때, 그 당시에 독일 쪽이 100억 마르크 정도를 고르바초프 쪽에 주지 않았어요? 그러니까 그러한 상황, 개혁개방을 하는 고르바초프 진영이 얼마나 재정적으로 절실했느냐 하는 것은 다 알려져 있었기 때문에 30억 불 이 얘기는 당연히 아마 양쪽이 공감대가 쉽게 이루어졌을 것이라고 저는 보고 있습니다.

기록을 남기는 것은 교훈을 얻기 위함

전봉근: 어제 오늘 대단원의 구술회의가 끝났습니다. 한 가지, 저도 줄곧 앉아있지는 못했었습니다만, 몇 가지 소회 말씀드리겠습니다. 저는 안보 문제를 연구하다 보니 전쟁 문제를 다루는데, 우리에게 계속 나오는 이야기를 보면서 클라우제비츠(Karl Clausewitz)의 말이 떠오릅니다. War is an extension of politics by other means. 전쟁은 정치의 연장인데, 다른 수단에 의한 정치의 연장, 즉 무력을 사용하는 정치의 연장이라는 말입니다. 어제 오늘 제가 들으면서 외교야말로 다른 수단을 이용한 정치의 연장이 아닌가, 그런 생각이 듭니다. 강한 정치적 의지, 정치의 기조를 가지고 그것을 실현해 나갈 때 하나의 동력이 생겨나고, 그리고 그러한 것이 지속될 때 동결 과정으로 가는데 그렇지 않을 경우에는 상황에 아주 많이 휘둘린다, 이런 생각이 듭니다.

저도 사실 이러한 북방정책의 오늘, 우리의 현재를 보면 여전히 북방정책의 명과 암 속에 우리가 살고 있는 것 같습니다. 그 당시에 우리가 북방을 개척한 혜택을 많이 보면서도 그 당시에 또 다른 북한 문제를 제대로 다루지 못한 것에 대한 암도 우리가 같이 지고 있는 것 같습니다. 아까 여기서 말씀을 하시면서 사실 우리가 4강 교차승인은 외교부나 폴리시 커뮤니티(policy community: 정책공동체)에서는 아주 보편적인 생각이었는데 그것을 하려고 해도 북한이 받쳐 주지를 못했다, 북한이 테러를 하고 핵을 보냈다는 말을 했습니다. 저도 한편으로 크게 공감하면서도 만약에 우리가 그 당시에 좀 더 정치적 세심함, 폴리티컬 프루던스(political prudence)를 갖고 좀 더 전략적으로 했었다면, 그런 문제점에도 불구하고 만약에 교차승인을 추진했었다면 북한이 오늘처럼 저렇게 엇나가지는 않았지 않았을까 하는 아쉬움이 없지 않아 있습니다.

오늘 이러한 여러 말씀을 우리가 기록으로 남깁니다. 사실 오늘 회의는 크게 두 가지 의미가 있다고 들었습니다. 하나는, 당시의 정확한 기록을 남기는 것이고, 또 하나는 교훈을 찾는 것입니다. 아마 기록은 기록 나름대로 추가적인 자료가 필요하지 않을까라는 생각이 들고, 교훈에 대해서는 여기 계신 분들이 모두 하실 말씀이 많으신 것 같아요. 저희들이 한번 또 다른 자리를 마련해서 추가적인 이야기를 들어보는 기회를 마련하겠습니다. 무엇보다도 어제, 오늘 어려운 자리에 참여해주신 공로명 장관님, 의원님, 대사님들 감사드리고 또 이번 회의를 위해서 준비해주신 우리 전문가 여러분, 엄구호 회장님 이하, 또 우리 외교사연구센터에서도 굉장히 수고가 많았습니다. 앞으로도 계속 많은 수고를 해주실 것을 바라며 오늘 회의를 마치도록 하겠습니다. 감사합니다.

찾아보기